兒童語言與溝通發展

錡寶香　著

作者簡介

錡寶香

學歷

美國威斯康辛大學麥迪遜校區（University of Wisconsin-Madison,
Department of Communicative Disorders）溝通障礙哲學博士

經歷

國立台北教育大學特殊教育學系副教授

國立彰化師範大學特殊教育學系副教授

私立中山醫學大學語言治療與聽力學系兼任副教授

國立台北護理學院聽語障礙科學研究所兼任教授

台北市立教育大學溝通障礙教育研究所兼任教授

國立台北教育大學特殊教育中心主任

中華溝通障礙教育學會第二屆理事長

現職

國立台北教育大學特殊教育學系教授

專長

兒童語言障礙、兒童語言發展、聽覺障礙、音韻障礙、語文測
驗編製

目次

Contents

Contents

Contents

v

Contents

林　序

　　兒童在發展過程中，如何應用各種語言與溝通方式，表達自己的思想、需求、情意，並獲得生理與心理需求的滿足，與他人建立密切關係，並從中學習與人相處、互動的良好人際關係，其中語言所扮演的角色，最為重要。

　　《兒童語言與溝通發展》一書是錡寶香教授繼《兒童語言障礙——理論、評量與教學》一書之後，另一本累積近年來教學與研究的心得，所精心撰寫的大作。本書內容涵蓋十一章：第一章：溝通能力面面觀；第二章：解釋兒童語言發展的理論；第三章：聽覺、說話與語言的生理機能與神經基礎；第四章：兒童語言學習的策略；第五章：兒童構音—音韻發展；第六章：兒童語意能力的發展；第七章：兒童語法能力的發展；第八章：兒童語用能力的發展；第九章：兒童敘事能力之發展；第十章：兒童後設語言能力之發展；第十一章：兒童讀寫能力之發展。每一章節都是關心兒童語言與溝通發展的特教教師，幼教教師，語言治療師，研究生等，感興趣又富創意的理論與實務並重的內容。本書文筆流暢、資料豐富與新穎，實為近年來該領域不可多得的一本好書。

　　相信這一本具有理論基礎、有組織、有系統、寓教於樂的語言發展書籍，能幫助所有教師協助幼兒，甚至各類身心障礙兒童在自然的發展過程中，學習良好的語言溝通，建立適當的社交互動模式，並將語言溝通與認知潛能發展到極限。本人很榮幸有機會先拜讀為快，在欣喜與感佩之餘，乃不揣淺漏，爰為之序。

林寶貴　謹識於
國立台灣師範大學特殊教育學系研究室
2009 年 8 月 5 日

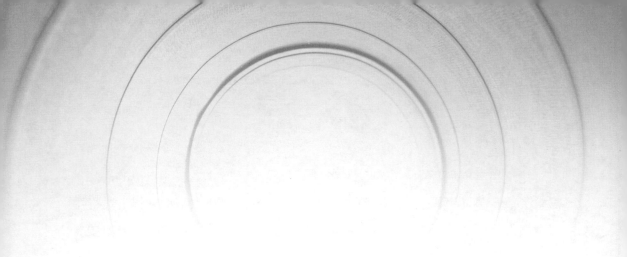

自　序

　　4 歲的辰辰對阿姨說：「我都有畫寫真集，妳都沒有」（註：5 歲的凡凡和 4 歲的辰辰一起看完「鐵達尼號」後，模仿 Jack 畫 Rose 的情節，也讓辰辰斜躺在沙發上讓他畫半裸的人物畫像）。

　　「我太贏了！你都太輸了」（註：辰辰與阿姨一起玩遊戲後的話語）。

　　「可樂阿姨，可樂阿姨，喝汽水。ㄏㄧ ㄏㄧ 好好笑喔」（註：辰辰故意以阿姨的暱稱對比汽水）。

　　上述可愛的話語都是我上課時常舉的例子，可愛、童趣⋯⋯讓人會心一笑！

　　我深深為兒童語言發展感到著迷，也為自己能有機會進入這麼一個有趣又神奇的世界感到慶幸。感謝恩師林寶貴教授，以及 University of Wisconsin-Madison 溝通障礙系所的教授們，帶領我進入聽力、語言障礙領域，讓我得以有機會從事和兒童語言發展，以及語言障礙有關的教學與研究工作。也感謝這幾年來，與我分享有趣的兒童話語、語言發展案例的教師與學生們！因著你們熱烈的回應，豐富與擴展了我對兒童語言發展的認識。感激、感恩、感謝所有與我同行的人。

　　除了感受到兒童語言發展的奇妙之外，了解語言不同的面向及其發展，也是從事溝通／語言障礙療育、早期療育、特殊教育，以及兒童教育工作者必備的基礎知識。猶記得多年前，在美國 University of Wisconsin-Madison 攻讀溝通障礙／語言治療的博士學位時，為能更了解兒童語言障礙的成因、評估、療育與教學，即曾至心理系、教心系、人類發展與家庭學系選修「兒童語言發展」、「表徵理論」、「兒童發展」、「語言與認知」等課程，也開啟了我對兒童語言發展的強烈興趣。甚至我的博士論文「The interaction between taxonomic assumption and syntactic categories: Data from Mandarin Chinese-speaking children」，也是在探究台灣習華語幼童的詞彙學習與發展狀況。

　　回到台灣之後，因著教學、編製語言測驗與研究的需要，更讓我想深入

了解習華語兒童在不同語言要素、面向的發展狀況與特徵。然而，多年來尋尋覓覓，卻未發現有符合自己需求的兒童語言發展之教科書，因此乃著手撰寫本書，期望可以讓更多人了解兒童的溝通、語言發展及其歡樂與奇妙之處。當然，也很高興能有機會將自己對兒童語言發展的熱情，注入在本書中。衷心盼望此書的出版能夠拋磚引玉，讓更多人關注與探究台灣兒童的語言與溝通發展。

　　本書的撰寫構想與安排分為三部分：第一部分著重在語言溝通的面向及基本概念、解釋兒童語言發展的相關理論，以及語言發展的生物生理基礎，並從學習的角度介紹兒童語言學習的策略；第二部分，則聚焦在不同語言要素的發展，包括：構音－音韻能力的發展、語意的發展、語法的發展、語用的發展；第三部分則介紹與語言相關的能力發展，包括：敘事能力的發展（註：常被歸為語用能力）、後設語言的發展，以及讀寫能力的發展。在內容部分，本書嘗試整合行為科學、語言學、生物科學、社會科學與觀察資料等層面，說明兒童語言發展令人驚嘆的成就。另外，本書也試著儘量平衡理論、專業用語與過去國內外研究結果的訊息，並加入兒童語言發展的實例，以利讀者閱讀。

　　在應用方面，本書可以做為大學部兒童語言發展課程的教科書，也可以用在兒童發展、語言障礙、語言發展與矯治、溝通障礙等課程，當做輔助教材。此外，在研究所的課程中，同樣也可以成為聽語發展、兒童發展、語文教育、特殊教育、聽語障礙等領域的輔助教材。

　　最後，在構思與撰寫本篇序文時，無可避免地在腦海中又浮起了我那幾個酷酷的外甥與外甥女的可愛笑臉與童趣話語。阿郁、儒儒、俐穎、凡凡、辰辰……你們是激發我探索兒童語言發展的小小語言專家。你們幼年時留下的童言童語，將永遠陪伴我在兒童語言發展的世界翱翔。

錡寶香　謹識於
國立台北教育大學特殊教育學系
2009 年 8 月 1 日

第一章

溝通能力面面觀

　　傍晚時，媽媽和阿姨用嬰兒車推著 6 個月大的辰辰要到公園去散步，到了十字路口時，剛巧碰到紅燈，就停了下來。坐在嬰兒車上的辰辰不斷轉過頭來看著媽媽，嘴上發出ㄨㄨㄚ的聲音，媽媽不理，他又看著馬路繼續發出ㄨㄨㄚ的聲音。媽媽於是蹲到他的身邊告訴他：「你看，那是紅燈，現在不能過馬路，要等到綠燈亮了才可以過馬路。你看看，那是紅燈還亮著，我們要等一下。」

　　6 個月大的儒儒媽媽到香港出差 5 天，一回到家就馬上抱起這個寶貝女兒。寶貝女兒也高興得一直拍著媽媽的肩膀，雙腳亦使勁得直踢，口中並發出咿咿啞啞的聲音。

　　1 歲的穎穎雖然還未發展出清晰明確的詞彙，但在洗澡時，當媽媽說腳腳或頭頭時，他會用肥嘟嘟的小手摸摸自己的腳或頭。

　　清晨 7 點多，年輕的媽媽正幸福、甜蜜地酣睡著。突然間她感覺到似乎有人正在拉她的手，她睡眼惺忪地起床看看是怎麼回事。哎呀！原來是從嬰兒床爬下的 1 歲多兒子偉偉，正拿著空奶瓶放在她的手上，並用手指向臥房外的方向。媽媽一猜就知道：「這個大胃王小子準是餓得發昏，要媽媽起床泡牛奶給他喝。」

　　年邁的祖父陪著 1 歲多的孫女兒小郁一起看卡通影片，看著看著就睡著

了。突然間他感覺到有人在推他，醒來一看，原來是寶貝孫女一直指著電視，好像是叫他不要睡覺，要看電視啦！

3 歲的小郁看著阿姨因腸胃炎而在廁所裡吐得一塌糊塗，就趕緊跑進廁所拍拍阿姨的背，等阿姨吐完、整裡乾淨之後，還一直摸著阿姨的臉。

4 歲半的辰辰看到媽媽打扮得很漂亮又時髦準備出門，突然說出：「媽媽妳好漂亮喔！好像檳榔西施。」媽媽：「啊？」

5 歲的儒儒看著媽媽辛苦地在拖地，就說：「媽媽，妳好辛苦，我最愛妳了。」

7 歲多的凡凡本來最愛吃麥當勞的炸雞塊，但是星期天下午到麥當勞用餐時，他卻只點了蘋果派與可樂。爸爸和媽媽覺得很奇怪，一問才知道，原來這小鬼頭從電視上的新聞得知：「有小男生因為吃太多雞肉，而造成男童女乳化」，所以他就不敢吃雞塊囉。哇～～！

壹 前言

人類是群體的動物，個體在食、衣、住、行、育、樂等生活層面的需求，以及在心理層面中渴望與群體建立隸屬的融合關係，或是與重要他人建立親密關係的期望與滿足，都是需要與他人有所交集、互動，而溝通技能則是個體在這些社會互動中必要的要素或方法。個體如果無法與他人溝通，有可能會造成隔離的失落與絕望。上述的例子說明了兒童在發展過程中，如何應用語言、非語言能力，來表達自己的想法、需求、情感，並在這些過程中，獲得生理需求的滿足、與他人建立親密關係，且從中學習。為能讓讀者

了解後面章節所介紹的溝通、語言能力之發展，以下將介紹溝通、說話、語言的相關概念。

貳 基本概念──溝通是什麼？

在這資訊爆炸的時代裡，「溝通」的概念不斷地被各專業領域提及，隨便翻開報章雜誌或打開電腦網路，即可發現「職場上的溝通」、「親子溝通」、「夫妻之間的溝通」、「人際溝通效能」等專題報導或文章；溝通似乎已占據了人們生活中的每個層面。而溝通究竟是什麼呢？

溝通常常被定義為「訊息交換的過程」、「意見表達與接收的過程」、「情意交流的過程」，或是「思想聯繫的過程」，如圖 1-1 所示；溝通的產生過程中，需要傳訊者發出訊息，收訊者接收訊息。而個體之間的真正溝通，則需符合兩個條件：(1)傳送訊息者要有溝通的意圖；(2)接收訊息者要有回應。在這個過程中，傳遞出訊息的個體需編碼與建構訊息，接收訊息的個體則需解碼、理解訊息（Owens, 1990）。訊息的編碼與解碼則必須應用共通的媒介或符號，方能達成溝通的功能，例如：點頭的動作，表示「接受」或「是」的概念，幾乎可算是世界共通的溝通媒介；又如：在麥當勞點餐時，我們可能會說「一個大麥克和一杯大可樂」，這就是將想法以口語的符號編碼，並以神經─肌肉動作協調的方式說出來。相對的，麥當勞的服務人員則是以相同的媒介或符號（即口語），來解碼或理解我們所說的話語，並提供我們需要的食物，回饋我們傳達出去的訊息。然而，如果是在日本的麥當勞，我們若用中文點餐，很可能就會出現溝通不良的情況，因為服務人員與我們所使用的媒介不一樣；但如果我們用手指著餐單上的圖片，表達想要點幾號餐，則不會有溝通問題。

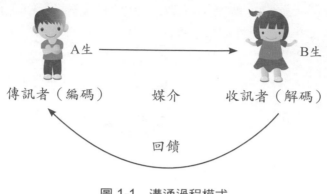

圖 1-1　溝通過程模式

參　溝通的功能

　　溝通是人們生活中無時無刻都在發生的行為，在最基本的層面上，人們互相溝通，以便：(1)表達基本的需求；(2)交換訊息；(3)建立社會親密感；(4)參與社會例行活動（Light, 1989）。更細部地探討溝通的功能，則可包括下列幾項：(1)提供訊息；(2)獲得訊息；(3)表達感覺、情意；(4)影響他人的行為；(5)獲得他人的注意；(6)增加人際之間的親密度；(7)利於合作活動的進行；(8)表達個人的獨特及獨立性；(9)創造新世界；(10)將不同時代的人連結在一起（Lane & Molyneaux, 1992）。

　　另外，Halliday（1977）則指出，語言最主要的功能即在溝通，因此語言具有下列幾項功能：

1. 助益功能（instrumental function）：滿足個體的需要及慾望，讓兒童可因溝通而獲得物品或參與活動等，例如：「喝喝喝」、「多多、多多」（要養樂多）。

2. 支配功能（regulatory function）：控制或調整他人的行為、感覺或態度，例如：「把皮卡丘拿給我」、「帶我去SOGO溜溜」、「不要對

我那麼凶」。

3. 互動功能（interactional function）：與他人從事社交性的接觸與互動，例如：「我和妳都是女生」、「請到我家來玩 Wii」、「我做醫生，你做寶寶」。

4. 個人功能（personal function）：表現出個體的獨特性，如個人對事、物的感覺、興趣、厭惡等，例如：「我是勇敢的哥哥」、「我最喜歡畫畫」、「我不喜歡吃菜菜」。

5. 啟發功能（heuristic function）：探索周遭的環境，發現與了解知識，例如：「媽媽，我跟妳說喔！我知道報紙上的新聞是從電視印出來的」；又如：從提問「為什麼」獲得訊息，解開疑問（例如：「為什麼妳要去彰化」）。

6. 想像功能（imaginative function）：溝通可幫助個體使用想像力與創造力，創造出個人的世界，例如：「我知道日本有最新的皮卡丘」、「海綿寶寶要去當金鋼太空人」、「我長大後要開直昇機載媽媽去迪斯尼玩」。

7. 訊息功能（informative function）：告訴他人新的訊息，例如：「可樂阿姨，我告訴你辰辰有女朋友了」、「媽媽，很不公平欸！李羽珊可以看我小便，我卻不可以看她小便，因為她們女生廁所都可以關門」。

針對 Halliday 所提出的七項語言溝通功能，Smith（1977）亦增加了另外三項功能：

1. 娛樂功能：與人溝通增加生活趣味，例如：聊天、說八卦、輪流說笑話等。

2. 契約功能（contractual function）：與他人立下約定，例如：小孩告訴媽媽禮拜六要整理書房；小朋友約好下課時要到福利社買果汁。

3. 保存／永恆功能：使用錄音機或錄影機錄下溝通互動的情景與內容，例如：幼稚園的戶外教學活動中的童言童語。

　　綜上所述，可知溝通是日常生活中必備的基本技能，舉凡情意的交流、感覺的表達、訊息的交換、個體獨特性的展露、學習與娛樂，都需涉及與使用到溝通技能。

肆 溝通類型架構圖

　　雖然語言（主要是口語）是人類用以溝通的主要工具，但是一些非語言的溝通方式，一樣可達成溝通的功能，例如：嬰幼兒在尚未發展出清晰的口語之前，即會使用一些手勢動作或眼神接觸等行為與大人溝通。他們可能拍拍沙發，請媽媽坐下；他們也可能拿起電視搖控器放在爸爸手上，請爸爸打開電視讓其看卡通影片；他們也可能手指著陽台，似乎在告訴阿姨，陽台上有一隻小鳥。這些非語言的溝通方式，一樣可以達到表達需求、提供訊息等功能（錡寶香，2002）。此外，語言中的副語言（paralinguistic）層面，亦能傳達出一些溝通的訊息，例如：以不同的聲調說「好啦！我會去」，這可能傳遞出來的是敷衍應付的訊息，也可能是生氣不耐的訊息。圖 1-2 為筆者參考 Owens（2005）所發展的「說話、語言及溝通之關係」的標示圖所改編、設計之溝通架構圖。

　　茲將此架構圖中的成分／要素，概略說明如下。

一、溝通

　　如同前述，溝通主要是指人際之間訊息的交換、情感的交流、思考／想法／經驗的分享，以及需求的表達。而根據圖 1-2 的架構圖得知，溝通是多管道模式的，可使用語言、非語言與副語言的方式溝通，以達成上述之目的或歷程。

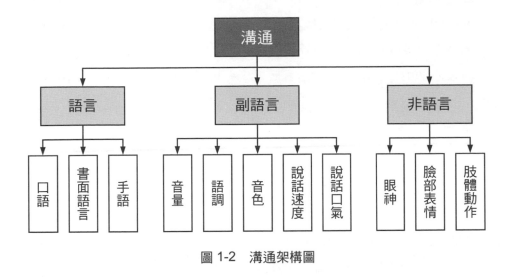

圖 1-2　溝通架構圖

二、語言溝通

　　語言是什麼？語言就是說話或言語（speech）嗎？很多人常將我們由嘴巴說出來的話語就界定為語言，但這是錯誤的概念。事實上，語言主要是指，一群人或一個社會中共同使用、可以分享意義的有組織之符碼或符號系統（Bochner & Jones, 2005）。而說話只是以口說方式傳遞意義、訊息的語言表達方式之一，手語與書面語言（文字語言）則是其他兩種方式。

　　每一種語言都有其自身的符號與規則，用以規範符號的建構與結合（Shames, Wiig, & Secord, 1994），例如：在華語中(1)「ㄓ」音不可能和「ㄩ」音結合形成一個音節；(2)新出現的詞彙若要用到「子」，一定是放在詞尾，如「機子」、「小丸子」；(3)疑問句的結構之一是在句尾加上「嗎」，而非像英文中加上「Do」或是將「be 動詞」移到句首；(4)表達動作的詞彙要放在受詞前面，如「她要買鞋子」而非「她要鞋子買」。

　　語言是人們用以進行人際溝通、社交最便利的工具。雖然大部分的人都

可以在短短幾年內就習得自己的母語，並無礙地使用它進行人際溝通互動。但這並非如表面看起來那樣簡單，其中所涉及到的層面是非常複雜與微妙的，包括需要習得各種不同的語言要素。而根據 Bloom 與 Lahey（1978）的論點，語言的要素包括形式（音韻、構詞、語法）、內容（語意），以及使用（語用），茲說明如下。

（一）使用或語用（pragmatics）

語用主要是指語言使用的目的。一般而言，語言的使用涉及的主要層面即為功能與情境（Martin & Miller, 1996）。功能乃指詞彙或語言選擇的目標，當我們在與人溝通時，都隱含著想達成某些功能之目的，例如：吸引別人的注意、分享訊息、抗議、表達心中感受等；而為了達成這些目標，個體在傳達訊息時，就會選擇適當的詞彙以表達自己。情境則是指，規範或限制語言選擇的具體物理環境或抽象的心理狀態。另外，為了能成功地達到溝通的目的，個體除了需要適當使用詞彙、語句之外，也需要考慮社交或社會適當性（social appropriateness），亦即知道人際互動的禮貌、體貼周到、顧及彼此面子、誠懇與真實、適當回應等，這些也是語用所含括的層面（Bochner & Jones, 2005; Shames et al., 1994）。綜合而言，語用主要是指，在社會情境中語言使用的規則，以及溝通情境或是語境脈絡對人們在解釋話語含意的影響（錡寶香，2006）。

（二）意義或語意（semantics）

溝通的主要目的為，傳達意義讓溝通對象得知，也因此語意主要係指，在訊息中所編碼的（encoded）概念。而這些符碼即是語言中的個別詞彙以及結合的詞彙之義（Plante & Beeson, 2008）。我們周遭世界的人、事、物、經驗等，都是以某種符碼形式來表徵，例如：「☆」的圖像，即是「星星」、「star」、「ㄒㄧㄥ ㄒㄧㄥ」等。綜合而言，語意乃語言的內容，其中詞彙

係以符號來代表概念，而概念則表徵經驗或真實（Hubbell, 1985）。

（三）語法（syntax）

語法主要係指句子的結構，而句子的結構則是由掌控詞彙結合順序、語句組織、詞彙之間的關係、詞彙類別的規則所規限與界定（Plante & Beeson, 2008; Shames et al., 1994）。簡而言之，語法具體指定與規範哪些詞彙的結合是可接受與文法正確的，例如：在華語中有「主詞＋形容詞」的語句結構，如「天氣冷了」，但沒有「形容詞＋主詞」的語句結構。另外，在華語中，「數詞＋量詞」（如：9件）是合乎語法的，但「量詞＋數詞」（如：件9）就不合乎語法。

（四）構詞（morphology）

構詞主要是指詞彙的形式或內部組織，其與詞彙組成的規則，或是與詞素（morpheme）的應用規則有關（錡寶香，2006；Plante & Beeson, 2008; Shames et al., 1994）。詞素為語言中最小的有意義之單位，在英文中它可以是整個詞彙，也可以是前綴（prefix）或字尾（suffix），例如：profit（1個詞素）、nonprofit（2個詞素）、profitable（2個詞素）、nonprofitable（3個詞素）。而在華語中，詞素的概念似乎較難應用在分析詞彙的內部結構（湯廷池，1992）。

（五）音韻（phonology）

每種語言都有其特定的說話聲音或音素（phoneme），以及語音結合的規則或類型。也因此音韻主要係指語言中的聲音系統，涉及了語音規則的掌控，包含：在語言系統中應用的所有個別語音，以及詞彙發音的基本規則，或是語音結合、排序形成詞彙的規則，亦即聲母與韻母結合的規則（錡寶香，2006）。

三、副語言溝通

副語言主要是指，正式語言系統之外的特徵，亦即在音韻、構詞、語意、語法、語用等層面之外，所傳遞出來的訊息，例如：有時候我們可以從台上演講者的顫抖或有點變調的聲音中，了解他可能很緊張。此即副語言所傳遞出來的訊息。一般而言，副語言常常被認為與語調、音色、音調、音量、說話速度、說話口氣等有關。研究指出，只根據一些聽覺訊息的線索，人們即可由副語言特徵，推估說話者的年齡、性別、身體狀況（Lane & Molyneaux, 1992）。另外，副語言線索亦可能反映出個體的情緒狀態、人格特徵、在群體中的地位或職業（Lane & Molyneaux, 1992），例如：在電話中與陌生人對談時，我們可能就會根據對方聲音的大小、粗細、姿態（客氣或霸道）、說話是否急促等，來判斷其年齡、人格特徵或地位。此外，說話時語調或聲調的變化，亦可傳遞出取笑、自嘲、諷刺之含意。

四、非語言溝通

我們常常聽到「身體語言」（body language）、「她的眼睛會說話」等說詞，即是在說明非語言的溝通。有時候，單獨一個眼神或是聳聳肩膀的動作即可傳遞出溝通的訊息；另外，身體動作、臉部表情或眼神，也會增加或減弱溝通的功能，例如：當太太要先生承諾某件事情時，雖然先生嘴巴說好，但卻不敢直視太太，或是眼光閃爍不定，即可推測先生可能不想給予承諾。一般而言，有別於語言形式的非語言溝通方式，包括：使用圖畫或照片、線條符號、發出聲音（例如：哭、笑、吼叫、或發出ㄚㄚㄨㄨ等不具語言意義的聲音）、使用手勢／動作／表情（非具備語言特徵之手語）、點字等。據此，幫助口語有限或口語表達困難的重度溝通障礙兒童發展出適當的

溝通技能，即可考慮一些非語言的溝通方式。

綜合上述，雖然語言與說話是人際溝通中最便利的工具，而語言的應用可迅速讓溝通時的訊息被編碼、解碼、傳遞、產出與理解，但非語言與副語言的溝通仍然扮演著非常重要的角色。非語言溝通具備下面幾項功能：(1)當口語溝通出現問題時，可替代口語溝通，如感冒咳嗽、喉嚨沙啞時，可能需藉助手勢動作來溝通；(2)增加口語溝通的效能，如手舞足蹈、豐富的表情，可讓溝通進行得更順暢；(3)可了解溝通夥伴的溝通意圖（如：是否心不在焉）。而副語言溝通，則可幫助我們藉由聲音的大小、粗細、姿態（客氣或霸道）、急促、流暢性等層面，更正確地詮釋語言訊息，建立適當的意義連結與回應。

伍 影響因素

人類的溝通是一種非常複雜的行為或歷程。除了上述副語言、手勢／動作／臉部表情的非語言溝通，可以傳達溝通的訊息之外，溝通情境、溝通夥伴彼此相距的距離、時間、個人裝扮、溝通夥伴之社經地位／相對地位、文化因素等，也會影響溝通的歷程。茲將這些相關因素概述如下。

一、溝通情境

兒童溝通能力發展的最基本原理，就是必須要有機會身處在溝通產生的情境，以及例行的活動或事件中，學習他們有興趣或較喜歡的物品、事件等之名稱，而且可以有很多機會應用這些詞彙。簡而言之，兒童必須在生活中的各種不同活動、事件、情境裡，練習習得的溝通技能。也因此，個體會在不同的情境中，依其特徵或要求，而表現出適當的溝通技能，例如：當有人

問我們現在幾點鐘時，我們不會回答「你去死吧」。或是，在課堂上討論個別化教育計畫時，我們不會說到香港旅遊的事情。情境會限制溝通的內容。

二、距離

在社會互動的情境中，溝通夥伴彼此之間相距的距離，會反映出不同的溝通與行為特徵（Hall, 1966）。一般而言，0 至 46 公分的距離，表示親密的互動；46 至 122 公分表示私人互動（personal）；122 至 365 公分表示符合社會互動的距離；365 公分以上則算是公共距離（Higginbotham & Yoder, 1982; Lane & Molyneaux, 1992）。

三、時間

時間也是影響溝通的質與量變化之直接因素之一。舉例來說，當兒童上學快遲到時，媽媽還在嘮叨他沒將牙膏蓋子蓋上去，這時可能無法達到溝通的效能；又如：在醫院看病時，很多醫生可能無法提供太多時間給病人說明病情。而從社會學的觀點來看，個體願意花費的溝通時間，可能反映出人際之間的親密程度，例如：公共事務的互動（如向陌生人問路、在圖書館借書等）可能只需要幾秒鐘至幾分鐘；一般社會性非個人的互動（如向旅行社詢問旅遊行程相關訊息、購買電器產品時與店員討論比較不同廠牌的特徵）約需使用幾分鐘至 15 分鐘的時間；個人事務的互動（如找工作的面談時間）可能需用到 15 至 30 分鐘；而親密互動則可能在 30 分鐘以上，包括與朋友、家人、教師、同事等之交談（Henley, 1977）。

四、個人裝扮

個人裝扮似乎也可以傳遞出不同的訊息。我們會無意識地根據一個人的

裝扮穿著而猜測其職業、社經地位、學歷或居住地點等，而這些訊息則可能影響溝通的進行，例如：在與裝扮嚴肅者溝通時，我們可能會小心翼翼地隨時注意自己的遣詞用句。而當我們要上台報告、演講時，為了讓觀眾認同自己的專業與認真，可能也不會隨便穿件牛仔褲或拖鞋就上場。

五、溝通夥伴之社經地位／相對地位

溝通夥伴之間的相對地位（例如：學生→教師、上司→下屬、顧客→店員、長輩→晚輩），也會影響溝通時語言與非語言訊息的傳遞或分享，例如：很多老闆對下屬說話時，可能常常都顯出趾高氣昂的態度；而媳婦與婆婆談話時，也可能會較注意自己本身的態度；而當一個男生正對某個心儀的女生展開熱烈追求攻勢時，其所說的話語一定會盡量投其所好。

六、文化因素

不同的文化有其孕育出來的價值標準、行為規範、社會互動準則等，而這些都可能會影響溝通時語言與非語言訊息的表達，例如：詢問美國老年人的年齡，可能就不是適當的溝通行為，因為他可能會回答：「老到該死了」（old enough to die）。然而，如果問一個高齡的台灣人今年幾歲，他／她可能會很得意的告訴你，他／她已活到 80 幾歲了。

綜上所述，溝通是個體交換訊息與傳遞想法的歷程。而溝通情境、溝通夥伴彼此相距的距離、時間、個人裝扮、溝通夥伴之社經地位／相對地位、文化等因素，都可能影響溝通進行時量與質的層面。

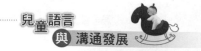

陸 結語

　　溝通可定義為訊息傳遞／分享、思考／意見／情意交流的歷程。在日常生活中，溝通是不可或缺的，個體很多基本的身體與心理層面的需求，都需要藉由溝通而獲致滿足。而人類的溝通可分成語言溝通、非語言溝通、副語言溝通等形式。語言溝通的形式，包括：口語、書面語言、手語；非語言的溝通行為，包括：手勢、頭部／身體動作、目視／眼神、臉部表情。語言或非語言溝通可能分開出現，亦可能一起出現，交互運作傳遞出溝通的訊息。而溝通能力的優劣，則可定義為「在適當的場合、地點、時間，說適當的話，而且會隨溝通對象的不同，調整其溝通風格與溝通內容」。然而，溝通的進行會受到溝通情境、溝通夥伴彼此相距的距離、時間、個人裝扮、溝通夥伴之社經地位／相對地位、文化等因素的影響。在兒童溝通能力的發展與溝通障礙的探討上，應考慮這些因素。

 參考文獻

中文部分

湯廷池（1992）。續談漢語的「字」、「詞」、「語」與「語素」。**華文世界，66**，77-84

鍔寶香（2002）。嬰幼兒溝通能力之發展──家長的長期追蹤紀錄。**特殊教育學報，16**，23-64。

鍔寶香（2006）。**兒童語言障礙──理論、評量與教學**。台北市：心理。

英文部分

Bloom, L., & Lahey, M. (1978). *Language development and language disorders*. New York: John Wiley & Sons.

Bochner, S., & Jones, J. (2005). *Child language development: Learning to talk* (2nd ed.). London: Whurr.

Hall, E. T. (1966). *The hidden dimension*. Garden City, NY: Doubleday & Co.

Halliday, M. A. K. (1977). *Learning how to mean: Explorations in the development of language*. NY: Elsevier.

Hanley, N. M. (1977). *Body politics*. Englewood Cliffs, NJ: Prentice-Hall.

Higginbotham, D. J., & Yoder, D. E. (1982). Communication within natural conversational interaction: Implications for severe communicatively impaired persons. *Topics in Language Disorders, 2*(2), 1-19.

Hubbell, R. (1985). Language and linguistics. In P. Skinner & R. Shelton (Eds.), *Speech, language, and hearing* (2nd ed.). New York: John Wiley & Sons.

Lane, V. W., & Molyneaux, D. (1992). *The dynamics of communicative development*. Englewood Cliffs, NJ: Prentice-Hall.

Light, J. (1989). Toward a definition of communicative competence for individuals using augmentative and alternative communication systems. *Augmentative and Alternative Communication, 5*, 137-144.

Martin, D., & Miller, C. (1996). *Speech and language difficulties in the classroom*. London: David Fulton.

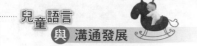

Owens, R. (1990). Development of communication, language, and speech. In G. Shames & E. Wiig (Eds.), *Human communication disorders: An introduction* (3rd ed.). Upper Saddle River, NJ: Prentice-Hall.

Owens, R. (2005). *Language development: An introduction* (6th ed.). Boston, MA: Allyn & Bacon.

Plante, E. M., & Beeson, P. M. (2008). *Communication and communication disorders: A clinical introduction* (3rd ed.). Boston, MA: Pearson.

Shames, G. H., Wiig, E. H., & Secord, W. A. (1994). *Human communication disorders: An introduction* (4th ed.). New York: Macmillan.

Smith, W. J. (1977). *The behavior of communicating: An ethological approach.* Cambridge, MA: Harvard University Press.

第二章
解釋兒童語言發展的理論

壹 前言

　　全世界的兒童不管其學習的母語是什麼，他們都顯現出一個共通的現象，即是每個兒童不需刻意訓練，即可在短短幾年內習得與精熟其母語的詞彙、語法結構、語言使用的規則等，成為一個有效能的溝通者。

　　雖然兒童在語言輸入環境中，所接觸的是表面結構，但卻可儲存、表徵深層、抽象、複雜的語言結構，例如：在輸入的話語中，「你」、「我」兩個語詞因溝通情境、互動特質而改變，但兒童仍能掌控其意義概念與使用規範。此外，跨語言的研究與觀察也顯示，他們的語言發展是以有次序、可預期的方式產生的。在不同的階段中，兒童所發展出來的某些音韻、詞彙或是詞彙結合的形式、語法，似乎都循著一定的軌跡進行著。

　　在這種語言學習的神奇力量背後，究竟存在著什麼激發機制或學習能力，一直都是家長、教育工作者及研究者們所感到興趣的議題。回顧過去將近 100 年的文獻，行為主義學派、先天論、心理語言學、認知決定論、語用──互動模式等理論，都曾被提出用以解釋與說明兒童語言發展的神奇魔力。

貳 語言習得的基本促因

人類之所以異於萬物,在於可以發展出語言系統。而掌握了語言符號,使得人們得以進行有效的溝通、促進思考內涵、傳承訊息與知識習得。然而,人類的語言發展與習得並不是一件容易的任務,其牽涉到生理成熟、認知、社會互動、環境等因素,這些因素都可能影響到語言發展的質與量。以下將從語言發展的生理基礎、語言發展的認知基礎、語言發展的社會互動基礎,介紹語言發展的基本促因。

一、語言發展的生理基礎

人類是萬物中唯一發展出語言的生物,即使猩猩與人類的基因相似度高達 99.4%,牠們仍然無法發展出語言或說出話語。究其原因,主要是因為聲帶構造上的不同,以及大腦組織與容量的不同;也因此,討論兒童語言的發展,必然需要提及相關的生理結構。茲將與語言發展相關的生理層面概略介紹如下,詳細部分在第三章將清楚說明。

(一)聽覺系統

人體聽取、接收聲音並賦與意義,主要是依賴聽覺系統的運作。聽覺系統包括外耳、中耳、內耳與聽神經。聲音由外耳耳殼進入外耳道,外耳道與耳膜連接,聲音撞擊耳膜;接著,聲音傳入中耳中的三塊聽小骨,放大聲音能量。鐙骨與內耳之卵圓孔連接,聲音再由此傳入內耳;聲音在內耳中將聲音能量轉換成液體波動,液體振動會轉換成電流信號,傳入第八對腦神經(即聽神經),再進入腦幹的聽覺神經核,最後上達大腦的聽覺中樞,由此

解釋聲音的意義（Plante & Beeson, 2008）。

（二）說話或言語產出結構

　　人體的說話生理機制是一種非常複雜的系統。說話或言語產出系統包括四個組成成分：呼吸（respiration）、發聲（phonation）、構音（articulation）與共鳴（resonation）。呼吸除了維持人體的生命功能之外，氣流也提供說話的動力來源。喉頭（larynx）內聲帶連續打開與閉合的振動動作，會製造聲音；而舌頭、嘴唇、牙齒、臉頰、硬顎、軟顎、下巴等構音器官的動作變化，則會產出語言中的各個語音。最後，構音器官的動作也會改變發聲道（即口腔、鼻腔、喉頭）的大小與形狀，並將這些發聲道連結在一起。經由這樣的過程，聲音被調整與修飾即是共鳴。綜合而言，當說話聲音產生時，氣流會由肺部穿過喉頭，在其內的聲帶會振動。產生的聲音會在不同的構音器官部位共鳴及修正，形成我們所聽到之話語。這些說話的歷程都是在瞬間自動化發生的（Kuder, 2003; Lane & Molyneaux, 1992; Plante & Beeson, 2008）。

（三）中樞神經系統

　　人類卓越非凡的溝通以及語言能力，除了與上述的聽覺、說話機制有關之外，也依賴複雜的神經系統之運作。對成年人而言，語言理解與表達的處理區塊，主要是位於大腦的左半球。在語言理解部分，聽覺訊息從耳朵接收，傳至顳葉（temporal lobe）側腦裂底之 Heschl 氏橫顳腦回，再將語言訊息傳至左半腦顳葉的維尼克區（Wernicke's area）。尖型腦回（angular gyrus）與頂葉的 supramarginal gyrus 負責協助維尼克區處理這些訊息。其中 supramarginal gyrus 負責語法處理，而尖型腦回則負責詞彙提取。在語言表達部分，維尼克區制訂訊息，經由拱形神經束（arcuate fasciculus）傳至額葉（frontal lobe）的布魯卡區（Broca's area）。布魯卡區再設計相對應的言語動作程

式,進而傳送至動作皮質區,再將神經脈衝傳至說話器官的肌肉,產生說話的動作(Lane & Molyneaux, 1992; Owens, 2005; Plante & Beeson, 2008)。

二、語言發展的認知基礎

全世界不管任何族群的語言,都是以某種符碼系統去表徵或代表某些具體的人、事、物,或抽象的概念、想法、感受。也因此,了解人類如何將符碼或符號與詞彙連結,或是如何精熟語句結構,適當使用詞彙、語句與人溝通,常是語言發展研究亟欲解決的問題。而探究語言與思考之間的關係,長久以來也一直都是哲學、心理學、兒童發展研究者感興趣的議題。過去的論點包括「語言決定思考」論、「語言發展植基於認知」論、「語言與認知是相互依賴與依存」論。

(一)「語言決定思考」論

Whorf(1956)是「語言決定思考」論述的代表者。根據其理論得知,語言決定人們如何看待與知覺這世界的人、事、物,且因著某個詞彙的描述,讓人們得以知覺該人物、物品或事件本身,例如:以顏色來說,紅色、綠色、藍色等詞彙代表主要與常見的顏色,而秋香色、鵝黃、土耳其藍、古銅色等,則是較少見與使用的顏色名稱。也因為學會或聽到這些詞彙,才導引人們去知覺注意到這些顏色(Kuder, 2003)。

(二)「語言發展植基於認知」論

相對於「語言決定思考」的論點,Jean Piaget 雖然並未特別立論說明兒童的語言發展,但其所主張的一些認知發展內涵,也成為「語言發展植基於認知」論點的例證(Hulit & Howard, 2006; Sinclair-DeZwart, 1973)。根據此論點,認知發展先於語言發展。而若由 Piaget 的認知發展階段來看,0 至 2

歲的感覺動作階段的認知發展包括：拉距（distancing）原則、物體恆存（object permanence）概念、因果關係（causality）、手段－目的（means-ends）、模仿與遊戲等。所謂拉距係指，逐漸由具體實際的身體經驗，進展至符號或表徵行為；物體恆存概念則是指，了解物體即使無法立即在環境中被感官知覺到，但仍然存在的一種概念，亦即物品從眼前消失，並不是永遠消失，還可以在他處找到；因果關係係指，建立某一事件會引發另一事件，以及做出某一行為會產生可預期的作用之概念；手段－目的則是因果關係概念的延伸，幼兒會學習如何使用某個因果關係概念去解決問題（Hulit & Howard, 2006; Kuder, 2003; Owens, 2005）。事實上，上述之認知發展強調的乃是，詞彙或語言是一種符號系統，可以在「去情境」（即去除具體世界經驗）中，以符號表徵實際的人、事、物。另外，幼兒在學會語言符號之後，可以將其當作工具，影響周遭世界，達成個體滿足。也因此，幼兒發展出這些原則與概念，方能真正學習語言符號系統。

　　Hulit 與 Howard（2006）曾綜合 Bates、Benigni、Bretherton、Camaioni 與 Volterra（1977, 1979）、Bates 與 Snyder（1987）、Brown（1973）、Greenwald 與 Leonard（1979）、Miller、Chapman、Branston 與 Reichle（1980）、James（1980）、Snyder（1978）、Sugarman（1978），以及 Zachary（1978）等研究者的論點，說明感覺動作期的認知發展與語言發展之間的對應關係。這些關係包括：

1. 物體恆存：

    (1)物體恆存概念與不存在、消失、再現等早期的語意功能有關。

    (2)物體恆存概念讓幼兒得以發展出第一個表達性詞彙。

2. 因果關係：

    (1)幼兒使用詞彙或話語表達自己的意圖，以滿足需求。

    (2)因果關係概念的發展，與動詞及語意關係的理解具有相關。

3. 手段－目的：

(1)手段－目的的發展對溝通意圖發展而言，特別重要。

(2)手段－目的和雙詞結合出現期有密切關係。

4. 模仿：

(1)模仿能力與 9 至 10 個月大幼兒的手勢溝通發展，具有顯著相關。

(2)延緩模仿與幼兒的唸名有密切相關。

(3)延緩模仿反映出幼兒具備真正理解符號功能的概念。

5. 遊戲：

(1)10 至 13 個月大幼兒的物品遊戲能力與語言之間，具有顯著相關。

(2)在遊戲中，能多樣性、變化使用物品的幼兒，其語言發展較為快速。

（三）「語言與認知是相互依賴與依存」論

除了上述兩項較為單向的論點之外，Lev Semenovich Vygotsky 也曾主張「語言與認知是相互依賴與依存」的論述。根據 Vygotsky 的論點，語言與認知是以各自獨立及相互影響的方式發展出來。一開始，兒童會發展出語言，是因為環境讓其需要與他人互動，但最後語言會變成內化；也因此，語言與認知乃開始合併整合，讓兒童得以進行抽象思考與符號推理。沒有語言，兒童的認知發展無法超越早期階段的發展。事實上，Vygotsky 即曾指出，2 歲兒童的思考變成語言形式，話語變成合理、理性（Hulit & Howard, 2006; Kuder, 2003; Owens, 2005）。

綜合 Vygotsky 的理論，語言與認知的關係包括：(1)兒童是探索知識的積極參與者；(2)認知發展深受環境與文化的影響；(3)語言在兒童認知發展過程中，扮演著相當重要的角色；(4)兒童應用私我的語言（private speech）指引自己的行為；(5)大約在 2 歲時，幼兒的認知與語言會相互影響；(6)兒童使用語言來表徵其周遭世界的能力，可以促進其認知發展（Hulit & Howard, 2006）。

綜合上述，語言與認知之間具有密切關係，然而其關係並不是只以語言

發展來決定思考發展，或是以認知發展來決定語言發展的單一面向。事實上，從嬰兒呱呱墜地開始，他就開始應用感官能力去知覺周遭世界，理解周遭世界的人、事、物之義。而由 0 至 2 歲階段，幼兒由主要的反射性與感覺性的行為動物，進展至可以在心智系統中表徵具體、實際的人、事、物，或甚至一些並不具體的人、事、物，他就已經進入語言符號的世界了。據此，兒童語言的發展是需要一些認知基礎，而認知基礎所建構的概念則與語言系統相連結。接著，認知的發展則有賴語言符號的運作、記憶、儲存與提取。

三、語言發展的社會互動基礎

溝通是離不開生活層面的，每個人都會藉由溝通與周遭世界建立關係、控制周圍環境。兒童的語言發展，是需要與生活中所接觸的重要他人互動，方能發展出來。Nelson（1985）即曾指出，語言學習是在社會互動的架構中產生，而互動類型則決定幼兒所習得的語言功能與使用情境，同時幼兒也從中學習語言的片段（如：語音、音節、詞彙、短語等），之後再習得如何組合或分割這些片段。簡而言之，兒童語言的發展是源自於其與他人的溝通，而建立社會接觸的動機。也因此，談論兒童語言發展必然無法離開「語言是一種社會互動的工具」之論述。

嬰幼兒早期的社會互動經驗，會形塑之後的語言發展（Kuder, 2003）。過去的研究已證實，嬰幼兒已展現社會推論（social referencing）、分享式注意／共同交集注意（joint attention）、情緒調控（emotion regulation）與注意到他人的社會意圖等能力（noting another's social intent）（Baldwin, 1991; Bretherton,1992; Carpenter, Nagell, & Tomasello, 1998; Corkum & Moore, 1995; Eisenberg & Zhou, 2000; Gergely, Nadasdy, Csibra, & Biro, 1995; Meltzoff, 1995; Murray & Trevarthen, 1985）。這些能力讓嬰幼兒具備注意周遭環境的重要他人所提供之溝通訊息，進而能調整自己的動機狀態，以配合大人所架構的溝

通互動情境，並從中接收語言訊息，發展出語言及溝通能力。

從嬰幼兒誕生開始，照顧者與他們就已建立很多複雜的社會互動活動，包括：餵食、洗澡、換尿片、穿衣、訓練大小便、哄睡、逗弄、唱歌、握抱等例行活動。在進行這些活動時，照顧者會與嬰幼兒對看、笑看小baby、說話、唱歌、搔癢、玩親親、觸摸、玩身體遊戲、玩躲貓貓或「城門城門沏蛋糕」、命名、拍拍手等。從中，照顧者架構了一個有利於語言發展的互動方式，包括：發展物品注意、分享式注意／共同交集注意、輪替等能力；而這些互動方式即是人際之間交談的形式。Sachs（2001）即指出，嬰幼兒與照顧者之間的互動可滿足社會互動需求，並從中發展出下列之溝通功能：(1)發出聲音或使用手勢動作表達拒絕；(2)發出聲音或使用手勢動作要求物品、動作或社會互動；(3)發出聲音或使用手勢動作引起照顧者注意某個物品或事件（Kuder, 2003）。

此外，在親子互動的過程中，由於嬰幼兒的各項能力才開始發展，訊息處理的能力有限，因此照顧者常常都會提供可讓嬰幼兒易於接收與注意的語言訊息。過去研究乃將大人與嬰幼兒溝通時調整自己的說話方式，或是所使用的特別方式稱之為「媽媽語」（motherese）（Fernald et al., 1989; Newport, Gleitman, & Gleitman, 1977），或是嬰幼兒／兒童引導的話語（infant-directed or child directed speech）。綜合過去研究者的發現，「媽媽語」普遍存在於全世界的嬰幼兒與母親之間的對話及社會互動中（Hoff-Ginsberg, 1997）。而全世界的母親在和其嬰幼兒談話的特徵，包括：重複、句子較短、語意及語法皆簡化的句子、使用少數核心詞彙、指稱具體的物品、常常以物品為中心、溝通的主題限制在當下情境、誇張的臉部表情和手勢動作、常常提出問題與稱讚、將嬰幼兒的行為視為有意義的溝通、調整說話的音調／音量／語調、使用高頻率的聲音、句子之間的停頓非常清楚、說話速度較慢、說話速度較慢等（Fernald, 1989; Owens, 2005）。

「媽媽語」的功能，除了能喚起幼兒的注意及調整其注意焦點之外，也

提供語言習得的途徑。Hoff-Ginsberg（1997）指出，「媽媽語」中誇張的語調、聲調或重音可以幫助嬰幼兒在長串的話語中切割詞彙。此外，「媽媽語」中的停頓部分，也可以幫助嬰幼兒辨識句子或句子之間的界線，以利學習語法結構。此外，「媽媽語」中使用的少數核心詞彙，且常常以物品為中心的特徵，應該也可以幫助嬰幼兒學習一些常常聽到的詞彙。而從語用的角度來看，「媽媽語」較為有趣，也可促發嬰幼兒溝通互動的動機。

綜上所述，語言的學習與使用，是離不開生活層面中的社會互動情境。從嬰兒開始之生命旅程，照顧者（尤其是母親）即已在很多例行事件的情境中，與其進行溝通互動。嬰幼兒從中發展出社會推論、分享式注意／共同交集注意、情緒調控，與注意到他人的社會意圖等社會能力。這些能力進而促發其發展成為一個基本的溝通者，並在與環境中重要他人的溝通過程中，習得語言的形式、內容與使用方式。此外，母親或照顧者也會隨時注意嬰幼兒的行為、生理與心理狀態，考慮其能力可及範圍，而以特殊的「媽媽語」提供語言訊息，幫助他們學習詞彙、語句結構，並提供溝通的愉悅與增強，進而建立牢固的溝通連結。

參 解釋兒童語言發展的理論

藉由語言發展理論的介紹，可以清楚說明兒童如何以及為什麼可以發展出語言。過去在兒童語言發展領域或認知心理學的研究論述中，最常被提及的語言發展模式理論，包括：行為學派、先天論、交互運作論。這些論點反映出學界思考的發展，也讓家長、教師與實務工作者可以更了解兒童語言發展的歷程與基礎。

一、行為學派

行為主義學派（Behaviorism）是 20 世紀初起源於美國的一個心理流派，強調語言與其他人類的行為一樣，都是遵循相同的模仿、制約、增強的法則所發展出來的。也因此，他們對語言的研究是界定為，可以被觀察和直接測量的行為。

根據此學派的論點，幼兒在語言發展過程中，會有意識地複述或模仿周遭大人的話語，再藉由大人的反應而逐漸學會不同的詞彙。而在語法發展方面，當幼兒說出正確語法的句子時，大人會適當回應，即是提供增強，也因此幼兒得以習得正確的語法結構。簡而言之，行為學派主張，幼兒的語言發展就像鸚鵡學人類說話一樣，是一字一句慢慢模仿，並在與大人的各種言語互動中獲得增強，進而學會說話。

B. F. Skinner 是行為學派中，論述兒童語言發展的主要代表人物，他強調當大人增強嬰幼兒發出像真正詞彙的喃喃語或話語時，大人就是在形塑兒童的言語（Skinner, 1957）。

雖然行為學派的論點可以說明兒童語言學習過程中會出現模仿，以及大人會熱烈回應的互動現象，然而至目前為止，並未有任何證據可以說明，家長持續的鼓勵會增強兒童擁有正確的語言。事實上，大人並不會糾正幼兒的語法錯誤，只會糾正其語意錯誤。此外，兒童的語言表達內容也常出現一些新的不合語法的句子（例如：「他嚇得沒有很死」、「I eated ice cream.」），或是自創的新詞彙（例如：將「熱水」說成「燙水」、「麥當勞」說成「當當」）。上述這些現象都是行為學派的論點難以解釋的現象。

綜合言之，語言要素或語言知識是非常複雜的，且語言是具有獨創性的，單單只以刺激－反應、操作制約中的增強與結果等論點，來解釋兒童複雜的語言習得過程，似乎仍嫌不足。

二、先天論

　　有鑑於行為學派的論點無法說明與解釋兒童語言發展過程中的創造性及複雜性，Chomsky 乃提出了先天論（Nativism theory），來駁斥行為學派的說法。他不認同語言的習得是來自模仿與增強，因為他觀察到很多幼兒可以將已習得的詞彙，隨意組合說出一些從未聽過的語句。由此可見，語言並非全是模仿或記憶詞彙串聯而發展出來的（Chomsky, 1959, 1968）。

　　Chomsky 認為，世界上所有人類的語言都有一些相同共通的結構特徵，即是「共通語法」（Universal Grammar, UG），也因此兒童並非真正學習語言或語法，因為語言或語法已在其心智系統中。根據「共通語法」的論點，每個兒童先天即具備可以處理全世界語言規則的文法系統。

　　更特定地說，每個兒童先天就已配備了一套負責語言習得的裝備，稱之為「語言學習器」（Language Acquisition Device, LAD），讓他們可以藉此習得其母語的語法結構與規則。根據 Chomsky 的論點，當兒童接收輸入的語言刺激時，會透過「語言學習器」的運作，將這些輸入的話語加以修正，並融合成其應學習的語言系統。據此，每個正常發展的兒童，先天上就具備了語言學習的本能，只要在環境中獲得適當的語言刺激，並有父母的適當引導，便能發展出其母語。

　　綜合而言，兒童在語言發展的過程中，除了模仿之外，還會結合不同詞彙，自創一些不合乎大人語法結構規則的句子。他們在與大人的語言溝通經驗中，自動發掘語言的規律，逐漸修正自己的語法，最後在 4 或 5 歲時，就已發展出相當完善的語言結構。兒童不需刻意教導，即能在短短幾年內發展出其母語語法結構的神奇能力，促使 Chomsky 提出「語言學習器」的論點，強調兒童先天就具備語言－特定（language specific）的習得能力，用以促進與限制他們的語言發展。

　　雖然Chomsky的論點至今仍廣被討論與研究，然而並無實證性資料支持「語言學習器」的存在。此外，「共通語法」、「語言學習器」也一樣無法解釋語法以外的語言要素之習得，例如：詞彙或語用規則。再者，語言的學習或發展也有可能只是沉浸在文化中所發展出來的產物，並非人類先天即具備此本能（Kuder, 2003; Shaffer, 1996）。

三、交互運作論（Interactionist theory）

　　由於行為學派的連結論點與先天論的「語言學習器」，無法提供實證研究支持其論述，且無法解釋很多兒童語言發展的複雜與奇妙之處，因此Bates與MacWhinney（1982）、Bohannon與Bonvillian（2001）乃另外提出交互運作論，來解釋兒童語言發展的神奇成就。根據此論點，語言學習的結果是來自兒童本身的生理成熟發展、認知能力，以及兒童與其環境之間的互動。具體而言，交互運作論強調，語言發展中環境與兒童本身的生理、認知發展的交互作用；根據此論點，兒童出生就配備著會慢慢成熟的強力大腦，讓他們可以獲得新的知識與理解力，且願與他人分享。據此，語言發展同時具有生理與社會性，語言的學習會受兒童與他人溝通的動機所影響（Bates, 1993; Shaffer, 1996）。

　　Piaget 的認知發展論、訊息處理論與語用－交互運作論，是三種被歸為交互運作論的理論。茲將此三種理論介紹如下。

（一）Piaget 的認知發展論

　　Piaget可說是20世紀最具影響力的發展心理學家，他所提出的認知發展階段論，深深影響著全世界的發展心理學與兒童教育。Piaget 認為，兒童認知能力的發展，是從直接接觸或操作物品、建立基模，進而以調適與同化歷程修正其認知內涵或概念，而這些過程是獨立於語言之外（Feldman, 2007;

Owens, 2005）。在感覺運動期時，幼兒的智力或認知發展，係藉由動作活動去探索與建構，並未使用到符號系統；而當幼兒發展出物體恆存的概念，且其身體或動作發展也促成其可以發展出新的認知能力時，幼兒的物體概念也會發展得愈來愈好，因此他們才會在此階段發展出符號或語言。

根據 Piaget 的論點，幼兒出現的第一個詞彙或早期的詞彙，以及自我中心語言（egocentric speech），都只是反映出其持續成長的心智能力或是儲存在基模中的知識或概念而已（Riley, 1996）。也因此，兒童開始出現語言，並非因為他們先天上就具備此項能力，也並非是因刺激、反應、增強等學習原則的運作所產生的結果。Piaget 主要的論述為，語言是認知組織與發展的產物。語言的發展是為了概念的表徵與運用，單純只是用以表徵其周遭世界或反應思考的方式，而其出現也正是認知成熟的結果。當兒童現有的認知結構，與環境中提供的刺激或訊息出現不平衡或矛盾現象時，語言做為概念表徵與應用的功能就會出現。據此，兒童語言發展的過程乃與認知發展相互關聯，且是整合至認知發展的一部分（Hulit & Howard, 2006）。

如同前述，Piaget 所提出的物體恆久概念、物體概念、物體之間的關係、因果概念、手段－目的與遊戲等，都與兒童的語言發展有密切的關係。在語言習得的過程中，兒童必然會知道詞彙指稱與代表人物、地點、物品和想法。而在人際溝通中，兒童所談論的內容、主題，必然是其所了解或已建立概念的東西。據此，語言的發展必然是需要建立在認知的基礎上。雖說如此，Piaget 對語言發展所抱持的論點，仍有其本質上的問題，例如：(1)與先天論一樣，並未提及語言輸入的影響作用；(2)有些兒童可以發展出語言習得事先需要的認知基礎，但仍無法發展出語言〔例如：口語失辨症（auditory verbal agnosia）兒童〕；(3)有些兒童的語言發展是無法以其認知發展水準來預測（Kuder, 2003）。

綜合而言，Piaget 對語言發展所抱持的論點為，語言對兒童思考發展並無貢獻，以及認知發展是先於語言發展。此項論述讓研究者得以跳脫從語法

層面去論述兒童的語言發展，進而由語意層面去思考語言的習得。但就像前述行為學派的學習論或先天論一樣，他的理論仍然無法解開兒童語言發展的一些謎團（Kuder, 2003）。

（二）訊息處理論

　　訊息處理模式主要是探討，知識是如何被使用或處理的歷程問題。根據此理論，人類是具有主動性的訊息處理者，所有的行為學習、使用和知識建構，都可以透過使用類似電腦輸入的方式來學習和輸出。而其處理歷程則含括：感官接受訊息、貯存以及提取訊息、運用訊息等不同階段的認知處理。而在訊息的儲存層面上，訊息處理論認為，人的記憶能夠主動地注意與選取感官輸入與接收之資料，加以處理後轉換成有意義的訊息，並把大部分的訊息儲存起來，成為個人行為、知識的資源庫（王震武、林文瑛、林烘煜、張郁雯、陳學志，2001；林美珍編譯，1996；Feldman, 2007; Kuder, 2003; Owens, 2005; Shaffer, 1996）。而其中訊息的處理則係指，訊息的組織、分析、歸納、深入與精緻整合、複習、提取等活動。

　　從階段處理的角度來看，訊息的認知處理可以分解為一系列的階段。輸入的訊息就在知覺、信息編碼、從記憶中提取信息、形成概念、判斷和產生語言這些階段中，進行某些獨特的操作（王震武等，2001；林美珍編譯，1996；Feldman, 2007; Kuder, 2003; Owens, 2005; Shaffer, 1996）。每一階段都從前面的階段接受訊息，然後發揮自己本身的獨特作用。茲將不同階段的語言處理歷程說明如下。

1. 感官信號的貯存

　　由語言符號處理歷程的角度來看，外界輸入的語言或溝通訊息，是以感覺刺激的形式經由感官（聽覺與視覺）接收，在感官上做短暫的停留。這個階段的訊息即是一種信號（signal），因此被稱為感官信號（sensory signal）

貯存的階段。而在口語部分,則是以回聲儲存(echoic storage)的方式保留了聽覺輸入;在書面語部分,則是以視像儲存(iconic storage)的方式保留了視覺輸入。也因為聽覺訊息與視覺訊息的儲存,個體才得以處理口語及書面語(文字)的語言訊息。

2. 注意力

前述的感官輸入雖可貯存大量的訊息,但如果沒有動機繼續處理或注意該訊息,訊息很快就會消逝。也因此,認知運作的進行需要選擇相關或必要的感官信號,做進一步的處理。而在注意力部分的論述,主要係以「過濾」和「選擇」兩個階段為主(Broadbent, 1958; Reed, 1996)。過濾的理論認為,注意力像過濾器,限制了一次可辨認的訊息量;選擇的理論則是認為,所有的訊息都被辨認,只是某些重要的訊息才被注意或被選擇做進一步處理,再進入下一階段的記憶。而由於語言的輸入訊息極為複雜,且常常是與其他訊息一起呈現(例如:背景噪音或插圖),很少以單一的感覺事件被接收,而是以具有更多意義的樣式(pattern)之一部分被感受到,再進一步被記憶中儲存的知識或規則加以辨識。也因此,個體必須先將輸入的語言訊息,以「注意力」加以過濾選擇,否則會因信息「超載」而減弱重要訊息的接收。在過濾階段中,「注意」只被充當成一個過濾器,只讓有限的語言訊息通過,所以不受注意的訊息完全被「過濾器」排除在外,沒有被處理。選擇階段則是發生於,對兩組訊息的知覺分析之後,然後選擇重要的訊息做進一步的處理,而不重要的訊息很快就會被忘掉(Reed, 1996)。綜合而言,注意層面可區分成定向(orientation)、反應(reaction)與區辨(discrimination)。定向係指,個體可以將注意力維持一段時間,而語言輸入的特徵(例如:高強度的刺激、變化的刺激)可能最會吸引個體注意;反應則指,個體選擇相關或重要的語言訊息,加以反應所需要的時間;而區辨是指,在眾多同時呈現的訊息中,比較新訊息與記憶中儲存的知識或規則之差異或相關特徵的能力

（Owens, 2005）。而這三種能力，即是選擇與過濾歷程中，會同時出現的認知處理的運作過程。

3. 記憶力

人類所有的學習，都是以記憶為基礎。藉由記憶，個體可以根據以前所學到的經驗，詮釋身處情境中的人、事、物等訊息。經過注意力和樣式辨識的語言訊息或刺激，被送到記憶系統後，是以編碼（encoding）的形式儲存。根據認知心理學的理論，人類的記憶系統共分為「短期記憶」、「工作記憶」和「長期記憶」。

短期記憶強調的是儲存功能。根據過去的研究資料顯示，短期記憶的容量相當有限，大部分成年人只能記憶 10 個單位以下，或是 7±2 個單位的範圍（Baddeley, 1986）。另外，短期記憶可以維持的時間大約是 30 秒，在這時間內，訊息如果沒有被複述，很快就會消失掉（洪蘭譯，1997）。工作記憶主要的功能是將語言訊息暫存並加以處理，以利長期記憶裡語言知識的建立。長期記憶的容量則沒有限制，且其儲存具有一定程度的永久性。長期記憶的編碼形式是以意碼為主，但還有形碼、聲碼、語言碼、味覺、嗅覺、動作、感情等各種形式。

綜合而言，在語言的處理歷程中，工作記憶主要的功能為，暫存聽覺語言訊息並加以處理，以利長期記憶裡語言知識的建立。在個體口語理解的處理歷程中，聽覺訊息會暫存於工作記憶系統中，而同時個體內在表徵系統的相關語言知識會立即被抽取出來，執行符號的運作與意義的連結，並立即對各項語言要素的正確性與否進行辨認、判定。因此，語言的學習一定需要將聽到的語言訊息暫存在工作記憶中，等待進一步處理，例如：一個 4 歲的小男孩聽到阿姨說要和他玩「模特兒遊戲」（即假裝是櫥窗內的模特兒，擺出某個姿勢，站立不動），馬上高興的回應說：「好啊，我們就來玩『模特別』遊戲」，這個例子即可說明，小男孩將新詞彙「模特兒」暫存在工作記憶中，

並立即由其長期記憶中搜尋已建立的語意概念,來解釋「模特兒」之義,也因此會找到最相近的詞——「特別」。而該幼兒所學習到的「模特兒」詞彙,則會儲存在長期記憶中(可能是在遊戲的類別,且是以聲碼、動作等方式編碼)。

最後,綜合上述,訊息處理模式強調人類為主動的訊息處理者,而其處理歷程則含括:感官接受訊息、貯存訊息以及提取、運用訊息等不同階段的認知處理。從階段處理的角度來看,訊息的認知處理可以分解為一系列的階段。輸入的訊息就在知覺、信息編碼、從記憶中提取信息、形成概念、判斷和產生語言這些階段中,進行某些獨特的操作。每一階段都從前面的階段接受信息,然後發揮自己本身的獨特作用。

(三)語用-交互運作論(Pragmatic-Interactionist)

語言的最大功能即是在溝通,人們談話是為了溝通。語用-交互運作論即是植基於語言溝通功能的語言發展理論。根據此理論,當兒童學習選擇適當的語言形式表達溝通意圖時,語言發展於焉產生。

如同第一章所述,語用主要是指語言使用的目的。一般而言,語言使用涉及的主要層面,即為功能與情境(Martin & Miller, 1996);功能乃指詞彙或語言選擇的目標。而 Searle(1965)和 Dore(1974)所提出的語用理論,以及 Bruner(1975)和 Bates(1976)觀察、描述父母與子女之間的溝通,併合形塑了語用-交互運作論(Kuder, 2003)。根據此理論,兒童生活環境中的事件,是兒童學習語言的來源。重複、例行活動的溝通,讓兒童可以聽取與模仿大人所提供的語言示範。此外,如同前述,「媽媽語」的現象即是照顧者提供鷹架(scaffolding),讓兒童發展語言(Bruner, 1977)。

此外,語用-交互運作論也強調,兒童生理的成熟決定溝通互動的層次。據此,本理論可視為同時顧及環境(後天)與生理成熟(先天)的語言發展模式。最後,語用-交互運作論也強調語言的完整性,亦即兒童是在溝通情境中

學習語言的形式、內容與使用功能,而非切割的詞彙或句法(Kuder, 2003)。

綜合而言,語用—交互運作論強調,兒童的語言發展是來自於溝通的需求與社會互動的情境。兒童語言的學習不是為了習得規則,而是為了與他人建立關係連結,以及賦與經驗意義(Wells, 1986)。也因此,語言的習得是因為環境中所提供的事件,讓他們可以從中獲得語言的輸入與示範,並在相同的事件中談論該經驗。「媽媽語」以及參與使用語言的社會互動及交談,說明了兒童語言發展所需的語用基礎。

肆 結語

兒童的語言發展看似輕而易舉,但卻又如此複雜。兒童或是人類如何達成此項艱鉅、非凡的成就,一直都讓學界、家長、實務工作者想獲得合理的解答。綜合過去研究者所提出的理論,包括:行為學派、先天論、語用—交互運作論,這些論述可以解釋一部分兒童語言習得的現象,但並無法完整說明兒童的整體語言發展內涵。事實上,任何用以解釋兒童語言發展的理論,都必須顧及環境、語言本身,以及兒童本身的生理發展等層面的交互運作,畢竟兒童語言發展只是其全人發展的一部分。也因此,單就語言刺激的提供、模仿、增強、刺激—反應、操作制約中的增強與結果等論點,或是兒童先天就已配備一套負責語言習得的裝備之說明,來解釋兒童複雜的語言習得過程,似乎仍嫌不足。最後,雖然語用—交互運作論嘗試從生理成熟、認知發展、環境、人際社會互動等交互運作的觀點,來解釋與說明兒童的語言發展成就,但至目前為止,對於兒童是如何發展出語言的問題,仍未有決定性的解答。雖說如此,目前普遍能被接受的論點為:兒童語言發展是經由基因(先天即有溝通需求傾向、裝配語言學習生理機制與功能)、環境及兒童自身的認知運作與思考能力,共同交互運作所達成。

中文部分

王震武、林文瑛、林烘煜、張郁雯、陳學志（2001）。**心理學**。台北市：學富。

林美珍（編譯）（1996）。R. S. Siegler 著。**兒童認知發展 —— 概念與應用**（Children's thinking）。台北市：心理。

洪　蘭（譯）（1997）。H. Gleitman 著。**心理學**（Psychology）。台北市：遠流。

英文部分

Baddeley, A. D. (1986). *Wordking memory*. Oxford, UK: Oxford University Press.

Baldwin, D. A. (1991). Infants' contribution to the achievement of joint reference. *Child Development, 62*, 875-890.

Bates, E. (1976). *Language and context: The acquisition of pragmatics*. New York: Academic Press.

Bates, E. (1993). *Nature, nurture, and language*. Invited address presented at the biennial meeting of the Society for Research in Child Development, New Orleans, LA.

Bates, E., & MacWhinney, B. (1982). Functionalist approaches to grammar. In E. Wanner & L. Gleitman (Eds.), *Language acquistion: The state of the art*. Cambridge, UK: Cambridge University Press.

Bates, E., & Snyder, L. (1987). The cognitive hypothesis in language development. In I. Uzgiris & J. Hunt (Eds.), *Infant performance and experience: New findings with the ordinal scale*. Urbana, IL: University of Illinois Press.

Bates, E., Benigni, L., Bretherton, I., Camaioni, L., & Volterra, V. (1977). From gesture to the first word: On cognitive an social prerequisites. In M. Lewis & L. Rosenblum (Eds.), *Interaction, conversation, and the development of language*. New York: John Wiley & Sons.

Bates, E., Benigni, L., Bretherton, I., Camaioni, L., & Volterra, V. (1979). *The emergence of symbols: Cognition and communication in infancy*. New York: Academic Press.

Bohannon, J., & Bonvillian, J. (2001). Theoretical approaches to language acquisition. In J. Berko Gleason (Ed.), *The development of language* (5th ed.) (pp. 254-314). Boston,

MA: Allyn & Bacon.

Bretherton, I. (1992). Social referencing, intentional communication, and the interfacing of minds in infancy. In S. Feinman (Ed.), *Social referencing and the social construction of reality in infancy* (pp. 57-77). New York: Plenum Press.

Broadbent, D. (1958). *Perception and communication*. London: Pergamon Press.

Brown, R. (1973). *A first language: The early stages*. Cambridge, MA: Harvard University Press.

Bruner, J. (1975). The ontogenesis of speech acts. *Journal of Child Language, 2*, 1-19.

Bruner, J. (1977). Early social interaction and language acquisition. In R. Schaffer (Ed.), *Studies in mother-infant interaction*. New York: Academic Press.

Carpenter, M., Nagell, K., & Tomasello, M. (1998). Social cognition, joint attention, and communicative competence from 9 to 15 months of age. *Monographs of the Society for Research in Child Development, 63*(4).

Chomsky, N. (1959). A review of Skinner's verbal behavior. *Language, 35*, 26-58.

Chomsky, N. (1968). *Language and mind*. New York: Harcourt, Brace, & World.

Corkum, V., & Moore, C. (1995). Development of joint visual attention in infants. In C. Moore & P. J. Dunham (Eds.), *Joint attention: Its origins and role in development*. Hillsdale, NJ: Lawrence Erlbaum Associates.

Dore, J. (1974). A pragmatic description of early language development. *Journal of Psycholinguistic Research, 3*, 343-350.

Eisenberg, N., & Zhou, Q. (2000). Regulation from a developmental perspective. *Psychological Inquiry, 11*(3), 166-171.

Feldman, R. S. (2007). *Child development* (4th ed.). Upper Saddle River, NJ: Pearson.

Fernald, A. (1989). Intonation and communicative intent in mothers' speech to infants: Is the melody the message? *Child Development, 60*, 1497-1510.

Fernald, A., Taeschner, T., Dun, J., Papousek, M., De Boysson-Bardies, B., & Fukui, I. (1989). A cross-language study of prosodic modifications in mothers' and fathers' speech to preverbal infants. *Journal of Child Language, 16*, 477-501.

Gergely, G., Nadasdy, Z., Csibra, G., & Biro, S. (1995). Taking the intentional stance at 12 months of age. *Cognition, 56*, 165-193.

Greenwald, C., & Leonard, L. (1979). Communicative and sensorimotor development in Down's syndrome children. *American Journal of Mental Deficiency, 84*, 296-303.

Hoff-Ginsberg, E. (1997). *Language development*. Pacific Grove, CA: Brooks/Cole.

Hulit, L. M., & Howard, M. R. H. (2006). *Born to talk: An introduction to speech and lan-*

guage development. Boston, MA: Allyn & Bacon.

James, S. (1980). *Language and sensorimotor cognitive development in the young child*. Paper presented at the annual convention of the New York Speech-Language-Hearing Association.

Kuder, S. J. (2003). *Teaching students with language and communication disabilities*. Boston, MA: Allyn & Bacon.

Lane, V. W., & Molyneaux, D. (1992). *The dynamics of communicative development*. Englewood Cliffs, NJ: Prentice-Hall.

Martin, D., & Miller, C. (1996). *Speech and language difficulties in the classroom*. London: David Fulton.

Meltzoff, A. N. (1995). Understanding the intentions of others: Re-enactment of intended acts by 18-month-old children. *Developmental Psychology, 31*(5), 838-850.

Miller, J., Chapman, R., Branston, M., & Reichle, J. (1980). Language comprehension in sensorimotor stages 5 and 6. *Journal of Speech and Hearing Research, 4*, 1-12.

Murray, L., & Trevarthen, C. (1985). Emotional regulation of interaction between two-month olds and their mothers. In T. Field & N. Fox (Eds.), *Social perception in infants* (pp. 101-125). Norwood, NJ: Ablex.

Nelson, N. (1985). Teacher talk and children listening: Fostering a better match. In C. Simon (Ed.), *Communication skills and classroom success: Assessment of language-learning disabled children*. San Diego, CA: College Hill.

Newport, E., Gleitman, A., & Gleitman, L. (1977). Mother I'd rather do it myself: Some effects and non-effects of maternal speech style. In C. Snow & C. Ferguson (Eds.), *Talking to children: Language input and acquisition* (pp. 109-149). New York: Cambridge University Press.

Owens, R. E. (2005). *Language development: An introduction*. Boston, MA: Allyn & Bacon.

Plante, E. M., & Beeson, P. M. (2008). *Communication and communication disorders: A clinical introduction*. Boston, MA: Allyn & Bacon.

Reed, S. K. (1996). *Cognition: Theory and applications* (4th ed.). Pacific Grove, CA: Brooks/Cole.

Riley, J. L. (1996). *The teaching of reading: The development of literacy in the early years of school*. London: Paul Chapman.

Sachs, J. (2001). Communication development in infancy. In J. Berko Gleason (Ed.), *The development of language* (5th ed.) (pp. 440-472). Boston, MA: Allyn & Bacon.

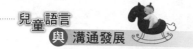
Searle, J. (1965). What is a speech act? In M. Black (Ed.), *Philosophy in America* (pp. 221-239). New York: Allen & Unwin; Cornell University Press.

Shaffer, D. R. (1996). *Developmental psychology: Childhood and adolescence* (4th ed.). Pacific Grove, CA: Brooks/Cole.

Sinclair-DeZwart, H. (1973). Language acquisition and cognitive development. In T. Moore (Ed.), *Cognitive development and the acquisition of language*. New York: Academic Press.

Skinner, B. F. (1957). *Verbal behavior*. New York: Appleton-Centruy-Crofts.

Snyder, L. (1978). Communicative and cognitive abilities and disabilities in the sensorimotor period. *Merrill-Palmer Quarterly, 24*, 161-180.

Sugarman, S. (1978). A description of communicative development in the prelanguage child. In I. Markova (Ed.), *The social context of language*. New York: John Wiley & Sons.

Wells, G. (1986). *The meaning makers: Children learning language and using language to learn*. Portsmouth, NH: Heinemann.

Whorf, B. (1956). *Language, thought, and reality*. New York: John Wiley & Sons.

Zachary, W. (1978). Ordinality and interdependence of representation and language development in infants. *Child Development, 49*, 681-687.

第三章

聽覺、說話與語言的 生理機能與神經基礎

壹 前言

　　說話或語言的理解，涉及很多生理機能的合作與交互運作，包括：聽覺器官、呼吸系統、發聲、構音器官，以及神經系統等的運作處理。兒童溝通、語言能力的發展，需要植基於健康完整的生理機能。而很多說話、語言障礙的問題，也都是源自這些生理機能的缺陷，因此為能了解兒童語言發展或溝通障礙與聽覺能力、大腦神經系統、說話器官等之關係，有必要認識基本的說話／語言的生理機制。本章將介紹聽覺的生理機能、說話的生理基礎與語言的神經生理基礎。

貳 聽覺的生理機能

　　我們生活的周遭充滿著各種不同的聲音，有車水馬龍的噪音，人聲鼎沸的喧嘩聲，也有優美的樂聲，溫馨、快樂的笑聲，或是大自然中千千萬萬事

物所發出的聲音（例如：流水聲、風聲、雷聲、雨滴落在屋簷的聲音等）；這些千變萬化的聲音都需要我們人體的聽覺器官去接收。事實上，耳朵即是聲音產生的四要素之一（其他的三要素為介質、力量與振動體）。除了接收來自外界的各種聽覺訊息之外，聽覺能力亦是個體語言發展與學習必備的基本能力。人類的語文能力是循著聽、說、讀、寫依序發展出來的。說話或口語表達與聽覺是密不可分的，兒童學習其所聽到的語言，建立內在語言系統，並藉由聽覺－肌肉動作知覺的自體回饋與比較，調整其所說出來的話語。也因為聽覺能力是兒童說話、語言發展之基礎，因此聽力損失常常嚴重地損害了個體的語言學習與說話能力的發展。聽障兒童音韻／構音、嗓音、語言的問題，即是聽覺能力與說話／語言學習之間，具有密不可分關係最強而有力的例證。

　　人類聽取、接收聲音並賦與意義的生理功能，是由多項聽覺系統的組織與構造合力完成的。聲音由外耳耳殼進入外耳道，外耳道與耳膜連接，聲音撞擊耳膜；聲音再傳入中耳內的三塊聽小骨，放大聲音能量。其中鐙骨與內耳之卵圓孔連接，聲音再由此傳入內耳。聲音在內耳中將聲音能量轉換成液體波動，液體振動會轉換成電流信號，傳入第八對腦神經，進入腦幹的聽覺神經核，再上達大腦的聽覺中樞，由此解釋聲音的意義。茲將李憲彥（1983）、Gelfand（1990）、Glattke（2008）、Hegde（1995）、Hulit 與 Howard（2006）、Lane 與 Molyneaux（1992）、Martin 與 Noble（1994）、McLaughlin（1998）、Northern 與 Downs（1991）、Owens、Metz 與 Haas（2000），以及 Palmer 與 Yantis（1990）等研究者所整理的聽覺生理構造與功能，說明如下。

一、耳朵的構造

　　耳朵常被視為一種金字塔形狀的骨骼結構（bony structure），內含聽覺與平衡器官。而聽覺的部分則是由外耳、中耳與內耳所組成，並各司其職，

掌控不同的功能。茲將這三部分介紹如下，且以圖 3-1 說明。

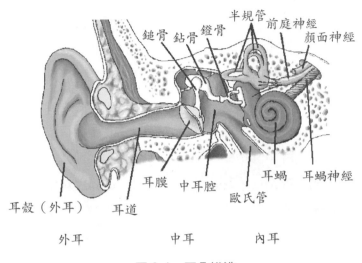

圖 3-1　耳朵構造

（一）外耳（outer ear/external ear）

外耳是由耳殼與外耳道所組成，主要功能是蒐集與傳導聲音。

1. 耳殼（auricle/pinna）

耳殼是耳朵構造中外顯的部分，是一種內凹狀的軟骨組織，負責蒐集外界產生的聲音，並將其傳入外耳道。

2. 外耳道（external auditory meatus）

外耳道是由外部軟骨組織（約占三分之一）與內部骨骼部分（約占三分之二）所組成的一條約為 2.5 公分長的管狀通道。聲波由耳殼蒐集之後會通過外耳道，再傳至與其連接的耳膜，接觸撞擊之後，即傳入中耳裡。聲音進入外耳道的作用就像喇叭，可以使聲音的強度倍增。外耳道的軟骨部分含有

耳垢腺，可分泌耳垢，具有像捕蠅紙一樣的作用，防止異物進入，不讓小蟲子、灰塵和其他刺激的東西掉進耳膜；小塊的耳垢在咀嚼或睡覺時會自行脫落出來。另外，耳垢本身有強力的殺菌作用，耳垢愈多保護性愈高。

由於耳殼與外耳道的一部分是由軟骨所組成，因此若不小心將異物塞入外耳道，可能會往內刺到耳膜而造成損傷，例如：挖耳朵時刺破耳膜。另外，常見的外耳疾病尚包括：(1)耳殼畸形（例如：小耳症、外耳孔閉塞）：可進行手術整形治療，改善外觀及聽覺；(2)耳殼血腫：常發生於運動時的意外傷害，或是擁擠人群中的擠壓，但亦有不明原因所產生；(3)外耳道炎：常因掏耳朵所引起的，會造成外耳道皮膚的損傷與感染；(4)外耳道黴菌症：是最易引起耳朵發癢的病症，一樣也常常是因不當掏耳朵所造成的，因掏耳用的器具散布黴菌進入外耳道內，在高溫高濕的環境中快速蔓延（李憲彥，1983）。

（二）中耳（middle ear）

中耳本身是一個中耳腔，是由位在顳骨內的耳膜、三個聽小骨與耳咽管所組成，其主要功能為傳音與調節聲音。

1. 耳膜（tympanic membrane）

耳膜又稱為耳鼓或鼓膜，是一層直徑約 1 釐米的半透明／珍珠灰、圓錐形的薄膜。這層薄膜非常強韌又極具彈性，可接受聲波的撞擊產生振動。人體耳膜上的所有部分都可以對低頻率的聲音加以反應，但也有特定部分可對高頻率的聲音加以反應。由外耳道傳進的聲波會撞擊耳膜，像鼓槌敲鼓一樣產生振動，將聲音傳至聽小骨處。而即使是耳語或樹葉間輕飄飄移動所產生的聲音也一樣能撞擊耳膜。

2. 聽小骨（ossicles）

　　中耳內的三個聽小骨，包括：鎚骨（malleus）、砧骨（incus）與鐙骨（stapes），是人體內最小的骨頭。鎚骨附著在耳膜上，砧骨則與鎚骨連結在一起，而鐙骨則是與砧骨連結在一起。這三個聽小骨相連與排列的方式就像一個槓桿系統，會調整傳入耳朵的聲音音量大小。當聲波撞擊耳膜並傳給相連的鎚骨時，會移動砧骨，而砧骨會直接推動鐙骨，將振動的能量經由鐙骨底部傳至卵圓窗，再進入內耳中。聲波傳至三個聽小骨，會將振動的能量放大 22 倍，因此連微弱的聲音都能讓人聽到。另外，在中耳裡亦有二塊小小的肌肉，即耳膜張肌（tensor tympani）與鐙骨肌（stapedius muscle）。其主要功能為減弱由耳膜與聽小骨所產生的聲波振動。耳膜張肌會拉緊耳膜把鎚骨柄往內拉，減弱其所產生的振動；而鐙骨肌則會將鐙骨往外拉，僵化三個聽小骨的連鎖動作，使其產生的振動亦會減弱、減低傳入的聲波能量。這些作用即是所謂的聽覺反射（acoustic reflex），可保護耳朵免受過大音量之傷害，並可將吵雜環境中的低頻背景聲遮蓋住，讓個體專注於頻率較高的話語上。而這也就是為什麼人體能聽到微細的聲音，亦能容忍高分貝噪音之故（黃俊銘、楊珮玲，1998）。

3. 耳咽管（Eustachian tube）

　　耳咽管又稱為歐氏管，是一連接鼻咽腔與中耳腔的管狀通道，主要功能是維持中耳腔的壓力平衡。中耳腔的前壁包含耳咽管的開口部分，可讓空氣由鼻子的後部傳入。大部分時間耳咽管的開口都是關閉的，但是當我們吞嚥、打哈欠、打噴嚏時，則會打開，好讓空氣壓力進入，平衡中耳腔的壓力，保護耳膜不會因外力過大而破裂。雖然耳咽管具有調整與平衡中耳腔和外界壓力的功能，但耳咽管也常成為細菌竄入中耳腔的捷徑，例如：感冒時大力擤鼻涕，會將細菌擠到耳咽管再進入中耳裡。

一般而言，常見的中耳疾病包括：(1)外傷性耳膜穿孔：常因車禍、撞擊、被大力打耳光、放鞭炮，或是掏耳朵所造成，形成不規則破洞，其症狀為耳朵悶漲感、疼痛、耳鳴、聽力減退；(2)聽小骨硬化：聽小骨過度生長，造成固著、無法靈活移動的現象，會影響聽力；(3)急性中耳炎：主要是由感冒、上呼吸道的細菌感染、發炎所引起，通常會有耳朵疼痛與發燒等症狀；由於人體的鼻子、咽喉、扁桃腺與耳咽管都有相連，因此會使得細菌可經由耳咽管長驅直入中耳內，造成急性中耳炎；(4)漿液性中耳炎：是急性中耳炎的後遺症，或是感冒未完全痊癒，以及鼻竇炎所引起的，其原因是因為在中耳腔內殘存的黏液未完全排除，或是耳咽管的排水功能失效，使得黏稠的分泌物積留在中耳腔內，造成個體耳朵膨脹感，聽力損失；(5)耳咽管發炎：會讓個體連吞口水都很痛（李憲彥，1983）。

（三）內耳（inner ear）

內耳是非常複雜的生理結構，負責執行兩項非常重要的工作：(1)提供與身體平衡，以及與空間方向有關的訊息給大腦；(2)負責聽覺訊息的處理。在組織結構方面，內耳的構造主要分成二大部分，包括：(1)耳蝸部分掌管聽覺；(2)前庭半規管部分掌管平衡。耳蝸部分集合成耳蝸神經，半規管部分集合成前庭神經，此二神經結合在一起形成耳蝸前庭神經，就是第八對腦神經。

內耳是由幾個內含液體的間隔區（compartments）或是交互連結的迷路管道（labyrinth）所組成的複雜系統。而在這些管道中充滿了外淋巴液（perilymph），耳蝸、半規管都位在其內。內耳可說是人體真正聽取聲音的器官，因為由外耳、中耳所產生的機械能量（mechanical energy），在此會轉換成電流信號，再經由耳蝸前庭神經（聽覺神經）傳入大腦的聽覺中樞，解釋聲音的意義。茲將內耳的聽覺及平衡功能說明如下。

1. 聽覺部分

(1) 卵圓窗：卵圓窗與鐙骨相連，其主要功能是讓三個聽小骨的機械運動，可以傳入內耳中轉換成體液波動，其所扮演的角色就像是內耳的門一樣。

(2) 正圓窗：正圓窗的作用方向與卵圓窗相反，主要功能是讓中耳可平衡，而且也具有輔助卵圓窗的功能。卵圓窗與正圓窗雖然是在內耳內，但是其主要的作用功能卻是在中耳內。

(3) 耳蝸：耳蝸是內耳的主要構造，形狀類似蝸牛的殼或是捲起的水管，內部充滿了內淋巴液（endolymph）。耳蝸捲起約有 2 圈半，拉平則有 3.5 公分長。耳蝸是由三個區域組成的：a.蝸管（scala media/cochlea duct），內含柯蒂氏器；b.鼓室階（scala tympani），位於耳蝸底部，與正圓窗之間有通路，可將聲音傳回中耳，幫助維持中耳的平衡；c.前庭階（scala vestibuli/vestibular cannal），與卵圓窗之間有通路，可將由鐙骨傳入的聲波振動，傳輸至前庭與柯蒂氏器。耳蝸底部為基底膜（basilar membrane），內含柯蒂氏器，這些柯蒂氏器是泡在內淋巴液中。而在柯蒂氏器中則有毛細胞（hair cell），會對聲音振動加以回應。由中耳裡的鐙骨傳入卵圓窗的聲音振動，會在外淋巴液中形成波浪式的移動，再經由前庭膜（Reissner's membrane）傳至內淋巴液，再傳到基底膜。在基底膜中，柯蒂氏器內的毛細胞就會對振動加以回應，並將振動的機械能量轉換成電流訊號，進而刺激聽神經末梢。柯蒂氏器內滿布幾萬條用顯微鏡才看得到的絨毛樣神經細胞，每個細胞只能感受到特殊頻率的振動，例如：如果是中央 C 音，耳蝸裡感受中央 C 音的絨毛細胞就會振動。

(4) 聽覺神經（第八對腦神經）：耳蝸內液體的振動會轉換成電流信號傳入聽覺神經（約有 3 萬多條電路），然後再上傳至左、右半腦的聽覺

皮質區。大腦裡再整理這些電流信號，變成代表各種意義的聲音。因此，某個聲音到達耳朵再傳至耳蝸引起液體振動，會觸發某些模式的神經訊息，我們稱之為頻率，大腦會依照頻率加以處理，例如：「我」、「火」、「果」的頻率不一樣，激發的聽覺毛細胞也不一樣，產生的電流信號自然也會不一樣。

2. 前庭部分（vestibular portion）

前庭內的液體成分與耳蝸一樣，而且其感覺細胞與神經纖維也與耳蝸內的類似，只是他們並不對聲音反應，只對身體動作（例如：轉圈、轉身、彎腰）、地心引力、直線加速有反應。

3. 半規管（semicircular canals）

半規管位於耳蝸上方，是由三個充滿液體的半圓形小管子組成，其主要功能為負責人體的平衡作用，可偵測上下、前後、左右的動作。

一般而言，內耳耳蝸或是由耳蝸到第八對腦神經（耳蝸前庭神經）的神經傳導路徑若受損，就會導致聽損問題。而先天性耳蝸發育異常、長期處於高噪音環境、老年性退化、耳毒性藥物、聽神經腫瘤、病毒感染，都可能會引起內耳的病變，造成聽覺問題。

二、小結

健全的聽覺能力是人體語言發展的基礎。對聽損者而言，失去聽力不只喪失接收各種多采多姿聲音的機會，更會嚴重剝奪語言完整發展的機會。而聽覺感官雖然只是人體生理構造的小小部分，但其功能卻又是如此神奇。綜合而言，聲音在整個聽覺系統的傳輸過程如下：(1)聲源產生振動，再經由空氣粒子傳至外耳；(2)耳殼蒐集這些振動，並將其輸送至外耳道。外耳會將這

些振動放大與提高；(3)這些振動會穿過外耳去撞擊耳膜，並進入中耳腔。耳膜與中耳裡的聽小骨會進一步增加聲音的壓力；(4)這些振動會促使鐙骨前後移動（就像引擎中的活塞），並推壓耳蝸壁；(5)鐙骨的來回移動會導致耳蝸內的液體（外淋巴液與內淋巴液）晃動與移動；(6)液體的晃動與移動會造成基底膜與蓋膜上下同時移動；(7)耳蝸內液體的振動會轉換成電流信號傳入聽覺神經；(8)這些信號會再上傳至左、右半腦的聽覺皮質區；(9)大腦裡再整理這些電流信號，變成代表各種意義的聲音（Owens et al., 2000）。

參 說話的生理基礎

要了解兒童的說話、語言發展，有必要認識產生言語或說話的生理處理歷程。人體的說話系統是相當複雜的，包括與呼吸、發聲、共鳴及構音等生理歷程有關之器官與神經肌肉動作；而這些器官的功能運作是由大腦所掌控。事實上，說話可說是呼吸、發聲、共鳴與構音四個獨立，但又交互關聯的生理運作歷程的產物。茲將李憲彥（1983）、Hegde（1995）、Hulit 與 Howard（2006）、Kuder（2003）、Lane 與 Molyneaux（1992）、McLaughlin（1998）、Owens 等人（2000）、Palmer 與 Yantis（1990）、Plante 與 Bleson（2008），以及 Zemlin（1994）等研究者所整理的說話器官、系統與功能概述如下，且以圖 3-2、圖 3-3 與圖 3-4 加以說明。

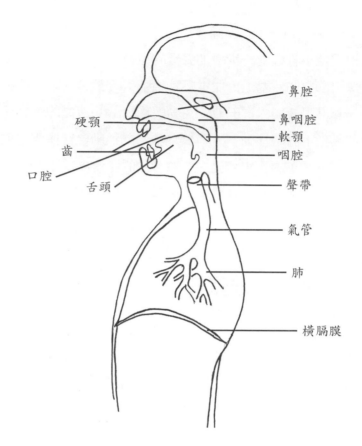

圖 3-2　說話系統

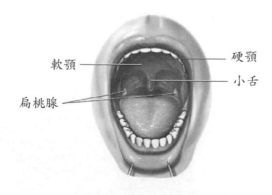

圖 3-3　口腔與顎部

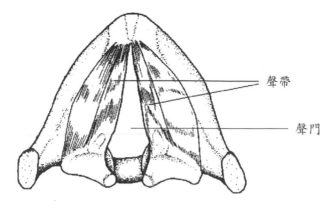

圖 3-4　聲帶

一、呼吸系統

　　呼吸的生物功能，主要是讓人體可以獲取維持生命的氧氣。呼吸係由肋骨（rib cage）與橫隔膜（diaphragm）的動作所控制或達成。當骨骼肌肉收縮時，肋骨就會提高。而橫隔膜是一塊平滑、類似鍋底形狀的肌肉，位於胸腔和腹腔之間。當橫隔膜收縮時，它會變平並往腹腔下降。

　　當我們在呼氣時，橫隔膜會像倒過來的鍋子一樣，可是當我們在吸氣時，橫隔膜會開始「收縮」，拉成比較平的樣子，變成像是「一」的形狀，使得胸腔的容積變大，肺部便能吸入大量的空氣。另外，當人體在吸氣時，由於胸部肋骨上升與外張，以及橫膈膜收縮，使得胸腔底部向下移，以致胸腔擴大，肺部擴張。吸氣之後，由於肋骨下降和橫膈膜肌肉舒張，因而使胸腔底部上升，胸腔隨即縮小，使胸腔內的壓力增大，肺臟受壓縮，肺泡裡的空氣被擠壓出去，即完成呼氣。一般而言，正常成年人於安靜狀態下之呼吸（吸氣－呼氣循環），每分鐘約 12 至 18 次。

　　至於說話的產生與呼吸之間的關係為何，則可從呼吸循環時間來看。一般而言，人類在呼吸時，每一循環中有 50% 是用於吸氣，另外 50% 是用於吐

氣。然而，當人們在說話時，每一呼吸循環中有 15%是用於吸氣，另外 85% 則是用於吐氣。此外，在人體正常的呼吸循環過程中，每吸一口氣（呼氣） 約需 2.5 秒，同樣的吐出一口氣（呼氣）也差不多需要 2.5 秒。然而，當我們 在說話時，控制呼吸作用的橫隔膜會控制氣流的流動，使得吐氣的時間會延 長至 15 秒或 15 秒以上。試著想想看，如果說話時吐氣的時間只有 2 或 3 秒 會是什麼情形，有可能會出現上氣不接下氣的現象，且會產生說話時斷詞、 斷句不當的混亂。

二、發聲

除了讓氣流維持較長的時間之外，呼吸系統的肌肉也會讓氣流在壓力的 推擠下穿過喉頭（larynx）。在喉頭內部的聲帶平常會執行類似通氣閥或活 門的功能，阻止異物跑進肺部內，因此當我們在吃東西時，若不小心將食物 吞入或吸進氣管中，我們馬上會有反射動作（即咳嗽）將異物逐出。而當人 體在說話時，聲帶則會阻擋氣流跑出去，造成說話時所需之振動。

如圖 3-4 所示，人體的聲帶是一對很細的帶子，左右兩邊帶子的張開和 閉合會使聲帶產生自發性的振動，產生聲音頻率。此種振動的產生主要是因 為聲帶本身具有一種阻抗作用，它會阻抗侵入的氣流。可是當傳入的氣流壓 力足夠時，其阻抗則會變得無效，左右兩條帶子就會散開，但是馬上又會閉 合，這一系列連續產生的振動就產生了聲音。振動頻率比較快，聲音就比較 高；振動頻率比較慢，聲音就比較低。

根據研究發現，成年女性聲帶每秒鐘振動的次數為 250 次，成年男性聲 帶每秒鐘振動的次數為 130 次，此即為基頻（fundamental frequency），而從 人耳聽覺的觀點來看，這代表聲音的高低。而人體聲帶的長短、厚薄是決定 振動次數的主因。這也就是為什麼每個人自然發聲的音域範圍是不一樣的。

三、共鳴

　　雖然聲音主要是由喉部的聲帶振動所產生，但因由聲帶發出的聲音是非常微弱的，因此會繼續在咽頭（pharynx）、鼻腔、嘴巴共鳴，而將振動的能量放大，此即為共鳴。共鳴所產生的聲音會受共鳴器官的大小與形狀所影響；一般而言，共鳴腔愈大，聲音就會愈低。試著發出ㄚ或ㄛ的音，這是由共鳴氣流所創造出來的。

　　聲音由喉頭產生之後，會立即穿過咽頭。由內視鏡（Endoscope）所監測的咽頭運作歷程顯示，當人體在說話時，舌頭的前後移動亦會帶動咽頭壁往內移動，造成咽頭的形狀不斷改變；而當喉頭往上提升或往下降低時，咽頭亦會跟著變化。這些變化，會修飾聲音，亦即產生聲音的共鳴。

　　除了咽頭之外，口腔在聲音共鳴上也是不可或缺的。個體在說話時，口腔的張開動作會持續改變口腔的形狀與大小。而口腔打開的尺寸主要是由下顎（下巴）位置所決定。另外，在構音過程中，舌頭會持續改變形狀與位置，因而會同時改變口腔的形狀與大小。據此，持續變化的咽腔與口腔的形狀與大小，乃共同形塑發聲道的形狀。

　　此外，鼻腔共鳴也是調整聲音的重要功能之一。人體口腔中的口蓋頂是由骨骼組成的硬顎，後部則是軟顎。軟顎是一種肌肉組織，其中中央突起的圓錐體（水滴狀的組織）是小舌（懸雍垂）。平常呼吸時，軟顎會下放，讓空氣可以在鼻腔與口腔之間流動。而在說話時，若發出非鼻音的語音，軟顎會上提關閉鼻腔與口腔之間的通道開口，以便讓聲音在口腔中共鳴。然而當發出的語音是鼻音（即ㄇ、ㄋ、ㄢ、ㄣ、ㄤ、ㄥ、m、n、ng等音）時，軟顎會下放打開顎咽通道口，讓聲音從口腔進入鼻腔，同時產生共鳴。而當我們在說出連續的話語與句子時，軟顎會快速變化上提或下放的動作，例如：說出「饅頭」時，「饅」需要將軟顎下放，「頭」則馬上需要將軟顎上提。也

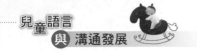

因此如果無法快速地變化軟顎位置，可能會造成過度鼻音化的現象（Plante &
Bleson, 2008）。

四、構音

　　構音係指，產生語音的一種複雜之動作過程。自胸腔呼出之氣流，會在
聲帶振動下發出聲音，再經過唇、舌、顎、咽等構音器官的磨擦、阻斷或修
飾，產生不同的方向、壓力或速度，而發出不同的語音，此即為所謂的構
音。在語言中的每個語音或音素（phoneme），都是由構音器官與共鳴器官
共同合作所產生出來的。茲將相關的構音器官介紹如下。

（一）舌頭

　　舌頭除了是味覺的主要感官感受器之外，在說話方面也扮演了重要的角
色。舌頭在口腔中占據最多空間，係由肌肉所組成，包括外在肌與內在肌。
外在肌共有四條，可以幫助舌頭固定在口腔裡面；內在肌則可以執行縱的、
橫的、斜的動作走向。也就是因為有這麼多精細的肌肉及可隨意伸縮、上下
移動方向的特徵，舌頭才能這麼靈活。另外，舌頭底部的地方有片薄膜，即
是舌繫帶。當舌繫帶過短，舌頭即沒有辦法往上捲起發出捲舌音或翹舌音
（即ㄓ、ㄔ、ㄕ、ㄖ與 r）。另外，舌頭擺放位置也會影響個別語音及共鳴
的產生。韻母的發音常以舌頭的形狀與位置，以及下巴的提高來決定。而舌
頭的動作與擺位，影響氣流的釋放量而變化形成不同的聲母。

（二）嘴唇

　　嘴唇是口腔外露的組織構造，其外形構造很簡單，只是兩片肌肉而已。
更特定地來看，嘴唇是由臉部肌肉與腺體所組成，外面由皮膚保護，裡面則
有黏膜包圍，所有腺體都位於黏膜下。嘴唇的肌肉能夠以不同方式收縮，產

生噘嘴、縮唇、展唇等動作，以及一些重要的口腔行為，例如：吸吮、咀嚼、笑以及親吻。另外，嘴唇是發聲道的末端，因此其擺放位置也會影響聲音的共鳴。而在構音方面，很多韻母與聲母的發音也與嘴唇的動作與擺位有關，例如：發「ㄅ」音時，雙唇需緊閉後再張開；發「ㄈ」音時，則需要以上齒咬住下唇。

（三）下巴

下巴位於嘴唇下方，是頭顱構造裡的下頜骨，其移動可以讓嘴唇快速打開或關閉。下巴的動作會改變口腔形狀與大小，以便讓人體發出不同韻母與聲母之語音。當人體說話時，需要整合嘴唇、舌頭與下巴的動作，方能正確構音。也因此說話時，如果下巴拉緊，則需要舌頭執行所有的說話動作，容易造成語音不清的現象。

（四）顎部

口腔的頂部或口蓋頂是上顎部，它分隔了口腔和鼻腔。上顎分為硬顎和軟顎。硬顎區域的底部是由骨骼支撐，其上覆蓋著一層相當厚度的軟組織，表面的黏膜都是厚的角化上皮組織，顏色呈淺粉紅色。至於靠近咽喉處的軟顎，則是肌肉組織。相對於軟顎，硬顎不會移動。而位於牙齒後面的齒槽脊（alveolar ridge），則是舌頭頂住硬顎的觸點時所發出的語音（例如：ㄉ、ㄊ）。而如同前述，軟顎後方小舌的上提或下降，會變化鼻腔或口腔共鳴產生鼻音或非鼻音的語音。

（五）牙齒

雖然牙齒的主要功能是為了進食咀嚼食物，但人類在發出某些話語語音（例如：ㄈ、f、v）時，也同時需要依賴牙齒。此外，如果缺牙也會讓氣流無法適當地被阻擋或修飾，造成語音的錯誤。

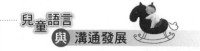

綜合上述,當說話聲音產生時,氣流會由肺部穿過喉頭,在其內的聲帶會振動。產生的聲音會在唇、舌、顎、咽等不同構音器官部位共鳴及修正,形成我們所聽到之話語。這些說話的歷程都是在瞬間自動化發生的。

肆 說話、語言的神經生理基礎

人類之異於萬物,主要是人類的大腦系統中具有處理語言符號的機制。無論是說話機制中的呼吸、發聲與構音動作,或是口說╱書面╱手語語言符號的儲存與提取,都需要神經系統的運作,方能達成聽、說、讀、寫的功能。而多年來的大腦神經研究,已揭開了部分語言處理黑盒子的祕密。由中風、腦傷病人失語症特徵的研究,我們已得知布魯卡區、維尼克區、尖形腦回、拱形神經束、動作皮質區等與語言處理有關之大腦語言處理部位。這些與語言處理歷程有關的神經解剖學、生理學及生物化學方面的研究,則常被稱為神經語言學。

大部分人類自主性或隨意性的行為,以及適應立即環境的反應行為,都是由神經系統所控制。神經系統是由成億上兆的神經元或神經細胞(neuron)所組成。這些神經元之間的連絡網路會激發與傳遞神經脈衝(neural impulses),來回奔波於人類的兩個神經系統中:周邊神經系統(Peripheral Neuron Systems, PNS)與中樞神經系統(Central Neuron Systems, CNS)。據此,人類的各種感官、動作功能、心智功能的執行,方能暢行無阻。

茲將梅錦榮(1998)、靳洪剛(1994)、Davies(2004)、Hegde(1995)、Hoff-Ginsberg(2001)、Hulit 與 Howard(2006)、Kent(1994)、Kuder(2003)、Lane 與 Molyneaux(1992)、Love 與 Webb(1986)、McLaughlin(1998)、Owens(2005)、Owens 等人(2000)、Palmer 與 Yantis(1990)、Plante 與 Bleson(2008)、Shaffer(1996)、Webster(1995),以

及 Zemlin（1994）等研究者所整理的大腦神經系統與功能，介紹如下。

一、神經元（Neuron）

人類所有的心智活動或行為都是由神經系統所掌控，而執行這些神經脈衝或訊息傳遞活動的基本元素，就是神經細胞，或稱為神經元。神經元是神經系統中的基本單位，保守的估計，在人類的神經系統中約有 120 億個的神經元。每個神經元都是由三個部分所組成：(1)細胞體（cell body）；(2)樹狀突（dendrites）；(3)軸突（axon）所組成（如圖 3-5 所示）。樹狀突指的是神經細胞的樹枝狀突出，它的功能是將神經電氣訊號傳至細胞體。軸突的主要功能是將神經電氣訊號由細胞體傳導至其他的神經元。每個神經元與另一個神經元之間並不直接相接觸，它們相遇的地方通常都有一個非常非常細微的間隙，約有五千分之一公釐寬，稱為胞突觸（synaptic cleft）。

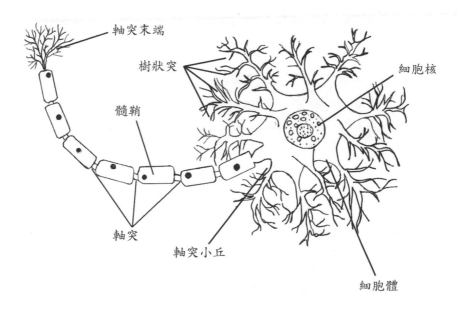

圖 3-5　神經元構造

神經元只有一個工作，就是傳遞訊息，而這種訊息的傳遞（神經信號）是以一波波化學的變化來傳遞；神經元之間訊息的傳導與溝通是以一種電氣衝動的方式（electrical impulses）來傳輸。我們可以把神經元之間的訊息傳遞想像成「燃燒的保險絲」，當一端或某一條保險絲著火之後，會霹靂啪啦快速地延燒到其他保險絲或其他部位。同樣的，當軸突將訊息傳到其他的神經元時，會在其末端釋放出一種化學物質，稱為神經傳導物質（neuron transmitters）。這些化學物質會穿過胞突觸，干擾另一緊鄰的神經元之化學構造。如果其所釋放的神經傳導物質的數量，足夠產生化學不平衡，就會激發緊鄰著的神經元，產生神經電氣衝動（神經脈衝），再將訊息傳至下一個神經元。

根據研究者的估計，人體的神經元約有幾 10 億到 100 兆之間（類似宇宙星星的數目一樣）。神經元依其功能，可區分為三種：

1. 感覺神經元（sensory neurons）：主要是將感覺器官產生的神經脈衝，傳至中樞神經系統（例如：聽覺、視覺、嗅覺、觸覺）。

2. 動作神經元（motor neurons）：主要是將中樞神經系統所製造的神經脈衝傳至肌肉和腺體（例如：流汗、流淚）。

3. 中間神經元（inter neurons）：除了上述兩種神經元之外的神經元，都是中間神經元，又稱為連結神經元（associational neurons），主要是在連結感覺神經元與動作神經元。人類之所以為萬物之靈，主要是因為我們有大量數目的中間神經元是位在腦部裡，約占 90%。中間神經元的功能，主要是負責由接受刺激到做出反應之間的一些必要調整、統合、增進或抑制的神經元傳導。

中樞神經系統中神經元的髓鞘化，是人體腦部發育成熟度的指標（趙文崇，1996）。在我們大腦皮質中神經元的軸突，有些會覆蓋著髓鞘質（myelin）。這些覆蓋著髓鞘質的軸突，比未覆蓋者更能迅速、有效地傳遞訊息。在兒童慢慢成熟時，神經元軸突會覆蓋髓鞘質。但其中有些腦部區域的軸突，則須等到青春期時，才能完全覆蓋髓鞘質。大腦中聽語神經系統的髓鞘

化與個體的音韻、句子、讀寫能力發展具有密切之關係（Yokovlev & Lecours, 1967,引自趙文崇，1996）。而軸突的髓鞘質如被破壞，則會造成軀體動作的僵硬不協調，例如：多發性硬化症。

二、神經系統

　　人體的神經系統是一種雙向通路的系統，包括周邊神經系統與中樞神經系統。其中大腦與脊髓組成中樞神經系統；中樞神經系統之外的神經細胞都是周邊神經系統的組成份子，會產生或製造導向或離開中樞神經系統的神經傳導衝動。中樞神經系統及周邊神經系統的合作可處理輸出及輸入的訊息。我們可以把人類的神經系統看成是一個四通八達、交互聯繫的交通網，或是複雜的電線電纜系統，其主要的功能是：(1)周邊神經系統負責將外界的刺激（例如：光、聲音、冷、熱、痛等）傳到我們的腦部；(2)將大腦所產生的命令或神經脈衝（神經電氣傳導）傳到我們身體的各個器官（例如：說話、看東西、伸手拿東西、踢腳等）。大腦則會調整、整合、依規則建構訊息（Hegde, 1995）。

（一）中樞神經系統

　　中樞神經系統是由脊髓（spinal cord）及腦部所組成。脊髓像一根空管子，裡面有很長的神經纖維，延伸到身體各部位；人體有很多反射動作都是依賴脊髓的運作來完成的。腦部主要則是由延髓、橋腦、中腦、小腦、間腦、大腦所組成；中腦、橋腦及延髓則組成腦幹（brainstem）。而其中延髓主要是負責控制呼吸、心跳及其他生命維持的功能。中腦主要負責將眼睛、耳朵所接收的訊息傳至大腦。橋腦則負責一些感覺反射動作，是將神經脈衝傳送至大腦中樞神經區域的中途站。小腦主要負責身體平衡、姿勢及複雜動作的統合與協調工作。間腦裡面又分成丘腦、丘腦下部及松果腺三部分。這

三部分的分工分別為：(1)丘腦負責傳導及整合感覺神經脈衝（除嗅覺之外，因此有一特別構造稱為嗅覺球）；(2)丘腦下部則與身體體溫的控制、體內水分的平衡、糖與脂肪的新陳代謝有關；(3)松果腺則職司人體生理時鐘的控制，例如：睡、醒、性成熟、月經等。

（二）周邊神經系統

為了能發揮重要的生理與身體功能，大腦需要與身體及外在世界連結，而其連結是經由周邊神經系統達成此功能。周邊神經系統是由 12 對腦神經（cranial nerves）與 31 對脊椎神經（spinal nerves）所組成。這 12 對腦神經分別為：嗅神經（Olfactory nerve）、視神經（Optic nerve）、動眼神經（Oculomotor nerve）、滑車神經（Trochlear nerve）、三叉神經（Trigeminal nerve）、外旋神經（Abducens nerve）、顏面神經（Facial nerve）、聽神經（Vestibular Acoustic nerve）、舌咽神經（Glossopharyngeal nerve）、迷走神經（Vagus nerve）、副神經（Accessory nerve）與舌下神經（Hypoglossal nerve）。它們的主要功能是連結感官接受器（例如：眼睛、耳朵）、肌肉、腺體與中樞神經之間的訊息傳送。

雖然溝通及語言主要是由大腦所掌控，但很多的腦神經也都在人體的溝通能力中扮演著重要的任務。其中三叉神經、顏面神經、聽神經、舌咽神經、迷走神經、副神經以及舌下神經，對口語的聽說發展特別重要（Mclaughlin, 1998; Reed, 2005）。茲將參考自 Hedge（1995）、Hulit 與 Howard（2006）、Mclaughlin（1998）、Plante 與 Beeson（2008），以及 Reed（2005）所整理的 12 對腦神經，及其在個體說話、語言發展中所扮演的角色，彙整以表 3-1 說明如下。

表 3-1　人體 12 對腦神經摘要表

腦神經	名稱	功能	與溝通、說話、語言之關係
I	嗅神經	感官功能：支配嗅覺	連結嗅覺
II	視神經	感官功能：支配視覺	1. 面對面溝通 2. 讀寫書面語言 3. 手語
III	動眼神經	動作功能：控制眼球運動與瞳孔放大	1. 讀寫書面語言 2. 手語
IV	滑車神經	動作功能：支配眼上斜肌（Superior oblique muscle），與眼球運動有關	1. 讀寫書面語言 2. 手語
V	三叉神經	1. 感官功能：顏面感覺 2. 動作功能：下巴動作	1. 進食 2. 說話
VI	外旋神經	動作功能：控制眼球運動	1. 讀、寫 2. 手語解讀
VII	顏面神經	1. 感官功能：軟顎以及舌頭的感覺 2. 動作功能：顏面肌肉之運動	說話、表情
VIII	聽神經	1. 感官功能：聽覺 2. 平衡：功能	口語接收與聽取
IX	舌咽神經	1. 感官功能：舌頭後部與咽部之感覺 2. 動作功能：咽喉運動	說話時，硬顎與咽部動作的控制
X	迷走神經	1. 感官功能：支配顎部、咽部、喉部、氣管和支氣管之反射、肺臟、心臟及腹部內臟部位之感覺。 2. 動作功能：支配顎部、咽部、喉部、氣管、支氣管、心臟及腹部內臟部位之運動。	發聲時喉部動作的控制
XI	副神經	動作功能：控制頭部、頸部與肩膀大肌肉之運動	說話
XII	舌下神經	動作功能：支配舌頭內部及外部肌肉之運動	構音時舌頭的控制

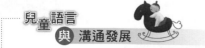

（三）大腦

　　大腦是由兩個大腦半球所組成，此二個大腦半球是由大腦縱裂隙分隔，但左、右半腦也可靠胼胝體（corpus callosum）（即神經纖維）連結。大腦最外面的一層是大腦皮質（cerebral cortex），厚度約為 4 公釐。如果將大腦攤平，約有 92×92 公分寬。因此，為了能將大腦皮質漂亮的塞進我們的頭顱中，人類的大腦皮質是以皺褶凹凸崁入的方式，覆蓋在整個大腦的表面，這些皺褶稱之為溝回。大腦皮質的功能是控制人體大部分有意識的心智活動（戴建隆，1988）。

　　大腦的三個基本功能為：調整、處理與建構形式（Luria, 1970）。調整的功能主要是負責維持整體大腦皮質區處於正常狀態的能量水平，亦即讓大腦可維持一定水平的覺察及反應狀態，而處理此歷程的區域則是位於腦幹的網狀組織中，並可協助其他兩個功能的表現。處理的功能則是由後部的大腦皮質區所負責，包括：訊息的分析、編碼及儲存；而在此區域中，不同的部位會負責視覺、聽覺或嗅覺刺激的處理。建構形式的功能則是由前額葉負責，負責行為動機與行為計畫的建構與形成；此項功能主要可達成激發大腦調整注意力及專注力。此外，動作行為的計畫與協調也含括在此項功能中。

1. 大腦腦葉

　　每一個大腦半球都由五個腦葉（lobe）所構成，腦葉與腦葉之間的區分，是由裂隙、溝劃分而成。這五個腦葉分別是額葉（frontal lobe）、頂葉（parietal lobe）、顳葉（temporal lobe）、枕葉（occipital lobe）與邊緣葉（limbic lobe）。茲介紹如下，且以圖 3-6 加以說明。

　(1) 額葉：其約占人類大腦半球的三分之一。布魯卡區（Broca's area）及動作皮質區都在這個區域內。它的主要功能包括：說話表達、控制手、手指和面部細緻動作、控制四肢與軀體的活動，以及統管個體運

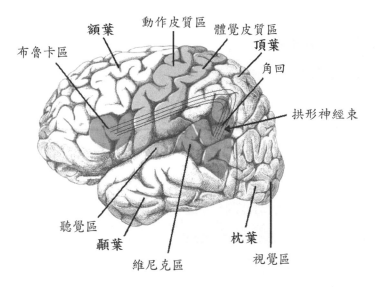

圖 3-6　大腦皮質區

動的程序，使個體的行為能按情境的性質和要求，相應調適。因此，額葉是動作的執行、計畫、處理、評估的控制區。

(2) 頂葉：處於額葉、顳葉和枕葉之間，是唯一與其他腦葉都有聯繫的皮質，不具有非常獨特的功能，但因與其他腦葉都有聯繫，故功能比其他腦葉複雜。它的功能包括：統整各感覺通道的訊息（例如：統整視覺、觸覺的訊息）、接收及詮釋刺激、儲存訊息。

(3) 顳葉：其功能大致可分為四個方面：接收和詮釋聽覺訊息、整合視覺訊息、長期儲存訊息、賦與訊息情緒的意義。維尼克區（Wernicke's area）位於此腦葉中。

(4) 枕葉：其主要功能為處理視覺訊息。

(5) 邊緣葉：位於大腦內側面的邊緣（由圖 3-5 無法看到），其主要功能與情緒有關。由於此系統的神經通路相當複雜，因此雖然它的主要功能是與情緒有關，但並不只限於此，它同時也與學習、記憶、動作組合，以及空間方向都有密切的關係。

2. 大腦的左右半腦分工

左右半腦的不同功能，一向是神經學、心理學領域最感興趣的研究主題。人類的右腦控制身體的左半部，左腦控制身體的右半部。而左右半腦靠胼胝體（corpus callosum）互相溝通和交換訊息。胼胝體是一束約有 200 萬根粗大的神經纖維所組成。

一般而言，慣用右手者的左半腦主要負責下列功能：(1)控制右邊的身體動作；(2)分辨聲母；(3)控制口語表達的流暢性；(4)辨識詞彙；(5)閱讀及書寫；(6)言語辨識；(7)構音動作之控制；(8)說話韻律、速度的控制。右半腦則具有下列之功能：(1)控制左邊的身體動作；(2)分辨韻母；(3)辨識音高、聲調、音樂；(4)辨識視覺類型、視覺空間技能；(5)地圖辨識及繪製與模型的辨認；(6)環境聲音之辨識；(7)情緒之辨識及表達；(8)非語言溝通（Lane & Molyneaux, 1992）。左右半腦主要功能如圖 3-7 所示。

另外，有關左右半腦專司功能的研究，Lane 與 Molyneaux（1992）曾整

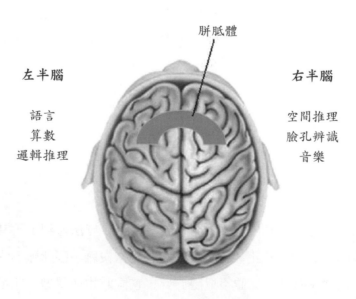

圖 3-7　左右半腦

理相關研究與文獻，並摘要如下：

(1) Broca 與 Wernicke 分別發覺布魯卡區（Broca's area）與維尼克區（Wernicke's area）位於左半腦，控制口說語言的表達與理解。

(2) 大腦解剖的結果發現：左半腦顳葉的後部（及左半腦的維尼克區）之面積，大於右半腦的同區域。這種左右半腦不對稱的現象，在胚胎的解剖上亦有發現。甚至連遠古石器時代的人亦出現此現象。

(3) 左右半腦分工是天生的，亦即由基因決定，即左半腦負責控制右邊身體，而右半腦負責左邊身體。

(4) 左半腦顳葉的聽覺區，接收、處理來自右耳神經傳來的刺激；右半腦顳葉的聽覺區，則接收、處理來自左耳耳蝸傳來的訊息。

(5) 左半腦枕葉的主要視覺區，處理來自右視野傳送來的訊息；右半腦枕葉的主要視覺區，則處理來自左視野傳送來的訊息。

(6) 左頂葉的感覺帶，接收來自右半邊身體的神經電氣衝動；右頂葉的感覺帶，則接收來自左半邊身體的神經電氣衝動。

(7) 右額葉的主要動作區，控制左半邊身體的動作；左額葉的主要動作區，則控制右邊身體的動作。

(8) 處理語言時，95%的慣用右手者以及 70%的慣用左手者，其左半腦之神經電子化學活動比右半腦還多。而其他 30%慣用左手者，有 15%的人之右半腦掌控語言，另外 15%的人則是由左、右半腦共同控制。

(9) 雖然，左半腦控制口說語言的處理，但這並不表示右半腦完全不活動，不處理語言；應該說，左半腦神經元參與語言處理活動的比率較高。有研究者發現，右半腦在處理語言的時間順序性，扮演著重要角色。此外，亦有研究發現，請 7 歲以上及 7 歲以下的小朋友複述一些語意相互關聯的詞彙，結果顯示 7 歲以下慣用右手的小朋友，是左半腦主控語言處理；但是，7 歲以上的小朋友的右半腦神經電氣衝動卻也增加不少。

(10)研究發現，右半腦主控與情境有關的訊息及詮釋非語言溝通中的訊息。

(11)研究亦發現，手語是由左右半腦共同表徵及處理的。

(12)早期左半腦的受損會影響兒童的語法發展。

(13)在學習障礙者左右半腦功能的研究則發現：

　　a. 右半腦的損傷，會產生嚴重的非語言智力缺陷、視覺記憶及視覺空間功能受損。

　　b. 右半腦的損傷，亦會與不好的副語言技能、害羞、慢性情緒困擾及社會適應不良有關。

　　c. 閱讀障礙者的問題，可能是左右半腦掌控這些相關語言功能的區域有問題。

(14)左右半腦分工的發展：嬰幼兒出生時，大腦皮質並未穩固的建立。當兒童慢慢成熟，在最初的幾年，會有一些大腦分工的連結出現，至 5 或 6 歲時更多；而到了青春期，則有更多的連結。

　　雖然左右半腦各有其獨特的功能，但幼兒若因腦傷傷及大腦某區（對大人而言，可能非常非常嚴重），他們常常仍能發展該區所負責的功能至某一程度。研究者認為，此可能與下列兩個原因有關：(1)在受傷區域附近的神經元群發展該功能；(2)相對半腦的同一區域發展該功能。此外，研究者亦發現，有些成人失語症患者的語言功能雖因腦傷而受損，但有時也可以恢復到某一程度。雖然這種神奇復原的原因可能與上述一樣，但研究者仍無法找出可解釋這種現象的確切原因。

3. 大腦的發展

　　兒童的發展與大腦的成熟與專職功能，有密切的關係。另外，大腦神經網路的建立也是另一衡量大腦發展的指標。一般而言，在兒童大腦的發展過程中，大腦中的神經元數目並未有顯著的變化，但是其尺寸則會因樹狀突及軸突建立密集的神經網路連線時而增大（Maxwell, 1984）。而大腦神經網路

的建立，其實也正是神經元髓鞘化的結果。一般而言，神經元髓鞘化的區域是大腦完全發育的區域，可讓神經訊息快速地傳遞。神經元髓鞘化部分是由與性別相關的賀爾蒙（特別是雌激素）所控制，可增強神經傳導的處理歷程（Geschwind & Galaburda, 1985）。

整體而言，大腦的發展是由底往上發展（from the bottom up），腦幹（brain stem）與中腦（midbrain）在胎兒期與出生後幾個月內發展。這些較為原始的腦部區域負責身體功能的調整，包括：呼吸、心跳速率、血壓、睡眠週期、食慾等。

而與情緒調整有關的邊緣葉系統，以及與認知和執行功能有關的髓鞘化則是在出生後 3 年內發展；而一直到青少年階段，新皮質區與前額葉則仍然繼續發展。皮質區的發展也同時會改變、調整與影響原始腦的運作。在嬰幼兒及兒童期，個體如果有足夠的動作、感官、情緒、認知與社會經驗，大腦就會因使用而讓個體發展出成熟、人性化的方式，容忍挫折，克制衝動、調整挑釁的驅力（Perry, 1997）。

綜合而言，大腦的發展可以從重量、神經元連結／胞突接合、髓鞘化歷程、胞突接合過量與修剪等層面觀之（Davies, 2004; Feldman, 2007; Love & Webb, 1986; Shaffer, 1996）。

(1) 大腦重量：嬰幼兒出生時大腦重量約為成人的 25%，到 2 歲時的腦重量則躍為大人的 75%。出生時嬰兒的平均大腦重量約為 335 克，但到了 2 足歲時則增加 3 倍。一直到了 12 歲時，兒童的大腦重量已與大人無異（Love & Webb, 1986）。

(2) 神經元連結／胞突接合（Synaptogenesis）：人類很多功能，例如：動作能力、感官能力、情緒反應與認知能力，都是植基於快速的胞突接合或是神經元連結之發展。胞突接合乃指神經元或是神經元群的樹狀突伸展出去與其他神經元連結的歷程。出生後 2 年內是胞突接合的全盛期。動作反射、感官能力（例如：聽覺、視覺）在出生時，即已發

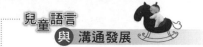

展得很好，並且在出生半年內會歷經快速成熟的成長階段。聽覺與視覺皮質區的胞突接合，在出生後 3 個月時達到最高峰；然而負責口語的胞突接合，則會繼續增生到 1 足歲時。

(3) 髓鞘化歷程（myelination）：髓鞘化歷程讓神經細胞上面覆蓋一層脂肪被覆，加速神經傳導時間，尤其是由大腦至脊椎之間的神經通道。一些基本的以及與生存攸關的認知結構，在出生後幾年會先經歷髓鞘化歷程，但一些執行功能的結構則是要到了青春期或 17、18 歲時，才會出現髓鞘化歷程，例如：當脊髓內神經通道的神經元漸漸髓鞘化後，幼兒就開始發展出行走能力。

(4) 胞突接合過量與修剪：大腦在早期的生長階段，會產生過多的胞突接合或神經元連結，然而胞突接合的產生也會受是否使用影響。常常因使用而產生神經傳導物質釋放活動的神經元，會出現更密集的樹狀突分枝，強化神經元間的連結。而從兒童時期到青少年時期階段，一些不曾使用或接受刺激的胞突接合則會慢慢地被修剪掉。胞突接合的修剪會重新組織大腦神經網路連結線路。動物研究顯示，大腦某些功能的發展是有其關鍵期，例如：一個嬰兒一出生就有白內障問題，如果沒有在 2 歲前開刀去除，其視覺能力就無法發展出來，之後即使開刀去除白內障，仍然是功能性盲，因為其視覺皮質區的胞突接合並未使用，也因此乃被修剪掉。而其他功能，例如：記憶或學習，則較不受關鍵期影響，終其一生都會繼續發展。

如同前述，聽覺與視覺皮質區的胞突接合，在出生後 3 個月時達到最高峰，也從這個時間點開始出現修剪歷程。另外，負責語言發展的胞突接合，則會在 1 足歲時開始出現修剪歷程。

具體而言，新皮質區中控制高層認知功能的神經元，會持續歷經過度產生、修剪、髓鞘化等歷程，要一直到青春期時才會停止。

綜上所述，大腦的發展是一神奇的過程，會經歷下列階段：

(1) 神經元增生豐富期：胎兒在 5 個月大時，千億上兆的神經元已出現，而且開始向外層皮質移動。

(2) 胎兒在 6 個月大時，神經元就完成往外層皮質移動的過程。我們可以將其想像成是最基本的硬體設備或線路。

(3) 神經元連結／胞突接合的過程讓神經元之間建立連結。

(4) 也因為神經元之間的連結遠超過執行實際功能所需，因此會再經歷切除歷程（pruning），削減連結。

(5) 髓鞘化歷程讓神經細胞上面覆蓋一層脂肪被覆，加速神經傳導時間，尤其是由大腦至脊椎之間的神經通道。而基本的以及與生存攸關的認知結構，在出生後幾年會先經歷髓鞘化歷程，但一些執行功能的結構，則是要到了青春期或 17、18 歲時，才會出現髓鞘化歷程。

（四）神經連結的建立

當嬰兒來到人世時，在她／他的腦部中，有一些神經元已因基因的決定，先天上就已與周邊神經系統連結，用以控制心跳、調整身體體溫等。但是剩下來的上兆個神經元，則並未與其他神經元建立神經連結，它們正等待連結。如果神經元被使用了，它們就是與其他神經元連結；如果它們未被使用，則可能漸漸死掉。因此，兒童時期的經驗或是來自外界的刺激，會決定那些神經連結的建立。基因只決定腦部的一些主要神經連結（例如：與反射、自動化動作有關），環境刺激、訊息特徵則決定腦部其他部分的連結（Davies, 2004; Feldman, 2007; Love & Webb, 1986; Shaffer, 1996）。

Hubel 與 Wiesel（1967, 1970）的研究即可說明，兒童大腦神經網路的建立，以及其可塑性。這兩位研究者將出生 3 至 5 週大的新生小貓之一隻眼睛用開刀線密縫起來，過了一段時間之後，再把眼睛的縫線拆掉，結果發現該眼睛的視覺功能會嚴重損傷，大腦皮質的細胞只對未被密縫眼睛所接收的訊息反應。亦即因為小貓被密縫住的眼睛，缺乏外界視覺訊息的輸入，造成沒

有任何神經元與視覺皮質區連結，因此該眼睛乃呈現功能性盲的缺陷。此外，研究者亦發現，被實驗的貓咪之立體視覺（binocular vision）亦出現問題。究其原因，主要係因此項視覺能力需要同時藉由雙眼輸入訊息至大腦皮質區儲存與處理。據此，Hubel 與 Wiesel 的研究結果乃說明了大腦神經網路的連結與建立之特定時間點，以及外界刺激與經驗的重要性（Stiles, 2000）。而在兒童的發展方面，嬰幼兒在 2 至 4 個月大時，是視神經元成長的全盛期，這也正是嬰幼兒開始真正注意周遭世界的時候。隨著視覺刺激的輸入，他們大腦中每一個神經元會與其他 1 萬 5 千個神經元連結（Stiles, 2000）。

　　而在口語語音的聽覺輸入方面，根據 Kuhl（1991）和 Kuhl、Tsao、Liu、Zhang 與 De Boer（2001）的論點，當嬰兒重複聽到一個語音，其耳部的神經元會與腦部聽覺皮質區連結，稱為聽知覺地圖（perceptual map）。舉例來說，在英文中，/ra/ 與 /la/ 是完全不同的語音，神經元對 /ra/ 與 /la/ 的反應也不一樣，因此其神經連結線路自然是不一樣。然而，在日文中 /ra/ 與 /la/ 則幾乎是完全一樣的語音（例如：他們常將 truck 變成 tluck），因此日本人腦部的神經元對 /ra/ 與 /la/ 的反應及神經元連結的線路，可能就交織在一起。

　　Kuhl 等人（2001）發現，大約在 6 個月左右時，學習英文的嬰幼兒之聽覺神經元連結網路圖，就與學習瑞典語的兒童不一樣。亦即，嬰幼兒對他們母語中沒有的語音，不會有反應，此可說是「功能性聾」。至 12 個月大時，這種聽覺神經元連結網路圖就已經完全建立。嬰幼兒完全喪失辨別不是他們母語中重要語音的能力。Kuhl 等人的研究亦顯示，為何學習第二外語如此困難，因為母語的聽覺神經元連結網路圖限制了第一外語的學習。對語言中的語音形式而言，聽覺神經元連結網路圖已為母語設定、建立，剩下尚未使用的神經元早就喪失建立新連結的能力。這也是為什麼人類在學習比較近似的、關聯的語言，會覺得較容易（例如：西班牙文與義大利文）。

（五）大腦與語言

　　兒童語言的發展與大腦的成熟，與專職功能有密切之關係。人類大腦的某些特定區塊會特化成為最適合處理語言的區域。過去的醫學文獻上已記錄了幾個特化的語言處理區塊，這些區塊對人類的溝通、語言能力或行為特別重要。而談到大腦中負責語言的區域，則必然需要介紹 Paul Broca 與 Carl Wernicke 兩位指標性人物。而也因為他們的探索發現，大腦中主要負責語言的區塊，乃被稱之為布魯卡區（Broca's area）與維尼克區（Wernicke's area）。另外，胼胝體、丘腦等也與語言處理有密切之關係。茲將梅錦榮（1998）、靳洪剛（1994）、Hegde（1995）、Hulit　與　Howard（2006）、Kent（1994）、Kuder（2003）、Lane 與 Molyneaux（1992）、McLaughlin（1998）、Owens（2005）、Owens 等人（2000）、Palmer 與 Yantis（1990）、Plante 與 Bleson（2008）、Webster（1995），以及 Zemlin（1994）所整理之重點介紹如下，且也以圖 3-6 說明。

1. 布魯卡區

　　1861 年，Broca 解剖了一個中風病人的腦部，這個病人在中風之後無法用口語與人溝通，但他卻可以理解一些話。他常使用「tan-tan」回應別人所說的話。Broca 發現，病人左半腦額葉的下部有損傷，此即為布魯卡區。這個區域的神經傳導有問題就會產生失語症（Broca 失語症或表達性失語症）。其特徵為：病患要發出不同的語音，或說出詞彙有困難。其他的副語言特徵，例如：說話的速度、韻律、聲音也會受到影響。簡而言之，布魯卡區主要是負責人體言語產出或說話的動作計畫。其位置很巧妙地是位在左半腦動作皮質區的前面部位，此部位係負責控制舌頭與嘴唇的動作。

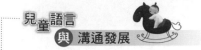

2. 維尼克區

1874 年，Wernicke 解剖了幾個有語言問題的病人腦部。這些病人生前在理解別人言語有極大的困難；此外，雖然他們的言語極為流暢，但卻言而無義。Wernicke 發現，這些病人腦部受傷的部位在左半腦顳葉的上部，與頂葉的邊界相鄰。因此這些病人的溝通問題就被稱為 Wernicke 失語症，其特徵為：病患常保有副語言特徵，但是言語內容卻不具意義。

如同前述，顳葉包含主要聽覺皮質區（primary auditory cortex）、聽覺聯合區（auditory association area）與維尼克區。來自耳蝸的神經脈衝或聽覺信號會先傳遞至左右半腦的顳橫回（Heschl's gyrus）。顳橫回與周圍的聽覺聯合區將傳入的訊息進行分割，區分出不重要的背景噪音與語言及副語言訊息。其中，語言訊息會被傳遞至左半腦顳葉加以分析處理，而副語言訊息（即語調、重音、節奏韻律、速度）則會被輸送至右半腦的顳葉進行處理，以決定與詮釋聲音的意義。

而維尼克區對人類的說話與語言特別重要，因其係負責識認與解釋聽到的口語訊息。其中角回／尖型腦回（angular gyrus）以及緣上回／環曲回（supra-marginal gyrus）負責整合視覺、聽覺、觸覺訊息與語言表徵，以協助維尼克區完成語言的分析與解釋。也因此，若大腦中這些區塊有所損傷時，就會影響口語與書面語（文字）的連結，造成識字問題。此外，雖然目前對角回／尖型腦回（angular gyrus）以及及緣上回／環曲回的功能並非百分之一百了解，但目前文獻上所建議的功能為：角回／尖型腦回主要是幫助個體提取回想詞彙，緣上回／環曲回則與長句的處理有關。書面語言或文字的訊息會先由視覺皮質區接收，再傳至角回／尖型腦回與聽覺訊息整合，再傳至維尼克區。

綜合上述，Broca 與 Wernicke 在 19 世紀的研究，揭示了大腦左半球控制慣用右手者及大部分慣用左手者的語言能力之事實。近幾年來，大腦掃描、

核磁共振造影（MRI）、正子斷層造影（PET）、腦部血液循環、局部 X 射線等研究，亦證實了布魯卡與維尼克區與個體語言理解與表達之間的關係。

3. 大腦中其他語言處理的相關組織

最近的研究亦顯示，胼胝體（連結左右半腦）對口語的詮釋及反應亦扮演著非常重要的角色；位於額葉上面中央地帶的副運動區，也與言語動作的流暢性有關聯；位於顳葉、枕葉、頂葉交集之處的尖形腦回，亦與學習閱讀及維持閱讀技能有關聯。

此外，在皮質下區域（subcortical area）的邊緣葉系統若受傷，亦會影響聲音品質，引起細微的言語變化，反映出說話者的情緒狀態。而丘腦的受損，則可能引起指物命名的困難。

綜合而言，雖然大腦的研究已揭示人類語言處理的主要神經機制或負責區塊，但其實其處理歷程之複雜，是遠遠超過上述簡單的描述。事實上，最近的腦部影像研究顯示，很多區塊也同時涉及語言的處理，並非只是限制在某些單一的區塊（McLaughlin, 1998）。

伍 結語

人類獨有，而又卓越非凡的說話、語言能力，主要是植基於其複雜的神經系統。因著這神奇的系統，讓人們得以與環境、他人進行有意義的互動與溝通，也讓人類屹立、突出於萬物之中。人體的神經系統是一個雙向的連絡通道，由感官接收的訊息或產生的神經脈衝會傳遞到中樞神經系統，而由中樞神經系統所產生的神經脈衝也會傳輸至周邊神經系統及感官接受器。中樞神經系統係由百億千億個神經元所組成，每個神經元與其他神經元之間的連結，會建立神經連結網路。而由神經元組成的腦部則包括大腦、小腦與腦

幹。其中大腦中與說話語言有關的部位，主要是布魯卡區與維尼克區；而小腦對說話時動作的整合也極為重要。另外，位於顳葉、枕葉、頂葉交集之處的尖形腦回，則與讀寫能力有關。最後，周邊神經系統中的三叉神經、顏面神經、聽神經、舌咽神經、迷走神經、副神經以及舌下神經，在口語的聽說方面，也扮演著重要的角色。

 參考文獻

中文部分

李憲彥（1983）。**耳鼻喉醫學講座**。台北市：健康世界雜誌。

梅錦榮（1998）。**神經心理學**。台北市：桂冠。

黃俊銘、楊珮玲（1998）。**豆豆的身體**。台北市：聯合文學。

靳洪剛（1994）。**語言發展心理學**。台北市：五南。

趙文崇（1996）。兒童語言發育的神經基礎。載於曾進興（主編），**語言病理學基礎**（第二卷）（頁 105-140）。台北市：心理。

戴建隆（1988）。**我們的身體**。台北市：中視文化公司。

英文部分

Davies, D. (2004). *Child development: A practitioner's guide*. New York: The Guilford Press.

Feldman, R. S. (2007). *Child development* (4th ed.). Upper Saddle River, NJ: Pearson.

Gelfand, S. A. (1990). *Hearing: An introduction to psychological and physiological acoustics*. New York: Marcel Dekker.

Geschwind, N., & Galaburda, A. (1985). Cerebral lateralization, biological mechanisms, associations and pathology: I. A hypothesis and a program for reaserch. *Archives of Neurology, 42*, 428-459.

Glattke, T. J. (2008). The biological foundations of hearing. In E. M. Plante & P. M. Beeson (Eds.), *Communication and communication disorders: A clinical introduction* (3rd ed.) (pp. 245-262). Boston, MA: Allyn & Bacon.

Hegde, M. N. (1995). *Introduction to communicative disorders* (2nd ed.). Austin, TX: Pro-ed.

Hoff-Ginsberg, E. (2001). *Language development* (2nd ed.). Pacific Grove, CA: Brooks/Cole.

Hubel, D. H., & Wiesel, T. N. (1967). Cortical and callosal connections concerned with the vertical meridian of visual fields in the cat. *Journal of Neurophysiology, 30*, 1561-1573.

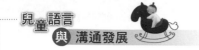

Hubel, D. H., & Wiesel, T. N. (1970). The period of susceptibility to the psychological effects of unilateral eye closure in kittens. *Journal of Neurophysiology, 206*, 419-436.

Hulit, L. M., & Howard, M. R. (2006). *Born to talk: An introduction to speech and language development*. Boston, MA: Allyn & Bacon.

Kent, R. D. (1994). Neurological bases of communication disorders. In F. D. Minifie (Ed.), *Introduction to communication sciences and disorders* (pp. 313-350) . San Diego, CA: Singular.

Kuder, S. J. (2003). *Teaching students with language and communication disabilities*. Boston, MA: Allyn & Bacon.

Kuhl, P. K. (1991). Human adults and human infants show a "perceptual magnet effect" for the prototypes of speech categories, monkeys do not. *Perception and Psychophysics, 50*(2), 93-107.

Kuhl, P. K., Tsao, F. M., Liu, H. M., Zhang, Y., & De Boer, B. (2001). Language/culture/ mind/brain: Progress at the margins between disciplines. *Annual New York Academic Society, 935*, 136-174.

Lane, V. W., & Molyneaux, D. (1992). *The dynamics of communicative development*. Englewood Cliffs, NJ: Prentice-Hall.

Love, R., & Webb, W. (1986). *Neurology for the speech-language pathologist*. Boston, MA: Butterworth's.

Luria, A. R. (1970). The functional organization of the brain. *Scientific American, 222*(3), 66-72.

Martin, F. N., & Noble, B. (1994). Hearing and hearing disorders. In G. H. Shames, E. H. Wiig & W. A. Secord (Eds.), *Human communication disorders: An introduction* (pp. 388-436). New York: Macmillan.

Maxwell, D. (1984). The neurology of learning and language disabilities: Developmental considerations. In G. Wallach & K. Butler (Eds.), *Language learning disabilities in school age children*. Baltimore, MD: Williams & Wilkins.

McLaughlin, S. (1998). *Introduction to language development*. San Diego, CA: Singular.

Northern, J. L., & Downs, M. P. (1991). *Hearing in children* (4th ed.). Baltimore, MD: Williams & Wilkins.

Owens, R. E. (2005). *Language development: An introduction*. Boston, MA: Allyn & Bacon.

Owens, R., Metz, D. E., & Haas, A. (2000). *Introduction to communication disorders: A life span perspective*. Boston, MA: Allyn & Bacon.

Palmer, J. M., & Yantis, P. A. (1990). *Survey of communication disorders*. Baltimore, MD: Williams & Wilkins.

Perry, B. D. (1997). Incubated in terror: Neurodevelopmental factors in the "cycle of violence". In J. D. Osofsky (Ed.), *Children in a violent society* (pp. 124-149). New York: The Guilford Press.

Plante, E. M., & Bleson, P. M. (2008). *Communication and communication disorders: A clinical introduction* (3rd ed.). Boston, MA: Allyn & Bacon.

Reed, V. A. (2005). *An introduction to children with language disorders*. Boston, MA: Pearson.

Shaffer, D. R. (1996). *Developmental psychology: Childhood and adolescence* (4th ed.). Pacific Grove, CA: Brooks/Cole.

Stiles, J. (2000). Neural plasticity and cognitive development. *Developmental Neuropsychology, 18*(2), 237-272.

Webster, D. B. (1995). *Neuroscience of communication*. San Diego, CA: Singular.

Zemlin, W. R. (1994). Anatomy and physiology of speech. In G. H. Shames, E. H. Wiig & W. A. Secord (Eds.), *Human communication disorders: An introduction* (pp. 82-134). New York: Macmillan.

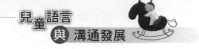

第四章

兒童語言學習的策略

壹 前言

　　兒童語言發展是以有次序、可預期的方式產生的。在不同的階段，兒童所發展出來的某些音韻、詞彙或是詞彙結合的形式，似乎都循著一定的軌跡進行著。在這種語言學習的神奇力量之後，究竟存在著何種激發機制或學習能力，一直都是研究者及家長們所感到興趣而想要了解的。過去 20 幾年來，兒童語言發展研究者嘗試以幼兒的語言學習策略、照顧者與幼兒之間的社會互動或語用層面、溝通情境、語境等觀點，來解釋兒童語言發展的神奇現象。

貳 兒童語言學習的策略

　　在日常生活中，人類的溝通常常是在吵雜的環境或充滿各種不同聲光訊息的情境下進行的，而且在遣詞用句上亦常常是模糊或並未嚴格遵循語言的結構規則就說出來的。Friedlander（1970）即曾指出，兒童語言學習的環境具有下列幾項特徵：(1)兒童所聽到的話語常常是混在很多的背景噪音中；(2)兒童所聽到的話語之音量，常常不是過低就是過高；(3)兒童所聽到的話語常常

是說得很快的；(4)兒童語言輸入的環境中，常常是很多人同時在說話；(5)大人所說的話語常常是不完整，或是語法結構扭曲不全的。雖說如此，全世界的兒童一樣可在紛亂、混沌的語言輸入環境中，發展出與大人所使用的形式一模一樣的語言。此外，雖然兒童語言的習得有其個別差異性，但其語言表達的發展過程與所出現的錯誤類型，卻都極為相似（錡寶香，2002；Owens, 1992），此反映出其在語言學習的過程中，可能都使用類似的策略去解釋及應用語言。根據 Owens（1992）的整理與說明，兒童所使用的策略也有可能因發展階段的不同而有所差異，他們需使用策略分類其所聽到的話語，並排除不相關或較不顯著的訊息。茲將學步期與學前階段兒童，可能會使用的語言學習策略說明如下。

一、學步期的幼兒

Snyder-Mclean 與 Mclean（1978）指出，學步期的幼兒會使用四種技巧建立語言知識：(1)召喚句（evocative utterances）；(2)假設測試（hypothesis testing）；(3)疑問句（interrogative utterances）；(4)選擇性的模仿（selective imitation）。

（一）召喚句

召喚句乃指，幼兒嘗試指物說名時所說出來的話語，而當幼兒說完之後，若大人能夠適時地給予回饋，幼兒即可由大人的確認或更正而習得詞彙，或是改變、修正概念與語言的連結，例如：幼兒說：「狗狗」（實際上為兔子），媽媽說：「不是，不是，這是兔子。你看，兔子會跳跳跳」。

（二）假設測試

從學習與認知處理的觀點來看，幼兒在語言習得的過程中，並非只是被

動的語言輸入接收者與表達者。他們會積極地、自然地注意到周遭事事物物的規則，並能發現與組織其中的規則。他們會將語言使用或溝通行為與特定的情境或事件加以連結，並據此發展出某些話語的使用或者了解該溝通行為是被期待或被喜好的概念（Berko Gleason, 2001; Schieffelin & Ochs, 1996）。也因此，在日常生活的不同溝通情境中，他們會嘗試去使用新學習到的詞彙、語句結構、慣用語，並測試其所說的話語是否是被期待的（Berko Gleason, 2001），例如：某個幼兒看到家人要出去，就走到門邊，看著大人說：「鞋鞋」，若大人沒反應，就會接著說出「去」的語彙，期望大人可以帶他出去。另外，幼兒也有可能說出一個詞彙或詞彙結合，但會提高聲調，期望大人會給予正面的回饋，因為幼兒可進而證實剛剛所說的話語是否能被了解。

（三）疑問句

幼兒也會用「什麼」、「那個」等已學會的詞彙來問事情以及物品名稱，例如：幼兒在出現表達性詞彙之前，或是詞彙始現期，常會出現「指物、指處所」的動作，要求照顧者提供名稱。

（四）選擇性的模仿

模仿主要乃指，學童完全或部分複述其所聽到的話語。大部分的語言發展研究者都同意，語言的學習需經過模仿，但並非毫無選擇或無區辨性的模仿；因此他們認為，學步兒在語言學習的過程中，會使用選擇性模仿的策略，例如：他們可能模仿含有自己已能說出的音韻之詞彙，亦有可能模仿在概念上與其已建立的基模較相似或較易同化的詞彙。而根據Keenan（1975）的說法，幼兒在語言習得的過程中，會使用下列兩種模仿策略：

1. 焦點運作的模仿：幼兒將其注意焦點放在所聽到的話語中之一個或二個詞彙，並將其複述出來，例如：媽媽說：「凡凡要吃麵麵」→幼兒說：「麵麵」。

2. 替代運作的模仿：幼兒只模仿部分其所聽到的話語，但使用其他的詞彙替代，例如：媽媽說：「凡凡要吃麵麵」→幼兒說：「吃飯飯」。

綜上所述，學步期的幼兒可能使用的語言學習策略，主要是以詞彙學習時，音韻形式符號的模仿與意義連配的假設或驗證為主，而其中較為廣泛探討的是，幼兒的選擇性模仿策略。一般而言，約在單詞期或 2 歲之前，幼兒會較傾向使用焦點運作的模仿方式學習詞彙，但到了 3 歲左右，幼兒會較常使用替代運作的模仿方式發展語句結構，而此種策略亦較符合語言具有衍生與創造性的本質或特徵。而很明顯的，選擇性的模仿策略會隨著幼兒發展出更多的詞彙結合結構時而漸漸不再出現，幼兒大約到了 30 個月大時，幾乎就不再使用此項策略（Owens, 1992）。

二、學前兒童的語言學習策略

當兒童所習得的詞彙愈來愈多，說出來的句子愈來愈長時，他們似乎亦能應用已建立的語言知識，學習更多的詞彙之意以及語法結構。茲將 Berko Gleason（2001）、Owens（2005），以及 Hoff-Ginsberg（1997）等介紹兒童可能使用的語言學習策略，說明如下。

（一）語意促發（semantic bootstrapping）

幼兒會使用語意概念建構語法知識，例如：人或物會變成名詞、動作即是動詞、特徵是形容詞、空間關係或方向成為副詞或介詞。此外，他們也會慢慢地發現做動作者（agents）指稱主詞，接受動作者（patient）成為受詞，並據此建構基本的語法系統（Matthei, 1987; Owens, 2005），例如：錡寶香（2002）即發現，2 歲左右的幼兒即已出現「主詞＋動詞＋受詞」的簡單句型（例如：媽媽拿書、弟弟拉窗戶、爸爸開車、翔翔洗車），顯示兒童可能使用語意概念建立句法結構。

（二）使用最基本的句型結構

　　幼兒所聽到的話語不單只是「主詞＋動詞＋受詞」的句型而已，他們也常聽到其他句型的句子，然而他們似乎常常就以最簡單、最基本的句型做為語言學習的「**軟體**」，例如：在幼兒簡單句的發展過程中，當他們尚未熟悉「你、我、他、我們、你們、他們」等主詞或代名詞的用法時，他們常會將人名或人物稱呼放在句首，例如：某個 2 歲左右的幼兒不會用「我們」，就說出：「媽媽、弟弟看大象」、「姐姐、凡凡喝ㄋㄟㄋㄟ」之話語（註：筆者觀察）。

（三）使用立即情境線索

　　兒童常會依據例行活動或話語產生的立即情境之非語言線索來理解語言訊息，例如：在家中，每天早上媽媽要送幼兒到托兒所時，常說：「我們要遲到了，趕快穿鞋子」，幼兒可能會將「趕快」的意義與匆匆忙忙快速做事情（例如：穿鞋子、快速關門、快速走路）加以連結，建立「趕快」的概念或意義表徵。所以，下次當他聽到媽媽說「趕快」時，他就會小跑步跑到門邊，等媽媽幫他穿鞋子。

（四）快速連配策略（fast mapping）

　　Carey 與 Bartlett（1978）觀察 3 歲幼兒在新詞出現的情境中，會比較在非語言情境中的物品裡，哪些東西是他知道已有名字或指稱，哪些是他不知道的，並立即將不知名稱的物品與新詞彙連配在一起，例如：當他聽到：「把古銅色的盤子拿給我，不是藍色的，是古銅色的」，他會成功地將他不知道的顏色名稱連結至其相對應的顏色；又如：當媽媽說：「乖！把唱片拿給我」，小朋友看看桌上，有他知道名稱的錄音帶、CD，和另外一個他沒見過的圓圓黑黑的東西；這時，小朋友會心想，這個東西一定是唱片。這種兒童

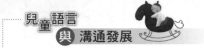
詞彙學習的現象就是快速連配。根據 Carey（1987）的論點，兒童學習詞彙意義會經過兩個階段，包括：(1)快速連配階段：兒童會建立第一步的詞彙與指稱物之間的連結；(2)緩緩連配階段：經由經驗的累積，兒童會將相關的意義概念慢慢加進該詞彙的表徵。綜合而言，幼童在詞彙之意的習得過程中，可能會使用快速連配策略，而這種策略其實也反映出認知比較中的「刪除法」，讓幼童會在非語言的情境中，找出其不知名稱的物品與新詞彙連配在一起。

（五）重複學習策略

此策略是指，在相同的情境中不斷聽到、看到，然後在相同狀況下模仿，例如：媽媽和阿姨常常邊看報紙或電視節目，討論與提及「股票」之事。幼兒在耳濡目染之下，在看到電視節目中閃爍著的股票名稱與價錢時，便脫口而出：「這是媽媽買的股票」或「媽媽的股票出來了」。或是將報紙上刊登股票的版面拿給媽媽，並說：「這是媽媽要看的股票」。

（六）假設測試（hypothesis-testing）

兒童是個小小神奇的語言學習者，他們不是只被動地在環境中聽取話語、模仿、回應他人，就可習得其母語。事實上，他們在語言習得的過程中，會以嘗試與錯誤（trial and error）、提問、表達自己的看法等方式，漸漸精熟其母語的形式、內容與使用。Berko Gleason（2001）即曾舉 Becker（1990）所介紹的例子，說明幼兒在語言學習的過程中，如何使用假設測試策略：一位幼兒曾被教導在回應爸爸或媽媽時，可以說：「Yes, Daddy」與「Yes, Mommy」，之後該幼兒就告訴他爸爸：「爸爸，我自己想出另外的話，『No, Daddy』，對不對？」

又如：某位 4 歲的幼兒要求其阿姨到百貨公司買玩具給他。但因正逢 8 月酷熱之時，再加上阿姨超級重視美白，因此阿姨並不想出門。該幼兒也了

解阿姨的習性，因此就以下面的方式不斷測試：

1. 「阿姨，太陽很小啦。現在出去不會曬黑。」
2. 「阿姨，你戴口罩、撐傘就不會曬太陽啦！」
3. 「阿姨，我們坐計程車就不會曬太陽啦！」（註：百貨公司就在3分鐘路程的巷子口）

再例如：一個4歲的幼兒聽到阿姨說要和他及其哥哥一起玩「模特兒遊戲」（即若被抓到或點到時，需要假裝是櫥窗內的模特兒，擺出某個姿勢，站立不動），馬上高興的回應說：「好啊，我們就來玩『模特別』」，在遊戲過程中，當他被點到時會說：「我是『模特別』」，但阿姨接著說：「對！你現在要當模特兒」，之後，當哥哥被阿姨抓到時，他馬上笑著說：「哥哥要做模特兒了，好好笑」。從此例子可看出，此位幼兒在使用假設測試策略，他先試著說出錯誤的詞彙「模特別」，再比較大人給予的正確語言輸入，嘗試錯誤之後，最後也能習得正確的詞彙。

（七）聽到相同音節，假設其意義是相關的。

兒童會以歸類或分類（categorizing）的方式，將詞彙中的相同音節歸屬為有相關意義之詞彙，例如：認為「dog catcher」、「dog collar」、「dog days」的意義是相關的；認為「南瓜、西瓜、冬瓜、絲瓜、黃瓜」都是可以吃的瓜類的東西。而習英語的幼童，常常聽到詞彙加上ed、ing，當學到新的詞彙中也有加上ed時，就會把他們歸在同一類，成為動詞。

（八）使用後設語言學習新的詞彙之意

後設語言係指，有意識地知覺語言的單位及規則（Ellis Weismer, 1992）。當兒童習得的詞彙、語句結構、語用規則、音韻、構詞愈來愈多時，他們也會善用對這些語言形式、內容與使用的覺識，學習新的詞彙之意，例如：當媽媽告訴4歲的辰辰：「你就做你拿手的事情」，辰辰回答說：「可不可以

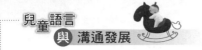

做拿腳的事情」；又如：在美國旅遊時，經過一處八爪章魚洗車廠時，媽媽告訴小郁：章魚的英文叫「Octopus」，3 歲的小郁就問媽媽：「那不髒的魚叫什麼？」

（九）以舊有已習得之語句結構處理新的語句結構

學習的重要歷程即是使用舊知識處理與整合新知識。而在兒童的語言學習過程中，也會出現以已習得的語句結構，處理新的句法，例如：習華語的兒童可能會使用「不＋動詞」的結構學習新的語法結構。在他們要發展出否定疑問句「Ｖ＋不＋Ｖ＋嗎」句型（例如：你拿不到嗎？你吃不完嗎？），以及「Ａ不Ａ」句型的過程中，他們可能會出現還是繼續使用「不＋動詞」或「嗎」句型的結構，來學習新的語句之現象，例如：某位 3 歲半幼兒就說出：「你不聽懂嗎」、「誰不叫你一起跟我跟蹤」、「阿姨，你要不要生病了嗎」之錯誤句型（註：筆者觀察）；又如：某 4 歲半幼童第一次看到歌仔戲就說出：「哇！好大的布袋戲」的可愛話語。

（十）以繞著說或定義方式將概念與語言連結

發展語言中的幼兒，有時候因為尚未習得某個詞彙去表達其意，可能會出現以繞著說或定義方式將概念與語言連結；例如：某位 4 歲幼童就說出：「媽媽帶我去買玩具時，我有看到一個演戲，是以前人的戲」（即歌仔戲），以及「我只有一點瘦，也有一點胖，不用減肥」（身材剛剛好或窈纖合度）的可愛話語（註：筆者觀察）。

另外，Slobin（1978）研究 40 幾個國家兒童的語言發展之後，也曾提出下列幾個幼兒在語言學習時會使用的原則。

（一）注意詞彙的後半部

習英語的幼兒會先習得詞尾的詞素，例如：er、ed；較後習得詞首的詞

素，例如：un、dis。而習華語的幼兒也出現類似的發展類型，例如：「ㄚ嬤」會說成「嬤」、「烏龍茶」說成「茶」。而慢慢地，幼兒也會將注意力放在語句的後半部，例如：大人說：「鞋鞋穿好，我們就出去」，小孩的發展會以下列的方式出現：「去」、「出去」、「鞋鞋，出去」、「鞋鞋穿，出去」。

（二）詞彙的音韻形式可以被有系統的調整

經由不斷的嘗試與練習，幼兒慢慢了解其所說的話語或詞彙中有些語音是一樣的，而不同語音的組合可以形成不同意義的詞彙，例如：「牛奶」與「鳥」中都有ㄋ的音；又如：某位 3 歲半幼兒聽到大人說：「這個暑假要去紐約玩」，會馬上說：「紐約紐約喝牛奶。紐約紐約要尿尿」。

（三）注意詞彙出現的順序

幼兒的口語表達開始出現結合兩個詞彙時，即象徵其已開始步入語法發展的階段；而掌握詞序規則也就成為幼兒語言發展的重要任務。Brown（1973）的研究顯示，幼兒在句子仿說時可使用正確的詞序，顯示其應已掌控英文詞序的結構。另外，早期的研究亦發現，幼兒會使用「主詞+動詞+受詞」（subject-verb-object）的結構解釋被動句型，以及「名詞+動詞+名詞」（noun-verb-noun）句型之意（Bever, 1970; Frazer, Bellugi, & Brown, 1963）。據此，我們可推論，幼兒應已使用詞序的結構做為語言學習的參照依據。

（四）避免語言單位的中斷或重新安排

習英語的幼兒會儘量將語句說得與其已掌控或較為精熟的結構一樣，例如：「主詞+動詞+受詞」（subject-verb-object）的結構。而當他們在學習否定句時，則會儘量將沒有、不行、不要等與其相連的動詞或名詞靠近一點，例如：「阿嬤沒有」、「球球沒有」、「尿尿不行」、「洗頭不要」、「不

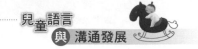

要藥藥」。而學前兒童較易理解「I saw the man who fell down」，而較難理解「The man who fell down ran away」。

（五）避免意外

習英語的幼兒在學習動詞時態的變化時，最先出現的錯誤類型為「不加 ed」，之後會使用「不規則的過去式動詞」（例如：went），但還是無法使用「規則動詞加 ed 的過去式」（例如：played），等到習得「過去式應在動詞之後加 ed」的規則之後，則開始連不規則的動詞都會加上 ed（例如：wented）。另外，台灣習華語的幼兒在學會「被句型」之後，也會採用避免意外的策略，在不需要加上被字的句子中錯誤使用被字句，例如：「他被掉下去了」、「他被跌倒了」、「跳跳虎被跑沒有了」、「下大雨了，小松鼠的樹被下破了，被打破了」。另外，習華語的幼兒在語言發展過程中，常會使用「一個」或「每天」與很多名詞連結，例如：「一個水」、「一個天空」、「一個褲子」、「每天明天」、「每天一天」。

參 模仿與語言學習 —— 更深入的澄清

在幼兒的語言習得過程中，其所說的話語中，有很高比例是模仿他人的話語（Bloom, Hood, & Lightbown, 1974），然而純粹只依賴模仿是不可能發展成大人形式的語言。一些語言觀察或紀錄都顯示，幼兒常說出非常有創意，而且不是大人提供的類型之語言（錡寶香，2007；Brown & Bellugi, 1964），這些絕不可能是從模仿中習得的。此外，研究亦發現，當學步兒所習得的語言愈來愈複雜時，此項策略會變得無效（Owens, 1992; Owens & McDonald, 1982）。也因此，從發展的角度來看，很多語言發展遲緩的幼兒可能還是會依賴模仿的策略學習語言，即使他們已過了學步期階段。

另外，在單詞期階段，模仿的策略似乎可幫助幼兒學習詞彙。但是，在提示或促使幼兒模仿說出詞彙時，也需同時解釋或提供具體的視覺連配物品。此外，幼兒在此階段所模仿說出的話語常常是在例行的日常活動中所使用的詞彙或短語，例如：摸摸、畫畫、喝、抱抱、Bye-Bye 等。到了詞彙結合期階段，因幼兒的語言結構已發展得愈來愈複雜，因此較少出現模仿，再加上語言的衍生性，因此更難只侷限在某些結構或形式上的模仿。但有時候大人所說的話語，也可以成為幼兒所說的話之參照或模仿之來源，例如：媽媽說：「不知道爸爸去哪裡」→ 幼兒說：「爸爸去哪裡」。

　　最後，根據Keenan（1974）的觀點，模仿可能具有維持大人與幼兒之間言談持續的重要功能。而Bates（1976）亦指出，從語言的觀點來看，模仿可讓幼兒將話題維持下去，且同時讓語意關係不會改變。幼兒知覺自己在溝通互動中所需扮演的輪替角色，但因語言理解與表達能力尚不足，因此就模仿大人的話語將溝通互動維持下去，例如：媽媽說：「我們在這裡等，讓爸爸去開車」→ 幼兒說：「開車」。

肆 結語

　　幼兒是如何習得其母語，一向都是認知心理學家及發展心理學家最有興趣探討的問題之一。對每個開始學習語言的幼兒而言，從環境中的語言輸入、情境與視覺線索，去快速連配聽覺訊息與意義或指稱物之間的關係，或是去建構正確的語法結構，並在溝通情境中適當地去使用，實是一件艱鉅而又神祕的事情。儘管如此，全世界的兒童一樣都毫無困難地習得語言（註：障礙兒童或是在文化不利環境下成長之兒童除外）。在短短幾年內，一個發展正常的兒童就能習得足以用在人際溝通之詞彙，並精熟其母語中的一些基本語言結構（Rosser, 1994）。

　　兒童如何在這麼短短的一段期間，達成如此神奇的成就呢？過去幾十年來，雖然已出現行為學派、先天論、交互運作論、神經語言學等論述，用以解釋兒童語言能力快速發展的現象，但不可否認的，身為語言學習者的兒童，也是個積極的思考者與問題解決者，他們會善用一些語言學習策略，打開語言學習的神祕之門。

　　綜而言之，語言學習是一種非常複雜的過程，涉及語言處理的歷程與兒童語言的學習策略。整理過去的研究可知，幼兒是一個積極的問題解決者與學習者，會使用各種不同的策略幫助自己發展出符合年齡期望的語言能力，這些策略包括：模仿、假設測試、使用詞彙的語意線索學習語言、語意促發、使用最基本的句型結構、快速連配策略、重複學習策略、使用後設語言學習新的詞彙之意、以舊有已習得之語句結構處理新的語句等等，讓兒童在語言學習的路上可以更輕易達到不同的發展里程碑。

參考文獻

中文部分

錡寶香（2002）。嬰幼兒溝通能力之發展──家長的長期追蹤紀錄。**特殊教育學報**。**16**，23-64。

錡寶香（2007）。習華語幼童的語言錯誤分析。上課講義（未出版）。

英文部分

Bates, E. (1976). *Language and context: The acquisition of pragmatics*. New York: Academic Press.

Becker, J. (1990). Processes in the acquisition of pragmatic competence. In G. Conti-Ramsden & C. Snow (Eds.), *Children's language* (Vol. 2) (pp. 7-24). Hillsdale, NJ: Lawrence Erlbaum Associates.

Berko Gleason, J. (2001). *The development of language* (5th ed.). Boston, MA: Allyn & Bacon.

Bever, T. G. (1970). The cognitive basis for linguistic structures. In J. Hayes (Ed.), *Cognition and the development of language*. New York: John Wiley & Sons.

Bloom, L., Hood, P., & Lightbown, P. (1974). Imitation in Language development: If, when and why? *Cognitive Psychology, 6*, 380-420.

Brown, R. (1973). *A first language: The early stages*. Cambridge, MA: Harvard University Press.

Brown, R., & Bellugi, U. (1964). Three rocesses in the child's acquisition of syntax. *Harvard Educational Review, 34*, 133-151.

Carey, S. (1987). *Conceptual change in childhood*. Cambridge, MA:The MIT Press.

Carey, S., & Bartlett, E. (1978). Acquiring a single new word. *Papers and Reports on Child Language Development (Stanford University), 15*, 17-29.

Ellis Weismer, S. (1992). Aspects of metalinguistic abilities in specific language impairment and dyslexia. In H. Grimm (Ed.), *Linguistic disorders and pathologies: An international handbook*. Berlin, Germany: Walter de Gruyter & Co.

Frazer, C., Bellugi, U., & Brown, R. (1963). Control of grammar in imitation, comprehen-

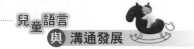

sion and production. *Journal of Verbal Learning and Verbal Behavior, 2, 121-135.*

Friedlander, B. (1970). Receptive language development in infancy: Issues and problems. *Merrill-Palmer Quarterly, 16*, 7-51.

Hoff-Ginsberg, E. (1997). *Language development*. Pacific Grove, CA: Brooks/Cole.

Keenan, E. O. (1974). Conversational competence in children. *Journal of Child Language, 1*, 163-183.

Keenan, E. O. (1975). Evolving discourse: The next step. *Papers and Reports on Child Language Development, 10*, 80-87.

Matthei, E. (1987). Subject and agent in emerging grammars: Evidence for a change in children's development of lexical constraints. *Journal of Child Language, 14*, 295-308.

Owens, R. (1992). *Language development: An introduction* (3rd ed.). New York: Charles E. Merrill.

Owens, R. (2005). *Language development: An introduction* (6th ed.). Boston, MA: Allyn & Bacon.

Owens, R., & McDonald, J. (1982). Communicative uses of the early speech of nondelayed and Down syndrome child. *American Journal of Mental Deficiency, 86*, 503-510.

Rosser, R. (1994). *Cognitive development: Psychological and biological perspectives.* Boston, MA: Allyn & Bacon.

Schieffelin, B., & Ochs, E. (1996). The microgenesis of competence: Methodology in language socialization. In D. Slobin, J. Gerhardt, A. Kyratzis & J. Guo (Eds.), *Social interaction, social context, and language: Essays in honor of Susan Ervin-Tripp* (pp. 251-263). Mahwah, NJ: Lawrence Erlbaum Associates.

Slobin, D. (1978). Cognitive prerequisites for the development of grammar. In L. Bloom & M. Lahey (Eds.), *Reading in language development*. New York: John Wiley & Sons.

Snyder-McLean, L., & McLean, J. (1978). Verbal information gathering strategies: The child's use of language to acquire language. *Journal of Speech and Hearing Disorders, 43*, 306-325.

第五章

兒童構音─音韻發展

前言

　　說話是將聲音與意義連結的系統，而意義則來自於語言。因此，說話可說是聽得見的語言，或是使用聲音表達意義的聽覺／口說語言（Hoff-Ginsberg, 2001; McCormick, Loeb, & Schiefelbusch, 1997）。也因此兒童的語言發展乃包括母語中說話聲音系統的習得，亦即構音　音韻能力的發展。音韻是語言要素中形式（form）的一種，是語言最基本的單位之一，涉及語音、語音結合形成詞彙的規則、語音排列與組合的規則。其習得是語言內容（意義或語意）發展的一部分，亦即兒童在發展詞彙時，需要使用正確的音韻形式將該詞彙表達出來，因此音韻發展是與詞彙或語意同時發展的。另外，兒童口語的學習，需要聽取環境中的語言輸入，方能建立詞彙的聲音或音韻形式的表徵，再以構音器官動作的協調與控制，將記憶、表徵的語音或音韻重現出來，故兒童的音韻習得，亦涉及語音或說話知覺與區辨能力的發展。最後，構音是一種肌肉、動作控制與協調的行為，在語音的產生過程中，個體需由胸腔、肺部吐出氣流，穿過聲帶產生振動，再經過咽頭、鼻腔、軟顎、硬顎、舌頭、牙齒、唇部等構音器官的修正之後，發出不同的語音。也因此兒童構音發展的研究或描述，亦常以不同構音器官的擺位與構音方法兩個層面

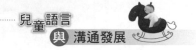
加以分析。

貳 音韻或聲韻相關概念

雖然說話對我們每個人來說，是再容易不過的事，但是其中所涉及的層面卻非常廣泛與複雜，包括語言本身所涉及的音韻、語音、音素、聲母、韻母、超音段等概念。茲將相關概念說明如下。

一、音韻或聲韻（phonology）

音韻是語言形式（form）中的一個次語言要素（Bloom & Lahey, 1978），或是語言五組規則（即：語用、語意、構詞、語法、音韻）之一（Creaghead & Newman, 1989）。音韻涉及語言系統中語音規則的掌控，包含：在語言系統中應用的所有個別語音，以及詞彙發音的基本規則，或是語音結合、排序形成詞彙的規則，亦即聲母與韻母結合的規則（錡寶香，2006）。更精確的定義，音韻乃指說話／言語聲音及聲音類型的科學，其研究內容包括：(1)語言所使用的語音；(2)個別語音組合成詞彙的排列規則；(3)語音省略、改變或增加的歷程，例如：「We miss it.」與「We miss you.」中的 /s/ 音，因為後面所連接的詞彙首音不同而發音就有所不同；再如：幼兒不會說「ㄓ、ㄔ、ㄕ」等捲舌音，會將其改變成「ㄑㄧ」或「ㄒㄧ」音（Kent, 1998）。而從認知或表徵的觀點來看，個體在語言學習的過程中，即會儲存其母語系統中的音韻規則或聲音類型，例如：知道「ㄓ、ㄔ、ㄕ、ㄖ」都是同一組語音，因為他們的發音或產出動作都很相似；或是知道英文中的 /p/ 音聽起來或說起來和華語中的「ㄆ」音很近似。

二、語音學（phonetics）

語音學乃指，研究語言聲音的一門學問（謝雲飛，1990），其著重在個別語音的發音部位、發音方式、語音特徵的研究，以及書寫符號表徵該音與處理語音的物理性質之描述（余光雄，1994；Creaghead & Newman, 1989）。更精確的說，語音學主要是探討發音語音學（articulatory phonetics，即依據發聲器官的發音），或聲學語音學（acoustic phonetics）。另外，因為語音學也強調正確記錄、轉寫語音，國際音標（International Phonetic Alphabet, IPA）也就成為最被廣為使用的書寫系統。根據國際音標所界定的書寫規則，語音的標示有不同的程度，包括：寬式音標（broad transcription）與嚴式音標（narrow transcription），前者用斜線（//）標示，後者以方括號（[ ]）標示，例如：以「key」為例，寬式音標即為 /k/，而嚴式音標則為 [k]。

三、音素（phonemes）

要說明音素，就須先介紹什麼是 Phones。Phones 是人類所發出的說話聲音；而 phonemes（音素）則是指，說話／言語聲音中最小的單位，或是口語語言中最基本的單位，用以決定意義，區隔不同的詞彙，例如：「黑筆」、「黑米」兩個詞彙中因「ㄅ」、「ㄇ」音的不同，而對比出不同語詞的意義；又如：英文中 cat、mat、bat、sat、fat、that 等詞彙，因第一個語音的不同而區隔出詞彙的意義。世界上每一種語言都有其音素群，用來組合形成成千上萬的詞彙（Creaghead & Newman, 1989），例如：華語共有 37 個語音的音素群，英文則有 46 個。另外，所有語言的音素群都可以再區分成聲母與韻母兩種。而很有趣的是，不同數目的音素群在組成不同語言的詞彙時，總是會出現兩種情形：(1)音素群數目較多的語言，在組合新詞彙時有較大的彈性；(2)

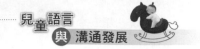

音素群數目較少的語言，在組合新詞彙時，對構音動作或知覺面來說，則較為輕鬆（Creaghead & Newman, 1989）。

四、韻母（vowel）

韻母又稱為元音或後音，而因為音節是由聲母加上韻母或是類似韻母的聲音所組成，因此韻母有時候也稱之為音節核心（syllable nuclei）（黃家定，1995；Kent, 1998）。韻母的發音特徵，是構音器官並不緊接，口腔內並無阻礙，氣流可以暢行無阻，而聲帶同時亦振動（謝國平，1990；Kent, 1998）。雖然發聲道（vocal tract）中其他部分的位置，例如：軟顎、咽頭壁等，也會隨著不同韻母來變化，但不同韻母的產生，主要是由舌頭、下顎與嘴唇的位置所決定，其中下顎與舌頭的同時協調動作，會改變嘴唇的張開程度，也因此描述個別韻母語音時，都需顧及這三個部分。不過在語音學中，韻母的介紹主要還是以舌頭與嘴唇的位置變化為主（Kent, 1998）。

五、聲母（consonant）

在語音學的研究中，聲母（consonant）語音是依照發音的部位（place）與發音的方法（manner）兩大向度分類。發音部位乃指，在發出某個語音時所使用到的構音器官，以及氣流在口腔中受到阻塞或約束時構音器官的實際擺放位置。發音方法則指，在發出某個語音時，氣流被阻礙的狀態與程度，或是氣流在口腔裡被修飾的方式，例如：完全的阻塞、部分阻塞、氣流由鼻腔釋出。而不管是在英語或華語裡，有些語音的發音部位是相同的，常被歸納為同部位的音，例如：雙唇音；而有些語音的發音方法是相同的，則會被歸屬在同發音方法的語音組群，例如：塞音（黃家定，1995）。表 5-1 為華語聲母依據發音位置與方法，所做的分類對照表。

表 5-1　華語語音特徵分類表

構音部位	語音	構音方式	送氣或不送氣
雙唇音	ㄅ ㄆ ㄇ	塞音 塞音 鼻音	不送氣 送氣
唇齒音	ㄈ	擦音	
舌尖音	ㄉ ㄊ ㄋ ㄌ	塞音 塞音 鼻音 邊音	不送氣 送氣
舌尖前音	ㄗ ㄘ ㄙ	塞擦音 塞擦音 擦音	不送氣 送氣
舌面前音	ㄐ ㄑ ㄒ	塞擦音 塞擦音 擦音	不送氣 送氣
舌面後音 （舌根音）	ㄍ ㄎ ㄏ	塞音 塞音 擦音	不送氣 送氣
舌尖後音 （捲舌音）	ㄓ ㄔ ㄕ ㄖ	塞擦音 塞擦音 擦音 擦音	不送氣 送氣

　　根據此表，華語的語音依發音部位可區分成雙唇音（bilabial）、唇齒音（labiodental）、舌尖音（linguadental）、舌尖前音（lingua-alveolar）、舌面前音（lingua palatal）、舌面後音（linguavelar），以及舌尖後音（rhotic）等。而依發音方式，則可區分成塞音（stop）、鼻音（nasal）、擦音（fricative）、邊音（lateral），以及塞擦音（affricative）等。

六、超音段（suprasegmentals）

　　說話或言語不只涉及個別語音的產生而已，它還包括更大的單位，例如：音節、詞彙、短語或句子，而這些都是在上述音段之上，故衍生出另外一個概念——超音段。也因此，超音段乃指重音（stress）、語調（intonation）、音量（loudness）、音高（pitch）、斷詞／斷句（juncture）、說話速率等。簡單的說，超音段亦被稱之為說話的韻律特徵。一般而言，超音段可以使用聲音的強度、聲音的持續時間、聲音的基頻（fo）來描述或決定（Kent, 1998）。

1. 重音：主要是指話語中強調或凸顯的部分，在英文中每個詞彙都有其重音部分，例如：「explosive」（ikspl'ousiv）的重音是在 /ou/。另外，若是在語句中，則也會特別強調某個詞彙，以加強其意義或概念的重要性，例如：「不要穿那件紫色的外套。拜託你啦！」

2. 音量：主要是指聽話者對所接收到的話語強度之主觀感受。更特定地說，音量是指說話者聲帶用力的程度，其所產生的話語或聲音強度（Kent, 1998）

3. 音高：主要是指聽話者對所接收到的話語高低音之主觀感受。而在聲音物理學層面，音高則指每秒中聲音振動的次數，振動的次數愈多，聲音則較高或較尖銳；振動的次數愈少，聲音則較低或較粗。

4. 斷詞／斷句：此有時也被稱為聲音標點符號（vocal punctuation），是一種語調、停頓的結合現象，用以區辨或區隔話語、訊息的意義（Kent, 1998; Nicolosi, Harryman, & Kresheck, 1989），例如：「Let's eat, Grandma.」及「Let's eat Grandma」因為話語中停頓或語調的不同，使其意義也截然不同（Kent, 1998）；又如：「爸爸，開車」與「爸爸開車」兩句話語，在意義上還是有所不同，前句有命令或請求之

意，後句則有描述之意。

5. 說話速度：主要是指個體在產出話語時動作的快慢，常常是以每秒鐘說出的詞彙數、每秒鐘說出的音節數、每秒鐘說出的音素數做為評量的標準（Kent, 1998）。

參 兒童的說話發展

兒童構音技能並非是在開始出現詞彙之後即已發展完成，它是經過不同階段逐步習得的一種過程。Cantwell 與 Baker（1987）整理了 Albright 與 Albright（1956）、Eisenson（1963）、Ferguson（1978）、McReynolds（1978）、Winitz（1969）的研究，將構音技能的發展分成以下五個階段。

一、早期發聲階段（1 至 4 個月大）

嬰兒從出生至 1 個月大左右時，唯一發出來的聲音即是哭泣。隨著年齡的增加，嬰兒的哭泣次數會減少，並開始出現彷彿是表達滿足感覺的發聲，稱之為咕咕聲（cooing）。這些聲音類型是由口腔後部或舌根所發出來的韻母與聲母。一般而言，約在 6 至 8 週之間，很多嬰兒會自發性地發出咕咕聲，這些聲音很像是延長的韻母音，例如：ooo、ahhh、aaaa 等（Otto, 2006）。在咕咕聲階段，嬰兒操弄自己的舌頭與嘴巴以產出聲音，這些動作的探索是後續語音發音的基礎。

二、喃語及與聲音玩耍階段（3 至 15 個月大）

由 3 至 4 個月大開始，嬰兒開始發出較接近口語中語音的聲音，這些聲

音包括不同的韻母與聲母；此外，他們所發出近似語音的聲音也開始出現音調變化（高低音或輕重音的變化）。最早出現的喃語語音為含括「ㄚ」、「ㄝ」的韻母語音。Ferguson（1978）指出，不管嬰兒的母語為何，全世界嬰兒所出現的喃語類型都是一樣的，甚至父母皆為聲啞的聽障嬰兒所發出的喃語類型也是一樣的。而此階段聲調的發展，則以上升調最早出現，接下去則為上升與下降調同時使用。當嬰兒自發性產生的喃語行為愈來愈多時，也會開始出現與聲音玩耍的行為。他們會模仿大人所發出來的聲音與音調類型，而且也會自發性的發出各種不同聲音的類型或音調。在與大人互動時，他們會發出「ㄧㄧㄚㄚ」、「ㄅㄚ ㄅㄚ ㄇㄢ ㄇㄢ」、「ㄅㄚ ㄅㄚ ㄍㄚ ㄍㄚ」等一串音節回應大人。他們也可能拿起電話說出一連串音節，或是好像在和自己說話。而兒童的語言發展有其個別差異性，有的嬰幼兒在此階段已開始出現詞彙，象徵著真正口語語音的出現。

三、第一個說話聲音階段（11 至 18 個月大）

一般而言，嬰幼兒約在 12 個月大左右時，即已出現第一個表達性詞彙。而很多第一個詞彙都符合 Jakobson（1968）所提出的最大對照定律（principle of maximum contrast）之語音發展傾向，亦即發音部位在最前面的語音與發音部位較後面語音的組合，是最符合人類說話時，口腔結構與神經系統運作的方式，因此也是嬰幼兒最易發出的音節，例如：台灣習華語嬰幼兒的第一個詞彙中以「媽媽」、「爸爸」、「嬤」為最多（錡寶香，2002）。而習英語嬰幼兒的第一個詞彙，一樣也是以「發音部位在最前面的聲母＋發音部位在較後面的韻母」的音節為主，例如：「ma」（mama）、「ba」（bottle）、「da」（dog）。另外，亦有重複音節的詞彙出現，例如：「mama」、「baba」、「dada」、「wawa」（water）、「ㄋㄟㄋㄟ」、「ㄇㄢㄇㄢ」、「麵麵」。最後，值得注意的是，嬰幼兒使用母語系統中的語音發出第一個真正詞彙，

常常會與喃語混在一起，因此真正發音或語音的發展仍需由其與詞彙的配合來觀察。

四、說話聲音系統化習得階段（18 至 50 個月大）

幼兒構音的發展，是一個非常神奇又系統化的習得過程（Ferguson, 1978）。從第一個真正有意義的詞彙開始出現之後，幼兒的詞彙會慢慢增加，一直到 50 個詞彙之後，則會經歷詞彙爆炸期，快速地累積詞彙（Bates et al., 1994）。而口語的詞彙是由音韻組成，因此在說出詞彙時，幼兒同時亦在發展構音技能。而在這階段，幼兒似乎可以將其想法、需求、感覺，以語言（詞彙、短句）說出，但是因其語音清晰度（intelligibility）較差，使得大人往往無法真正理解其意。事實上，研究推估 20 個月大幼兒的話語只有 25% 是清晰可懂的，30 個月大幼兒的話語則有 50% 是清晰可懂的；而由幼兒的媽媽所知覺到的說話清晰度則為；2 歲時 50% 的話語是清晰可理解的，4 歲時 100% 的話語是清晰可理解的（Cantwell & Baker, 1987）。這也是為什麼我們在聽 2、3 歲幼兒說話時，常常需要請媽媽「翻譯」之故。另外，幼兒在此階段也常常會出現發展性不流暢（developmental dysfluency）的現象，主要是因其構音發展技能尚在系統化發展中，而其腦部中的語言符號運作比其構音動作還要快，造成其說話時會出現類似口吃的現象。根據 Homzie 與 Lindsay（1984）的研究，在此階段出現說話不流暢問題的幼兒中，85% 會在幾個月內恢復正常的說話方式。

五、構音技能的穩定階段（50 至 80 個月大）

從習英語兒童的構音發展資料顯示，55 個月大左右的幼兒幾乎已可正確發出其母語中的所有語音，而唯一仍然出現錯誤的語音類型是「大舌頭」

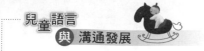

（lisping），他們會將 /s/、/sh/、/z/、/ch/、/dg/ 這些語音扭曲，以及 /r/、/l/ 音的扭曲（lalling）。然而，到了 5 歲時，兒童話語的清晰度應該已可達到 100%（Cantwell & Baker, 1987）。

綜合上述，兒童的說話發展是依循著早期發聲、喃語及與聲音玩耍、第一個說話聲音、說話聲音系統化習得、構音技能的穩定等不同階段而發展完成的。而在習得過程中，發聲經驗、喃語、真正語音的嘗試－錯誤－嘗試－建立，會讓兒童慢慢掌握構音動作的協調與控制，進而穩定構音技能，習得其母語中的所有音韻。此外，隨著年齡的增長，其話語清晰度亦跟著提高，至 4 歲以後兒童所說出來的話語，應可達到 100%的清晰程度。

肆 兒童韻母與聲母構音能力的發展

如同前述，嬰幼兒出生後的前幾個月，最常出現或發出的聲音是哭泣、哼聲、咕咕嚕嚕聲，甚至還有尖叫聲，這些都是其構音說話動作發展的基礎。而當嬰幼兒慢慢察覺別人會對其所發出的聲音回應時，則更會增加發聲的次數，進而慢慢地自我探索各種口腔動作所產生的聲音。而到了喃語以及與聲音玩耍階段，嬰幼兒有時候會發出真正的語音，但這只是偶發出現的，大部分時間他們所發出的語音還是錯誤的。隨著年齡的增長，他們慢慢掌控構音時的口腔動作，再加上知覺表徵對音韻形式愈來愈熟悉，使其發出的語音也愈來愈像其母語中的真正語音。茲將幼兒韻母與聲母的發展說明如下。

一、幼兒的韻母發展

兒童音韻發展的研究中，對韻母的習得並未有很多探索，但研究者或臨床工作者都認為，幼兒韻母的習得應是在 24 至 30 個月大之間，而最慢到了

3 歲時，幼兒應已能正確地發出其母語中的所有韻母（Palmer & Yantis, 1990）。林寶貴、林美秀（1993）以 90%的通過標準，研究台灣習華語幼兒的音韻發展，即發現 3 歲的幼兒已能精熟「ㄚ、ㄛ、ㄜ、ㄝ、ㄞ、ㄟ、ㄠ、ㄡ、ㄢ、ㄣ、ㄤ、ㄥ、ㄦ、ㄧ、ㄨ」等 15 個韻母，但「ㄩ」音則要等到 3 歲半時才精熟。另外，在林寶貴、黃玉枝、黃桂君、宣崇慧（2007）的研究中，同樣以 90%的通過標準，探討台灣習華語幼兒的音韻發展，則發現 3 歲的幼兒已能精熟「ㄚ、ㄛ、ㄜ、ㄝ、ㄞ、ㄟ、ㄠ、ㄡ、ㄢ、ㄣ、ㄤ、ㄥ、ㄦ、ㄧ、ㄨ、ㄩ」等 16 個韻母；本研究與林寶貴等人在 1993 年的發現不一樣之處，僅在於「ㄩ」音的發展在 3 歲時即已精熟。最後，許洪坤（1987）的研究則發現，習華語幼兒最先發展出來的韻母為單韻母，再來為複韻母，最後習得的是聲隨韻母。

二、幼兒的聲母發展

當嬰幼兒發出一些喃語聲音時，其實已開始出現聲母加韻母的音節組合了。而在這種組合下，其實已產生很多的聲母語音。一般而言，在臨床上聲母發展或精熟的決定，常常是以 90%或 50%水準為標準，亦即常模樣本中有 90%或 50%的幼兒可以正確發出某個語音（Palmer & Yantis, 1990; Prather, Hedrick, & Kern, 1975）。綜合上述標準，習英語幼兒的聲母發展順序，若依語音類型（即依發音部位或發音方法分類）來看，可歸納出下列的發展順序：(1)最先發展出來的為塞音（例如：/b/、/p/、/d/、/t/、/g/、/k/）、鼻音（例如：/m/、/n/、/ŋ/）與滑音（glides）（例如：/w/、/j/）三種語音；(2)第二組發展出來的語音為流音（liquids）（例如：/l/、/r/），此種語音出現的時間可能與上述語音類型有些重疊；(3)第三組發展出來的語音為擦音（fricatives）（例如：/f/、/v/、/d/、/t/、/g/、/k/）與塞擦音（affricatives）（例如：/tʃ/、/dʒ/）（Palmer & Yantis, 1990）。而在習華語幼兒音韻發展的研究方面，許洪坤

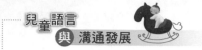

（1987）發現發展的順序依序為塞音、塞擦音、擦音、捲舌音。

由於英文是屬於多音節詞彙，因此研究者亦探究幼兒最先發展出來的語音是位於第幾個音節。目前可供參考但並非絕對的資料顯示，詞首的語音最早發展出來，位於詞中位置的語音接續發展出來，而位於詞末位置的語音最後發展出來。但亦有資料顯示，其實兒童所發展出來的語音是散布在不同位置的音節上（Palmer & Yantis, 1990）。

而在個別聲母語音的發展方面，過去的研究發現：(1)習英語的幼兒在 2 歲以前可以發出的「/p/、/b/、/m/、/n/、/w/、/h/」等聲母中，有 50%的通過率（即有 50%的 2 歲幼兒可以正確發出這些語音）；(2)在 2 歲時所發出的「/t/、/d/、/k/、/g/、/ŋ/」等聲母中，有 50%的通過率；(3)在 3 歲時所發出的「/f/、/s/、/r/、/l/、/j/」等聲母中，有 50%的通過率，但「/p/、/m/、/n/、/w/、/h/」等音則可達 90%的通過率；(4)在 4 歲時所發出的「/v/、/z/、/ʃ/、/tʃ/、/dʒ/」等聲母中，有 50%的通過率，而「/b/、/d/、/k/、/f/、/j/」等音則可達 90%的通過率；(5)在 5 歲時所發出的「/θ/、/ð/」等音有 50%的通過率；(6)在 6 歲時所發出的「/t/、/ŋ/、/r/、/l/」等音，則可以有 90%的通過率；(7)在 7 歲時說出 /ʒ/ 的語音可達 50%的通過率，「/θ/、/ʃ/、/tʃ/、/dʒ/、/z/」等音則已有 90%的通過率；(8)「/v/、/ð/、/s/、/ʒ/」等音則是習英語的兒童到 8 歲時，可達 90%正確率的語音（Stoel-Gammon & Dunn, 1985）。

相對於習英語兒童聲母語音的發展，習華語兒童聲母習得的年齡，可能因不同研究所採取的通過標準不一、樣本是否含括全國或區域性，與自發性表達或仿說的說話樣本之蒐集不同而有些許的差異。表 5-2 與表 5-3 顯示，綜合王南梅、費珮妮、黃恂與陳靜文（1984）、林寶貴與林美秀（1993）、林寶貴等人（2007）、卓士傑（2008）、張正芬與鍾玉梅（1986）、鄭靜宜、林佳貞與謝孝萱（2003）之研究資料可發現：(1)3 歲時發展出來的聲母語音為「ㄅ、ㄆ、ㄇ、ㄉ、ㄊ、ㄋ、ㄌ、ㄍ、ㄎ、ㄏ、ㄐ、ㄑ」等音（以 90%為通過率）（林寶貴、林美秀，1993）；但若以 75%或 65%為通過標準，「ㄅ、

表 5-2　習華語兒童語音／音素發展摘要表

	王南梅等人（1984）	張正芬鍾玉梅（1986）	林寶貴林美秀（1993）	鄭靜宜等人（2003）	Hua 與 Dodd（2000）		林寶貴等人（2007）	卓士傑（2008）	
標準	75%	75%	90%	70%	75%	90%	90%	75%	90%
取樣	命名詞彙	命名詞彙	命名詞彙	命名詞彙	命名詞彙、句子	命名詞彙、句子	命名詞彙	數數字、仿說	
方法	自發→仿說	自發→仿說	自發→仿說	自發→仿說	自發→仿說	自發→仿說	自發→仿說	自發→仿說	
語音發展年齡									
ㄅ	3以前	3以前	3以前	3以前	3以前	3以前	3	3以前	3
ㄆ	3以前	3以前	3以前	5	3以前	3以前	3	3	4
ㄇ	3以前	3以前	3以前	3	3以前	3以前	3	3以前	3
ㄈ	3.5	3.5	5	4	3以前	3以前	4	3.5	4.5
ㄉ	3以前	3以前	3	3	3以前	3以前	3	3以前	3
ㄊ	3以前	3以前	4	4	3以前	3以前	3	3以前	3
ㄋ	3以前	3以前	3以前	3以前	3以前	3以前	3	3	3.5
ㄌ	3以前	3以前	3以前	3.5	4	4	3	3以前	3
ㄍ	3以前	3以前	3以前	3	3以前	3	3	3以前	3
ㄎ	3	3	3以前	3.5	3以前	3	3	3以前	3
ㄏ	3以前	3	3以前	3.5	3以前	3以前	3	3以前	3
ㄐ	4	3以前	3以前	3	3以前	4	3	3	3.5
ㄑ	3	3	3以前	4	3以前	4	3	3	4.5
ㄒ	3.5	3	3	5	3以前	3以前	4	3	5
ㄓ	6以後	3	6以後	6以後	4.5以後	4.5以後	5	4	6以後
ㄔ	6以後	3.5	5	6以後	4.5以後	4.5以後	5	3	4
ㄕ	6以後	3.5	4.5	6以後	4	4.5以後	4	3.5	6以後
ㄖ	6以後	6以後	5	6以後	4	4	4	3以前	3
ㄗ	3	3	3	5	4.5以後	4.5以後	3	3	4.5
ㄘ	3.5	3	3	5	4.5以後	4.5以後	4	3	4.5
ㄙ	3.5	3	3	6以後	4	4	4	3.5	5
ㄣ								3以前	3
ㄥ								3以前	3

表 5-3　習華語兒童在不同年齡階段的語音／音素發展摘要表

	王南梅等人（1984）	張正芬鍾玉梅（1986）	林寶貴林美秀（1993）	鄭靜宜等人（2003）	Hua 與 Dodd（2000）		林寶貴等人（2007）	卓士傑（2008）	
標準	75%	75%	90%	70%	75%	90%	90%	75%	90%
3.0 前	ㄅ、ㄆ、ㄇ、ㄉ、ㄊ、ㄋ、ㄌ、ㄍ、ㄏ	ㄅ、ㄆ、ㄇ、ㄉ、ㄊ、ㄋ、ㄌ、ㄍ、ㄐ	ㄅ、ㄆ、ㄇ、ㄋ、ㄉ、ㄌ、ㄍ、ㄎ、ㄏ、ㄐ、ㄑ	ㄅ、ㄋ	ㄅ、ㄆ、ㄇ、ㄈ、ㄉ、ㄊ、ㄋ、ㄍ、ㄏ、ㄐ、ㄑ、ㄒ	ㄅ、ㄇ、ㄈ、ㄉ、ㄊ、ㄋ、ㄏ、ㄒ		ㄅ、ㄇ、ㄉ、ㄊ、ㄌ、ㄍ、ㄎ、ㄏ、ㄖ、ㄥ、ㄣ	
3.0	ㄎ、ㄑ、ㄗ	ㄎ、ㄏ、ㄑ、ㄒ、ㄓ、ㄗ、ㄘ、ㄙ	ㄆ、ㄒ、ㄗ、ㄘ、ㄙ	ㄇ、ㄉ、ㄍ、ㄐ		ㄍ、ㄎ	ㄅ、ㄆ、ㄇ、ㄉ、ㄊ、ㄋ、ㄌ、ㄍ、ㄎ、ㄏ、ㄐ、ㄑ、ㄗ	ㄊ、ㄋ、ㄐ、ㄑ、ㄒ、ㄔ、ㄗ、ㄘ	ㄅ、ㄇ、ㄉ、ㄊ、ㄌ、ㄍ、ㄎ、ㄏ、ㄖ、ㄥ、ㄣ
3.5	ㄒ、ㄘ、ㄙ、ㄈ	ㄔ	ㄌ、ㄎ、ㄏ			ㄆ			ㄋ、ㄐ
4.0	ㄐ	ㄈ、ㄕ	ㄊ	ㄈ、ㄊ、ㄑ	ㄌ、ㄕ、ㄖ、ㄙ	ㄌ、ㄐ、ㄑ、ㄖ、ㄘ、ㄙ	ㄈ、ㄒ、ㄕ、ㄖ、ㄘ、ㄙ	ㄓ	ㄆ、ㄔ
4.5		ㄕ			4 歲半以後 ㄓ、ㄔ、ㄗ、ㄘ	4 歲半以後 ㄓ、ㄔ、ㄗ、ㄘ			ㄈ、ㄑ、ㄗ、ㄘ
5.0		ㄈ、ㄔ、ㄖ	ㄆ、ㄒ、ㄗ、ㄘ				ㄓ、ㄕ		ㄒ、ㄙ
5.5									
6.0 後	ㄓ、ㄔ、ㄕ、ㄖ	ㄖ	ㄓ	ㄓ、ㄔ、ㄕ、ㄖ、ㄙ					ㄓ、ㄕ

ㄊ」等音亦是此年齡範圍發展得較好的聲母語音（王南梅等，1984；張正芬、鍾玉梅，1986）；(2)「ㄗ、ㄘ、ㄙ」等 3 個舌尖前音或塞擦音／擦音習得的年齡範圍約在 3 至 6 歲之間。其中「ㄙ」音是較後發展出來之語音；(3)「ㄈ」音因涉及台語母語的影響，因此在不同的研究中，可能因取樣的不同而出現較不一致的發現，在王南梅等人（1984）的研究中，3 歲以前的兒童已有 75%的正確發音率；但在張正芬、鍾玉梅（1986）的研究中，3 歲半至 4 歲半的

兒童才有 65%的正確發音率；而在林寶貴、林美秀（1993）的研究中，則顯示要到 5 歲半左右，兒童才能精確的發出「ㄈ」音；但在林寶貴等人（2007）與卓士傑（2008）的研究中，則顯示 4 歲或 4 歲半即可正確發出此音；(4)「ㄐ、ㄑ、ㄒ」等 3 個舌面前音或塞擦音／擦音中，「ㄐ、ㄑ」等音似乎是較早發展出來，而「ㄒ」音則較慢被發展出來，可能要到 3 歲半至 5 歲之間；(5)「ㄓ、ㄔ、ㄕ、ㄖ」等音是最晚發展出來的聲母語音，而其中又以「ㄓ、ㄖ」兩音較難被正確發出。

綜上所述，3 至 8 歲之間習英語的兒童逐漸習得並精熟其母語中的聲母語音，而其中又以雙唇音、塞音、鼻音較早發展出來，而舌尖前音或塞擦音，例如：/θ/、/δ/、/tʃ/、/dʒ/ 則是較晚發展出來。最後，資料顯示/ʒ/ 音可能是習英語的兒童最晚精熟之語音。而習華語兒童的聲母語音發展，則是以雙唇音或塞音較早發展出來，而以翹舌音或舌尖後音較後發展出來。最後，雖然上述韻母與聲母語音的發展已列出習得年齡，但因兒童語言學習的個別差異性極大，因此年齡僅供參考，並非是絕對標準。對臨床工作者或關心兒童音韻發展的教師或父母，應將重點放在了解其發展的年齡範圍，或是人約完成發展的年齡範圍。

伍 兒童音韻歷程的發展

音韻歷程主要是指，兒童在音韻發展的過程中，會出現有系統地改變其所學習的音韻系統中某些語音的發音，而這些改變是很規則的發生，彷彿遵循某個準則（Dunn, 1982）。在 18 個月大至 4 歲之間，習英語兒童的聲母發音能力會發展地愈來愈好，而其所發出的聲母出現的位置也遍及詞首、詞中或詞尾，同時其雙聲母串（consonant cluster）的發音能力亦逐漸發展出來。但是在這個階段，他們卻會出現一些構音的錯誤，這些錯誤是循著一定規則

產生的,即是一種音韻歷程。De Villiers 與 De Villiers(1978)、Ingram（1976）,以及 Kahn（1982）整理了習英語兒童的音韻歷程,歸納出下列幾項發展特徵。

一、音節結構歷程（syllabic structure processes）或去除歷程（deletion processes）

1. 省略最後一個聲母,例如:「cat 說成 ka」、「ball 說成 ba」、「cake 說成 ca」。

2. 雙聲母串單聲母音化,例如:「stop 說成 top」、「small 說成 mall」、「milk 說成 mik」、「tent 說成 tet」、「blue 說成 bu」。

3. 將詞彙中非重音的音節省略,例如:「giraffe 說成 raf」、「elephant 說成 fant」。

二、同化歷程（assimilation processes）

1. 聲母無聲化,例如:「p 替代 b」、「t 替代 d」、「k 替代 g」、「f 替代 v」。

2. 詞末聲母無聲化,例如:「bed」說成「bet」。

3. 聲母軟顎化或舌根化,例如:「duck」說成「guck」。

4. 聲母一致化,例如:「doggie」說成「goggie」（後音一致化）或「doddie」（前音一致化）。

5. 韻母鼻音化,例如:「man」中的「a」鼻音化。

三、替代歷程（substitutionprocesses）

1. 塞音化,例如:「b 替代 v」、「p 替代 f」、「t 替代 th」、「d 替代

th」。

2. 滑音化，例如：「w/y 替代 l」、「w/y 替代 r」。

3. 前置，例如：「coat」說成「toat」。

4. 去鼻音化，例如：「no」說成「do」。

　　上述音韻歷程中的同化歷程、將詞彙中非重音的音節省略、雙聲母串單聲母化、前置、塞音化與滑音化等，是習英語幼兒最常出現的音韻歷程（Lane & Molyneaux, 1992）。另外，90 ％的兒童約在 3 歲時即可去掉同化歷程，3 歲半時可克服前置歷程，4 歲時則可脫離將詞彙中非重音的音節省略、雙聲母串單聲母化、塞音化與滑音化等四個歷程（Lane & Molyneaux, 1992）。

　　而習華語兒童音韻歷程類型的研究發現則如表 5-4 所示。綜合來看，台灣與中國大陸習華語兒童的音韻歷程包括：舌前置化、舌根音化、塞音化、送氣化、不捲舌化、鼻音省略、邊音化、同化、重複、音位轉換、替代及省略、塞擦音化、摩擦音化、有聲化、無聲化，ㄏ－舌根音化等個歷程。另外，在發展年齡方面，4 歲半仍可發現超過 10%的兒童還保留舌前置化、舌根音化、ㄏ－舌根音化、塞音化、不送氣化、送氣化等歷程。而塞音化抑制年齡約出現在 4 歲左右（張維珊，2005）。

　　綜合上述，音韻歷程是幼兒在語言發展的過程中，因尚未精熟某些語音或是構音動作協調或自動化尚未完全發展，所以會出現同化、替代、省略語音等錯誤現象，而這些錯誤是發生在發音位置相近或發音方法相同的語音群上。而值得注意的是，有時候在某個詞彙所出現的音韻歷程不只是只有單一一項，有可能是多個音韻歷程同時出現。上述資料很多都是來自習英語兒童的發展類型，而在習華語兒童音韻歷程的研究相對仍然較少。然而，根據目前幾篇研究的資料顯示，習華語兒童所出現的音韻歷程類型與習英語兒童有些部分是相同的。另外，台灣醫院中的語言治療部門所整理的資料則顯示，2 歲半至 6 歲半的兒童最常出現的音韻歷程為舌根音化、不送氣化與塞音化等三個歷程（張妙鄉、鍾玉梅、謝佑珊，2002）。整體來看，舌根音化、舌

表 5-4　習華語兒童音韻歷程發展摘要表

研究者	年齡	音韻歷程
謝慧瑛（1989）	7 個月至 3 歲	舌前置化、舌根音化、塞音化、送氣化、不捲舌化、鼻音省略、邊音化、同化、重複、音位轉換、替代及省略等 12 個歷程。
劉麗容（1991）		舌根擦音省略、舌根鼻音變成舌尖鼻音、不送氣音代替送氣音、流音改變、鼻音代替非鼻音、舌根音變成舌尖音。
鄭靜宜等人（2003）	2 歲半至 6 歲	不捲舌化出現比例最高，其次為舌根音化，再來是塞音化、塞擦音化、不送氣化、捲舌化、邊音化、摩擦音化、舌前置化、聲母省略、送氣化、唇音化、唇齒音化、邊音化、非鼻音化、有聲化、無聲化等 17 個歷程。
張維珊（2005）	2 至 6 歲	塞音化抑制年齡於 4 歲左右。
卓士傑（2008）	3 至 6 歲	學齡前兒童常出現的音韻歷程包含：塞音化、雙唇塞音化、舌根化、ㄏ－舌根音化、塞擦音化、不送氣化、送氣化、邊音化、字首子音省略、加 /i/ 化、不捲舌化等 11 個歷程；不常見的音韻歷程包含：雙唇音化、唇齒化、ㄋ－舌根音化、舌前置化、去塞擦音化、去鼻音化、去 /i/ 化、捲舌化、鼻音化、有聲化、擦音替代塞音、雙唇音舌尖化、聲隨韻母鼻音省略、雙唇同化、鼻音同化、舌尖同化、舌根同化、去聲化、舌過度前置化、扭曲等 20 個歷程。
Hua 與 Dodd（2000）	1 歲半至 4 歲半	中國北京兒童最常見的音韻歷程包括：同化歷程、省略歷程、舌前置化、舌根音化、ㄏ－舌根音化、塞音化、不送氣化及送氣化等歷程。發展年齡方面：4 歲半仍可發現超過10%的兒童還保留舌前置化、舌根音化、ㄏ－舌根音化、塞音化、不送氣化、送氣化等歷程。

前置化、塞音化似乎是習華語兒童最常出現的音韻歷程。而值得注意的是，可能是受到方言或母語影響，台灣某些區域的幼童可能在捲舌音（例如：ㄓ、ㄔ、ㄕ、ㄖ）方面，會出現不捲舌化之發展現象。

陸 兒童言語知覺或語音區辨能力之發展

言語知覺是指，知覺說話聲音是詞彙中的一部分之能力，包括兩個層面：(1)能夠區辨說話聲音，亦即能將所聽到的詞彙區辨至最小的語音單位；(2)能將區辨的聲音分類在不同音韻類別的能力（Ingram, 1991）。言語知覺對兒童詞彙的學習是非常重要的，因為兒童必須由其所聽到的一連串說話聲音中斷詞、區辨不同語音，才能建立正確的詞彙表徵，並據此說出來，例如：嬰幼兒聽到「媽媽抱抱」與「爸爸抱抱」時，需要能區辨「ㄇ」與「ㄅ」音的差異，才會將其與適當的意義加以連結。而隨著年齡的增長，愈來愈多的詞彙意義之間的區隔可能只在一個語音的不同，更需要具有區辨不同語音的能力，例如：媽媽說：「這是書；這是豬」、「媽媽有買茄子；媽媽有買鞋子」。這些詞彙彼此之間的音韻形式都極為類似，如果言語知覺能力差，可能就會造成詞彙學習的困難。另外，知覺所聽到的語音是否屬於發音方式類似或構音器官擺位相近或相同的能力，亦有助於音韻表達的發展。事實上，嬰幼兒一定要具備一定程度的語音區辨能力，否則他們必然無法開啟語言習得的歷程（Hoff-Ginsberg, 2001）。

過去 20 幾年來，歐美國家的研究者為探究嬰幼兒的語音知覺、區辨能力，已發展出很多有趣又聰明的測試方法，包括：高振幅吸奶嘴（high-amplitude sucking technique）與轉頭技巧（head-turn technique）。高振幅吸奶嘴的測試方式為讓接受測試的嬰幼兒吸吮一個奶嘴，而這個奶嘴則與一個可計量吸吮奶嘴產生的壓力之設計相連結。實驗時，當嬰幼兒吸吮奶嘴的力量達到某一程度時，實驗室中的擴音器就會放出一個語音，等到嬰幼兒吸吮奶嘴的速率減低之後，研究者乃播放新的語音，這時候嬰幼兒通常又會開始快速地吸吮奶嘴。而為了推論嬰幼兒是否能區辨聽到的兩種不同語音，實驗設計

中亦會安排一控制、對照組的嬰幼兒接受測試。唯一不同的是，控制組的嬰幼兒會持續聽同一個語音。研究者比較兩組嬰幼兒吸吮奶嘴的速率，如果發現實驗組的嬰幼兒在聽到新的語音時，吸吮奶嘴的速率比控制組的嬰幼兒還要高，則會推論嬰幼兒已具備語音區辨的能力（Hoff-Ginsberg, 2001）。

轉頭技巧則是應用嬰幼兒喜歡移動玩具（例如：小猴子或小兔子打鼓、敲打鐃鈸）的特性所發展的測試方法。實驗時，嬰幼兒會反覆聽某一個語音，隔一下子實驗者會播放新的語音，而在這時候會由黑色的塑膠玻璃盒子後面走出一隻玩具猴子打著鐃鈸，嬰幼兒會轉頭去看敲打鐃鈸的猴子。經過多次測試後，嬰幼兒甚至會在聽到新的語音而猴子尚未出現之前，即已轉頭向黑色的塑膠玻璃盒子方向看過去。在實驗室中，接受測試的嬰幼兒會坐在媽媽的膝蓋上，而媽媽會戴上耳機，避免不自主的提供線索讓嬰幼兒望向玩具處。另外，在實驗室中也會有一個研究者坐在嬰幼兒面前或旁邊，拿著其他的玩具吸引嬰幼兒的注意，免得他會在語音未出現時，即不斷往放置會移動的玩具處觀望（Hoff-Ginsberg, 2001）。

歐美研究者使用上述的測試方法，研究嬰幼兒的語音知覺、區辨能力，至目前為止已累積了相當多的研究成果，茲將這些發現彙整如下：(1)出生前耳蝸在母體子宮裡第 20 個星期就會對聲音強度、頻率有反應；(2)嬰兒在子宮內的最後 6 星期，可分辨其聽到的言語之聲調、語調；(3)出生後 4 天大的嬰兒，可區分自己母親的聲音與其他女人的聲音，而且他們比較喜歡聽自己母親的聲音；(4)出生後 4 天大的嬰兒，可區分自己的母語與不同國家陌生的語言；(5)出生後 20 至 30 天大的嬰兒，可區辨自己母親的聲音與陌生人的聲音；(6)1 個月大的嬰兒可以區辨一些對比語音，例如：/p/ 與 /b/、/d/ 與 /g/、/ba/ 與 /pa/；(7)1 個月大的嬰兒已能區辨對比的母音，例如：/u/ 與 /i/、/i/ 與 /a/；(8)2 個月大的嬰兒可對自己的聲音反應；(9)3 個月大的嬰幼兒開始增加對環境中各項聲音的知覺；(10)相對於與自己的名字有相似重音類型的詞彙，4 個月半大的嬰兒比較喜歡聽自己名字的聲音；(11)5 個月大的嬰兒，可知覺

語調變化所代表的粗淺意義（DeCasper & Fifer, 1980; Eimas, Siqueland, Jusczyk, & Vigorito, 1971; Kuhl, 1976; Mandel, Jusczyk, & Pisoni, 1994; Mehler et al., 1988; Trehub, 1973）。

上述這些研究中出現了一項很有趣的現象，研究中如果是比較不同語言的知覺能力，大人的表現常常不如嬰幼兒，但是嬰幼兒隨著年齡的增長到了10 至 12 個月大時，也開始喪失區辨非母語中一些對比語音的差異性。Werker 與 Tees（1984）使用跨語言的測試材料，讓嬰幼兒區辨加拿大印地安人的聲母（即 Hindi 與 Inslekepmx 語），發現 6 至 8 個月大習英語的嬰幼兒，可以區辨其未曾聽過的語言中之對比聲母，但是 10 至 12 個月大的嬰幼兒則無法區辨。然而，習 Hindi 與 Inslekepmx 語的 11 至 12 個月大之嬰幼兒，還是可以區辨其自己母語中的對比聲母。另外，Kuhl、Williams、Lacerda、Stevens 與 Lindblom（1992）研究嬰幼兒的韻母區辨能力，則一樣發現嬰幼兒環境中的語言輸入經驗，會影響其語音知覺的表徵與區辨。到了 6 個月大左右，嬰幼兒即已開始依照其母語的韻母特徵分類韻母。Kuhl（1994）稱這個為母語磁吸效應（Native Language Magnet），亦即嬰幼兒先天上具備可以區辨全世界語言中語音的基本能力，但出生後由於母語的聽取經驗，會讓嬰幼兒以自己母語中的語音特徵去知覺、區辨其他語言的語音，進而喪失一些先天上可能已具備的區辨能力。

雖然母語音韻系統的聽覺經驗，可能會影響較大嬰幼兒區辨非母語的對比語音，但是研究者也認為這並非是絕對的。Best（1994）即指出，語言經驗應該是一種注意力的調整，而非基本感官能力的改變；嬰幼兒可能只是會更注意自己母語的語音罷了。事實上，成年人經過訓練之後，也能辨識非母語中較難區辨的語音（Best, 1994），因此可見這種區辨的能力也有可能是受習慣、注意力等影響。

除了上述單語音或單音節的區辨實驗之外，亦有研究者探討嬰幼兒對多音節的區辨能力。Goodsitt、Morse、Ver Hoeve 與 Cowan（1984）先訓練 6 個

月大的嬰幼兒區辨 /ba/ 與 /du/ 的音節，再將 /ba/ 與 /du/ 與其他音節結合做為測試的材料，例如：/momoba/。研究結果顯示，6 個月大的嬰幼兒還是能區辨多音節的語音，但是如果上述 /ba/ 與 /du/ 是嵌入在重疊的音節中（例如：/kokodu/、/kokoba/），嬰幼兒則會表現得較好；而如果 /ba/ 與 /du/ 是嵌入在非重疊的音節中（例如：/kotiba/、/kotidu/），嬰幼兒的表現則顯得較差。

綜上所述，言語知覺或語音區辨對理解口語或是兒童詞彙／語言的發展是非常重要的。為了能以正確的音韻形式說出詞彙，兒童一定需要建立詞彙的正確音韻形式之表徵。然而，不管是在華語或英語中，很多語音之間都只有極小的變異，例如：「ㄅ」相對於「ㄆ」或是 /b/ 相對於 /p/；此外，因為語境的不同，同樣一個語音也有不同的異音（allophones）發音方式，這些都會造成言語知覺或語音區辨成為極為艱鉅之任務，但嬰幼兒卻有非常高的語音區辨靈敏度，他們從出生開始即能表現出高超的語音辨別能力，而這也正是人類語言學習的絕佳基礎。另外，隨著母語聽取機會與經驗的增加，嬰幼兒亦能調整注意力專注於其所學習的母語語音特徵，進而發展出大人形式的音韻類型。

柒 台灣習華語兒童四聲的發展

聲調或四聲在華語或漢語裡是非常重要的，與聲母、韻母一樣都具有辨義的功能（黃家定，1995），例如：將「我們可以在這裡買花」說成「我們可以在這裡賣畫」，就會造成意義的不同。聲調是語音高低升降的變化，主要是與音高和音長（即語音產生時所保持的時間）有關，共分成「陰平」（一聲）、「陽平」（二聲）、「上聲」（三聲）與「去聲」（四聲）等四種（黃家定，1995）。

趙元任是第一位研究習華語幼兒聲調發展的研究者，他觀察其孫女習華

語聲調的過程，發現她在 2 歲時即可完全掌握華語的四個聲調，但在 1 歲 4 個月時，卻把三聲說成二聲（引自劉麗容，1991）。而劉麗容（1991）則指出，習華語幼兒的第一聲在 12 個月大時發展出來，第四聲在 14 個月大時習得，第二聲在 18 個月大時穩定出現，而第三聲則是在 20 個月大時發展出來。另外，幼兒在精熟華語四聲的過程中，會出現二聲、三聲都一樣說成二聲，四聲說成一聲的錯誤。另外，Li 與 Thompson（1977）觀察 17 個 1 歲半至 3 歲習華語兒童的聲調發展，發現在單詞期初期階段，一聲與四聲即已出現；到了單詞期中後期階段，二聲與三聲也出現了，而兩類聲調卻常相互替換；而到了雙詞／多詞結合期階段，三聲的連聲變調亦開始出現，但二、三聲相互替換的錯誤現象亦不再出現。對照前述語音的發展，習華語幼兒似乎對四聲的掌握遠早於語音。此種現象反映出控制聲門變化聲調的學習，比控制協調發音器官構音容易（引自靳洪剛，1994）。

綜合上述，習華語幼兒在構音－音韻的發展過程中，除了須慢慢精熟個別語音的發音之外，也需要在詞彙表達的過程中，精確掌控四聲，方能適當使用詞彙表達自己。整體來看，幼兒在 2 歲以前即可正確掌控華語的四聲。其中，第一聲是最先發展出來的，再來是第四聲，緊跟其後發展出來的是第二聲，最後發展出來的是第三聲。而過去的研究也都指出，幼兒會出現二聲與三聲相互替換的現象。

捌　解釋音韻發展的理論

兒童音韻發展的順序、結構、錯誤類型，以及在喃語期所發出的聲音類型，其與真正語音之間是否存在著一種連續關係，常常是兒童音韻發展研究者與學者所關心之議題。而到目前為止計有行為學派（Behaviorist Model）、結構學派（Structuralist Model）、自然音韻模式（Natural Phonology Model）、

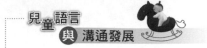

衍生音韻模式（Generative Phonology Model）、韻律模式（Prosodic Model）、認知模式（Cognitive Model）、生物模式（Biological Model）、自我組織模式（Self-Organizing Model）等理論曾被提及，用以說明、解釋兒童音韻發展的過程與成就（Berko Gleason, 2001; Hoff-Ginsberg, 2001; Ingram, 1991; Vihman, 1998）。茲將上述研究者所整理的相關理論介紹如下。

一、行為學派

在 1950 至 1970 年左右，美國心理學界主導的理論為行為學派，主張增強作用是學習產生的條件。根據此理論，嬰幼兒的音韻發展是一種由古典制約（classical conditioning）持續增強、形塑的過程。從出生之後，父母或其他照顧者在餵食嬰幼兒、幫他／她換尿片，或是進行任何互動時，會自然地與他們說話，或發出一些聲音（如：啊……喔……哈），嬰幼兒會將話語或聲音與主要增強物（即食物或舒適感覺）加以連結，激發說話的動機。慢慢地當他們會模仿發聲時，父母也會給予回應並提供增強。而當家長選擇性地增強嬰幼兒發出大人形式的音韻時，他們即可進一步習得其母語的音韻，例如：說出「包包（麵包）」時，若音韻形式較正確才可獲得麵包（Mowrer, 1960; Olmstead, 1971）。行為學派的理論曾受到 Chomsky（1959）的質疑，因為缺乏證據可證實父母或主要照顧者在前語言期會選擇性地增強兒童發出的某些聲音。另外，兒童音韻發展不是只有發展出來所有的語音，尚包括音韻規則系統的習得（例如：音節結構、音韻歷程）與語音之間關係的理解（例如：ㄅ與ㄆ發音位置或方式相似），而這些是無法由刺激—增強的經驗去發展的（Hoff-Ginsberg, 2001）。事實上，行為學派理論在解釋兒童音韻發展的最大問題，即在於無法顧及嬰幼兒生理成熟與認知能力對其音韻組織與表達的改變。

二、結構學派

　　Jakobson（1968）將語言結構學的理論用來解釋幼兒的音韻發展，認為嬰幼兒的音韻發展是依循著一定順序習得的，而這種順序是人類內在本有的能力所決定，而且是全球適用的。音韻系統中的辨音成分（distinctive features），即可用來預測幼兒音韻表達發展中語音出現之順序，例如：幼兒都是先發展出兩個「最大對照」語音（maximally contrasting sounds），亦即雙唇塞音 /p/ 與低韻母 /a/，之後則發展出 /p/ 與 /m/ 之對照。根據此論點，兒童會一步一步習得不同辨音成分的區辨，使其發展出大人的聲母與韻母系統。由於結構學派認為，音韻的發展是因不同辨音成分的對比區辨，才得以發展出來，因此只將喃語當作是一種隨機產生的行為，與語言中音韻的發展是無關的。近年來，喃語的研究已發現，嬰幼兒的喃語其實已具備其母語中詞彙的音韻形式（例如：6 個月大的嬰幼兒說出ㄧㄚˋㄚˋ，近似鴨了的「鴨」或ㄞˊ刷的「牙」）。另外，幼兒的音韻發展是否依循著辨音成分的對比而發展出來，亦難以驗證，因幼兒的前 10 個或前 50 個詞彙，實在是不足以用來測試此論點，再加上幼兒的詞彙發展深具個別差異性，亦使得此項論點很難以蒐集實證性資料加以支持或推翻。此外，研究亦顯示兒童詞彙學習的認知處理歷程，是以整個詞彙的音韻形式為習得目標，而非個別語音（Vihman, 1998）。綜合這些問題或限制，結構學派對兒童音韻發展的解釋實在是難以驗證。

三、自然音韻模式

　　自然音韻模式是由 Stampe（1969）所提出，主張兒童先天就具備一種寰宇性的音韻歷程，這些音韻歷程反映出兒童在音韻發展過程中，發聲與知覺的限制或能力，而兒童發展的任務即是將這些在其母語中並不存在的音韻歷

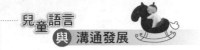
程去除或壓制住,例如:詞末聲母無聲化音韻歷程(將 bad 說成 bat)的去除。自然音韻模式較讓人質疑之處,乃在於兒童是不是先天即具備某些音韻歷程,並無證據顯示。

四、衍生音韻模式

衍生音韻模式是由 Smith(1973)所提出,與自然音韻模式有些許的類似,該模式一樣主張兒童先天即具備一套循序漸進的音韻發展傾向,例如:雙聲母串單聲母音化。Smith 使用重寫規則(re-write rules)來描述幼兒發展出正確語音的過程,例如:「feet」中的 /f/ 會重寫成為 /w/。如同自然音韻模式一樣,衍生音韻模式所提出的重寫規則是否為先天的,亦有很多爭論。

五、韻律模式

韻律模式是由 Waterson(1981)所提出,該模式認為音韻結構的基本單位是詞彙而非語音,而詞彙中共通的整體性特徵,例如:聲調、重音、語調、延長、音節結構、鼻音、有聲等,則是兒童知覺與學習詞彙音韻形式的重點。兒童在開始發展語言時,所知覺到的語音特徵是不完整的,但會慢慢發展出與大人一樣的音韻系統。

六、認知模式

認知模式主張,兒童會使用自身的認知、問題解決、假設測試的能力,慢慢習得其母語中的音韻系統(Ferguson, 1986),例如:幼兒較早發展出來的詞彙,似乎與大人所說的音韻形式有某些部分類似,但又會出現一些避免某些語音的現況;又如:幼兒知道「烏龍茶」飲料的名稱,但剛開始發展詞彙時,只會說「茶」;再如:知道「推土機」玩具的名稱,但只會說「機」。

而在習英語兒童的音韻發展資料方面則發現，他們會在詞彙中插入某個語音，並以此類型說出詞彙名稱，例如：「berries」說成「bejas」，「tiger」說成「tajak」。

七、生物模式

生物模式主要是指，兒童的音韻發展是植基於一種內在的知覺偏向與動作傾向（Locke, 1983）。全世界嬰幼兒的喃語中所出現的語音目錄都一樣，即是因生物因素的規限所產生的結果。這些生物因素包括：發聲道的大小、形狀，以及不同構音的神經動作控制。而喃語的另一個主要功能，則是讓嬰幼兒建立聽覺－肌肉動作知覺的連結，幫助其比較自己所發出的語音與已儲存或表徵的大人形式之差異。而音韻的發展即是保留喃語語音、學習新語音、去除母語中不存在的語音之過程。

八、自我組織模式

自我組織模式主張，全世界語言中的語音類型，都是為滿足口語溝通歷程中，聽者與說者的互補需求所衍生出來的，因此韻母如 /a/、/i/、/u/ 彼此之間的距離都極遠，易於聽者的區辨；而在說者部分，聲母與韻母的結合較不需要舌頭做出大的動作，因此利於發音（Lindblom, 1992）。根據此論點，幼兒會由一些重複使用的構音動作，配合聽覺輸入的音韻類型，慢慢發展出不同的音節類型（例如：/ti/、/tu/、/ki/、/ku/），再進而切割成不同語音（例如：/t/、/k/、/i/、/u/），此即為幼兒自我組織或自我分割音節的音韻發展過程。

綜合上述，歐美過去曾有多項理論曾被提出來解釋與說明兒童音韻發展的現象，這些理論在某些方面可以解釋部分兒童音韻發展的現象，但很多層

面仍無法顧及與驗證。事實上，說話或語音的產生，在生理層面需要協調發聲道的多項器官，包括：喉頭、聲門、硬顎、軟顎、下頜、嘴巴與舌頭，並且也需要配合呼吸，以便提供足夠與適當的氣流，也因此生理的發育與成熟自然會影響到語音的習得（De Boysson-Bardies, 1999）。另外，如果從認知與問題解決的論點來看，兒童的構音－音韻發展歷程可能就是一種積極的問題－解決過程。兒童由聽取環境中的語言輸入，慢慢建立音韻系統的表徵，然而受限於說話生理機制的成熟度，以及語音產出的難易程度不等，使他們在口語表達時，常常可能會面臨心有餘而力不從的困境，造成他們可能會選擇使用不同的策略去說出詞彙，例如：省略某些不會發的語音，或是使用會發的語音替代不會發的語音，而這種過程就是一種積極的問題解決歷程；又如：某個幼兒無法發出ㄍ音，在碰到含有ㄍ音的詞彙時，就會選擇使用省略的歷程（如「姑姑」說成「ㄨㄨ」，「乾媽」說成「ㄢ媽」）。可是等到過了1或2個月之後，當他已能發出ㄍ音時，就會去除此省略歷程，正確的說出含有此音的詞彙。

玖 結語

　　兒童構音－音韻的發展是一個神奇的旅程。從出生的哭聲開始，嬰幼兒就慢慢從聽覺的接收、知覺、區辨、分類建立語音表徵，並由不同的發聲類型練習肌肉、動作控制協調，以產出各種聲音。雖然新生兒並未發出任何真正的話語聲音，但在0至1歲之間，他們慢慢會從發出近似韻母音的咕咕聲（約為6至8週大），進展至發出一些聲母語音，再進入真正的喃語，最後在11或12個月大時說出一連串的音節。這時候，嬰幼兒重複性的喃語（例如：ㄅㄚ ㄅㄚ ㄅㄚ ㄅㄚ ㄅㄚ ㄅㄚ）或變化性的喃語（例如：ㄚ ㄅㄚ ㄍㄚ ㄚ ㄇㄚ ㄇㄢ ㄇㄚ ㄇㄢ ㄅㄚ ㄅㄚ ㄅㄚ ㄅㄚ ㄅㄚ），都已開始使用到母語中

的語音並具備韻律特徵。而等到嬰幼兒開始進入真正的詞彙發展期時，他們在說出詞彙時也會同時發展構音技能，也因此語言的經驗會影響早期的語音發展（Hoff-Ginsberg, 1997）。一般而言，言語語音的習得過程是漸進的，大約在 7 歲時，兒童通常都已能精熟其母語的所有語音。對於習英語的幼兒而言，以雙唇音、塞音、鼻音較早發展出來，而舌尖前音或塞擦音則是較晚發展出來；而習華語幼兒聲母語音的發展，則是以雙唇音或塞音較早發展出來，捲舌音或舌尖後音較後發展出來。

參考文獻

中文部分

王南梅、費珮妮、黃　恂、陳靜文（1984）。三歲至六歲學齡前兒童國語語音發展結構。聽語會刊，12-17。

余光雄（1994）。英語語言學概論。台北市：書林。

卓士傑（2008）。台灣學齡前 3 到 6 歲兒童構音／音韻發展。國立台北護理學院聽語障礙科學研究所碩士論文，未出版，台北市。

林寶貴、林美秀（1993）。學齡前兒童語言障礙評量指導手冊。台北市：國立台灣師範大學特殊教育研究所編印。

林寶貴、黃玉枝、黃桂君、宣崇慧（2007）。修定學前兒童語言障礙評量表。台北市：國立台灣師範大學特殊教育學系印行。

張正芬、鍾玉梅（1986）。學前兒童語言發展量表之修訂及其相關研究。特殊教育研究學刊，2，37-52。

張妙鄉、鍾玉梅、謝佑珊（2002）。構音／音韻異常兒童錯誤類型分析。台北市：台北榮民總醫院院內研究計畫（VGH88-181）。

張維珊（2005）。二至六歲幼兒塞音化音韻歷程研究。國立台北護理學院聽語障礙科學研究所，未出版，台北市。

許洪坤（1987）。中國兒童學習國語及語法發展階段研究。國家科學委員會研究報告。

黃家定（1995）。國音韻母。載於國立台灣師範大學國音教材編輯委員會（編撰），國音學（157-219 頁）。台北市：正中。

靳洪剛（1994）。語言發展心理學。台北市：五南。

劉麗容（1991）。如何克服溝通障礙。台北市：遠流。

鄭靜宜、林佳貞、謝孝萱（2003）。電腦化國語構音能力評量系統的發展。發表於中華民國聽力語言學會學術研討會，台北市。

錡寶香（2002）。嬰幼兒溝通能力之發展──家長的長期追蹤紀錄。特殊教育學報。16，23-64。

錡寶香（2006）。兒童語言障礙──理論、評量與教學。台北市：心理。

謝國平（1990）。語言學概論。台北市：三民書局。

謝雲飛（1990）。**中國聲韻學大綱**。台北市：學生書局。

謝慧琇（1989）。**兒童國語音韻習得──九個月至三歲個案研究**。國立台灣師範大學英國語文研究所碩士論文，未出版，台北市。

英文部分

Albright, R. W., & Albright, J. B. (1956). The phonology of a two-year-old child. *Word, 12*, 382-390.

Bates, E., Marchman, V., Tahl., D., Fenson, L., Dale, P., Reznick, J. S., Reilly, J., & Hartung, J. (1994). Developmental and stylistic variation in the composition of early vocabulary. *Journal of Child Language, 21*, 85-123.

Berko Gleason, J. (2001). *The development of language* (5th ed.). Boston, MA: Pearson.

Best, C. T. (1994). The emergence of native-language phonological influences in infants: A perceptual assimilation model. In J. C. Goodman & H. C. Nusbaum (Eds.), *The development of speech perception: The transition from speech sounds to spoken words* (pp. 167-224). Cambridge, MA: The MIT Press.

Bloom, L., & Lahey, M. (1978). *Language development and language disorders*. New York: John Wiley & Sons. .

Cantwell, D., & Baker, L. (1987). *Developmental speech and language disorders*. New York: The Guilford Press.

Chomsky, N. (1959). A review of Skinner's verbal behavior. *Language, 35*, 26-58.

Creaghead, N. A., & Newman, P. W. (1989). Articulatory phonetics and phonology. In W. Secord (Ed.), *Assessment and remediation of articulatory and phonological disorders*. Columbus, OH: Merrill.

De Boysson-Bardies, B. (1999). *How language comes to children: From birth to two years*. Cambridge, MA: The MIT Press.

De Villiers, J. G., & De Villiers, P. A. (1978). *Language acquisition*. Cambridge, MA: Harvard University Press.

DeCasper, A. J., & Fifer, W. P. (1980). Of human bonding: Newborns prefer their mothers' voices. *Science, 208*, 1174-1176.

Dunn, C. (1982). Phonological process analysis: Contributions to assessing phonological disorders. *Communicative Disorders, 7*, 147-163.

Eimas, P. D., Siqueland, E. R., Jusczyk, P., & Vigorito, J. (1971). Speech perception in infants. *Science, 171*, 303-306.

Eisenson, J. (1963). Disorders of language in children. *Journal of Pediatrics, 62,* 20-24.

Ferguson, C. (1986). Discovering sound units and constructing sound systems: It's child's play. In J. S. Perkell & D. H. Klatt (Eds.), *Invariance and bariability of speech processes.* Hillsdale, NJ: Lawrence Erlbaum Associates.

Ferguson, C. A. (1978). Learning to pronounce: The earliest stages of phonological development in the child. In F. D. Minifie & L. L. Lloyd (Eds.), *Communicative and cognitive abilities: Early behavioral assessment* (pp. 273-297). Baltimore, MD: University Park Press.

Goodsitt, J. V., Morse, P. A., Ver Hoeve, J. N., & Cowan, N. (1984). Infant speech recognition in multisyllabic contexts. *Child Development, 64,* 688-701.

Hoff-Ginsberg, E. (1997). *Language development.* Pacific Grove, CA: Brooks/Cole.

Hoff-Ginsberg, E. (2001). *Language development.* Belmont, CA: Wadsworth/Thomson Learning.

Homzie, M. J., & Lindsay, J. S. (1984). Language and the young stutterer. *Brain and Language, 22,* 232-252.

Hua, Z., & Dodd, B. (2000). The phonological acquisition of Putonghua (Modern Standard Chinese). *Journal of Child Language, 27*(1), 3-42.

Ingram, D. (1976). *Phonological disability in children.* London: Arnold.

Ingram, D. (1991). *First language acquisition: Method, description and explanation.* New York: Cambridge University Press.

Jakobson, R. (1968). *Child language: Aphasia and phonological universals.* The Hague: Mouton.

Kahn, L. (1982). A review of 16 major phonological processes. *Language, Speech, and Hearing Services in Schools, 13*(2), 77-85.

Kent, R. (1998). Normal aspects of articulation. In J. E. Bernthal & N. W. Bankson (Eds.), *Articulation and phonological disorders* (4th ed.) (pp. 1-62). Englewood Cliffs, NJ: Prentice-Hall.

Kuhl, P. K. (1976). Speech perception in early infancy: The acquisition of speech-sound categories. In S. K. Hirsh, D. H. Eldredge, I. J. Hirsh & S. R. Silverman (Eds.), *Hearing and Davis: Essays honoring Hallowell Davis* (pp. 265-280). St. Louis, MO: Washington University Press.

Kuhl, P. K. (1994). Learning and representation in speech and language. *Current Opinion in Neurobiology, 4,* 812-822.

Kuhl, P. K., Williams, K. A., Lacerda, F., Stevens, K. N., & Lindblom, B. (1992). Linguistic experience alters phonetic perception in infants by 6 months of age. *Science, 255*, 606-608.

Lane, V. W., & Molyneaux, D. (1992). *The dynamics of communicative development*. Englewood Cliffts, NJ: Prentice-Hall

Li, C. N., & Thompson, S. A. (1977). The acquisition of tone in Mandarin-speaking children. *Journal of Child Language, 4*, 185-201.

Lindblom, B. (1992). Phonological units as adaptive emergents of lexical development. In C. A. Ferguson, L. Menn & C. Stoel-Cammon (Eds.), *Phonological development: Models, research, implications*. Parkton. MD: York.

Locke, J. L. (1983). *Phonological acquisition and change*. NY: Academic Press.

Mandel, D. R., Jusczyk, P. W., & Pisoni, D. B. (1994). *Do 4-$\frac{1}{2}$ month olds know their own names?* Paper presented at eh 127th meeting of the Acoustical Society of America, Cambridge, MA.

McCormick, L., Loeb, D. F., & Schiefelbusch, R. L. (1997). *Supporting children with communication difficulties in inclusive settings: School-based language intervention*. Boston, MA: Allyn & Bacon.

McReynolds, L. V. (1978). Behavioral and linguistic considerations in children's speech production. In J. Kavanagh & W. Strange (Eds.), *Speech and language in the laboratory, school, and clinic* (pp. 127-164). Cambridge, MA: The MIT Press.

Mehler, J., Jusczyk, P. W., Lambertz, G., Halsted, N., Bertoncini, J., & Amiel-Tisson, C. (1988). A precursor of language acquisition in young infants. *Cognition, 29*, 143-178.

Mowrer, O. (1960). *Learning theory and symbolic processes*. New York: John Wiley & Sons.

Nicolosi, L., Harryman, E., & Kresheck, J. (1989). *Terminology of communication disorders: Speech-language-hearing*. Baltimore, MD: Williams & Wilkins.

Olmstead, D. (1971). *Out of mouths of bades*. The Hague: Mouton.

Otto, B. (2006). *Language development in early childhood* (2nd ed.). Upper Saddle River, NJ: Pearson.

Palmer, J. M., & Yantis, P. A. (1990). *Survey of communication disorders*. Baltimore, MD: Williams & Wilkins.

Prather, E., Hedrick, D., & Kern, C. (1975). Articulation development in children aged two to four years. *Journal of Speech and Hearing Disorders, 40*, 179-191.

Smith, N. V. (1973). *The acquisition of phonology: A case study*. Cambridge, UK: Cambridge University Press.

Stampe, D. (1969). *The acquisition of phonemic representation*. Proceedings of the Fifth Regional Meeting, Chicago Linguistic Society, 433-444.

Stoel-Gammon, C., & Dunn, C. (1985). *Normal and disordered phonology in children*. Baltimore, MD: University Park Press.

Trehub, S. E. (1973). Infants' sensitivity to vowel and tonal contrasts. *Developmental Psychology, 9*, 91-96。

Tse, K.-P. J. (1978). Tone acquisition in Cantonese: A longitudinal case study. *Journal of Child Language, 5*, 19-204.

Vihman, M. M. (1998). Early phonological development. In J. E. Bernthal & N. W. Bankson (Eds.), *Articulation and phonological disorders* (pp. 63-112). Boston, MA: Allyn & Bacon.

Waterson, N. (1981). A tentative developmental model of phonological representation. In T. Myers, J. Laver & J. Anderson (Eds.), *The cognitive representation of speech. Amsterdam: North-Holland*.

Werker, J. F., & Tees, R. C. (1984). Cross-language speech perception: Evidence for perceptual reorganization during the first year of life. *Infant Behavior and Development, 7*, 49-63.

Winitz, H. (1969). *Articulatory acquisition and behavior*. Englewood Cliffs, NJ: Prentice-Hall.

兒童語意能力的發展

晚餐時，1 歲 3 個月的小郁站在餐椅上，看著媽媽又看著湯碗中的魚丸湯，不斷地說：「喝…喝…喝…。」

2 歲 2 個月的正文說：「弟弟、媽媽去動物園，看大象、長頸鹿、企鵝、熊熊、鴨子、猴子、蛇、恐龍、烏龜。」

3 歲的辰辰和媽媽一起看著阿姨到法國旅遊所照的照片，發表自己的看法：「有好多阿姨。」

3 歲半的儒儒告訴媽媽：「我朋友買電影，就是劉義章。」
媽媽：「喔！劉義章買什麼錄影帶？」
儒儒：「就是美人魚。」

4 歲的辰辰問阿姨：「你在擦什麼？」
阿姨：「我在擦美白保養品。」
辰辰：「我也要擦。」
阿姨：「你是小孩子，不用擦。」
辰辰：「可是我好黑，媽媽都不幫我買美白的東西。」

4 歲的辰辰聽到媽媽和阿姨在討論減肥的事情，很得意的說：「我只有一點瘦，也有一點胖，不用減肥。」

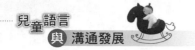

壹 前言

　　溝通的目的主要是將個體的想法表達出來，因此我們必須將這些意念以語言符號編碼再說出來，而傳達出來的話語即是以意義為中心。舉上面兒童所說的話語例子來說，不管是單獨的詞彙（例如：喝）、唸名已習得的詞彙（例如：大象、長頸鹿、企鵝、熊熊等），或是詞不達意的表達自己的想法（例如：「買電影」／「我只有一點瘦，也有一點胖」／「有好多阿姨」），都能以詞彙為基礎（單一詞彙或句子）將意義傳遞出來，而達到溝通的功能。

　　根據 Bloom 與 Lahey（1978）所界定的語言組成要素，語意主要是指語言的內容，也就是語言的意義系統，包括：詞彙、句子之意、句子之間的關係、比喻性語言產生的弦外之音之意思等。兒童語言所傳遞出來的訊息，雖然需要有形式（音韻、語法）的包裝，才能正確的表達出來，但意義卻是其中心。理解周遭世界人、事、物及其之間關係的意義，是個體語言學習與發展的重點。當個體與周遭世界互動時，會建立相關聯的概念，而這些概念則會以語言符號（即：詞彙）表徵與儲存，再用之與人溝通互動、學習、解決問題。事實上，很多智力測驗中語文智商的測試項目，都是屬於語意能力的測試，例如：「魏氏智力測驗」中的常識、類同、詞彙、理解分測驗；而「畢保德圖畫詞彙測驗」在語言障礙領域，常被當作語意（詞彙）能力的評量工具，但在特殊教育中也被當作是測試語文智商的一種智力測驗。

　　在兒童語意發展的研究方面，最常被探討的向度，包括：詞彙、詞彙所表徵的概念、詞彙定義、語意網路、語句意義、篇章涵義等。而文獻中所描述的語意發展階段，則常就單詞期、多詞／句子期與篇章層次加以探討之，或是以學前、國小、青少年階段分開來分析。茲將這些發展階段中的語意能力說明如下。

貳 單詞期的詞彙發展

一、嬰幼兒的第一個詞彙（first word）

多年來，幼兒最早發展出來的詞彙，一直都是研究者最感興趣的探究主題。研究發現，在習英語的嬰幼兒中，有的在 8 個月大時即已出現第一個表達性詞彙，但有的卻遲至 14 個月大時才出現第一個詞彙，而且大部分的幼兒都是在 12 個月大時，才開始出現表達性詞彙（Bates, Bretherton, & Snyder, 1988; Bloom, 1993; Chapman, 1981; Hart, 1991）。而在錡寶香（2002）的研究中，則發現台灣習華語的嬰幼兒，最早出現詞彙的年齡也是約為 8 個月大時，但也有嬰幼兒一直到 15 個月大時才出現第一個有意義的詞彙。該研究也發現，平均來看，台灣習華語的嬰幼兒約在 11 個月大時，出現第一個有意義的表達性詞彙。

這些第一個詞彙常常是在單一、高度特定的互動情境中出現（Barrett, Harris, & Chasin, 1991），例如：「ㄋㄟˋㄋㄟˋ」、「媽媽」、「嬤」等。而且，幼兒所發出的音節可能即已代表一完整的詞彙，例如：發出「ㄐㄧ」代表「飛機」、「ㄨㄚˋ」代表「襪子」等（許洪坤，1987）。而習英語嬰幼兒詞彙發展的資料亦同樣顯示，幼兒常以音節重疊的類詞彙指稱物品，例如：「wawa」代表「water」之意（Nelson, 1973; Rondal, Ghiotto, Bredart, & Bachelet, 1987）。

另外，錡寶香（2002）請家長長期觀察記錄的研究，則顯示在嬰幼兒所說出來的第一個詞彙中，以指稱人物或名字的詞彙占最多，包括：媽媽、爸爸、阿嬤（台語：祖母）、寶寶、人名（例如：幼兒、阿公的名字或家裡面

小狗的名字），而在這些生活環境中常接觸的人之稱謂中，又以「媽媽」占最多，其次為「爸爸」，再來則為「阿嬤」。然而很有趣的是，嬰幼兒說出的第一個詞彙仍有其個別差異，例如：有的幼兒最先會說的詞彙是「ㄋㄟㄋㄟ」（牛奶），有的則是魚、ㄅㄨㄅㄨ（車車）或麵。

上述結果可能反映出下面幾項事實：(1)嬰幼兒在情境中可能最常聽到「媽媽」、「爸爸」或「阿嬤」等詞彙，語言輸入再加上情境線索的連配，使其很早就已將這些名稱的音韻形式，與其相對應的意義或人物表徵在認知語言系統中，而溝通互動機會的促發，則使其可正確的應用這些詞彙；(2)父母或主要照顧者最早教導嬰幼兒的詞彙，常常都是「媽媽」、「爸爸」或「阿嬤」等，而在單一、重複的互動情境中，嬰幼兒得以在可預期的溝通情境中說出這些詞彙；(3)這些詞彙常常是在單一、特定活動的情境中出現，例如：餵食、社會互動遊戲等情境；(4)每個嬰幼兒所注意的情境線索，會將詞彙的意義及音韻形式表徵在認知系統或語言系統中，之後再以神經動作、肌肉協調說出該詞彙的方式各異其趣，也因此有的幼兒會說出「黑黑」中的「ㄏ」音，有的會發出「魚」中的「ㄩ」音；(5)很多第一個詞彙都符合 Jakobson（1968）所提出的最大對照定律（principle of maximum contrast）的語音發展傾向，亦即發音部位在最前面的語音與發音部位較後面語音的組合，是最符合人類說話時口腔結構與神經系統運作的方式，因此也是幼兒最易發出的音節，例如：「媽媽」、「爸爸」、「嬤」、「麵」；(6)說話或語音的產生在生理層面上需要協調發聲道的多項器官，包括：喉頭、聲門、硬顎、軟顎、下頜、嘴巴與舌頭，並且也需要配合呼吸以便提供足夠與適當的氣流，也因此生理的發育與成熟自然會影響到語音的習得（de Boysson-Bardies, 1999）；而每個幼兒的生理發展也有其個別差異，因此第一個詞彙的產出也有可能會與其說話生理機制的發育有關。

二、嬰幼兒所發展出來的前 50 個詞彙

從第一個詞彙出現之後，嬰幼兒的表達性詞彙即快速的增加。習英語的幼兒在 15 個月大時平均約有 15 個詞彙（Reich, 1986），在 18 個月大時或是 19 至 20 個月大時，會發展出前 50 個詞彙（Bloom, 1993; Dale, Bates, Reznick, & Morisset, 1989; Menyuk et al., 1991）。而台灣習華語的幼兒發展出 50 個詞彙的年齡，則有早在 13 個月大時即已完成，但亦有遲至 21 個月大時，才習得 50 個不同的詞彙。整體來看，台灣習華語幼兒的前 50 個詞彙約在 18 個月大時發展出來（錡寶香，2002）。另外，有的研究者甚至發現，幼兒在 20 個月大時已發展出 150 個左右的表達性詞彙（Dale et al., 1989），而在 2 歲時則約有 300 個表達性詞彙（Ingram, 1989; Reich, 1986）。此外，在這段時間，幼童理解的詞彙約為其表達性詞彙的 5 倍（Ingram, 1991）。一般而言，前 50 個詞彙的出現是緩慢發展出來的，但只要出現 50 個詞彙左右，則會進入詞彙爆炸期，幼兒便會開始使用很多的詞彙，而且會橫跨不同的詞類與語意（Bates et al., 1994）。

根據 Nelson（1973）和 Benedict（1979）的研究資料顯示，習英語的幼兒最先出現的 50 個詞彙中，名詞所占的比例最高，例如：指稱人物（爸爸、媽媽、寶寶）、食物／飲料（果汁、牛奶、水、土司、餅乾、蘋果、蛋糕）、動物（狗、貓、鴨、馬）、衣飾（鞋子、帽子）、玩具（球、積木）、交通工具（車子、船、火車）、傢俱（時鐘、燈）及其他類（例如：瓶子、鑰匙、書）的詞彙。另外，習英語（或美語）的幼兒最早出現的動作詞彙包括：抱抱或上去（up）、坐、看、吃、下去、去；形容修飾詞彙包括：燙（hot）、不見了（all gone）、還要（more）、髒、冷、這裡、那裡；而社會互動的詞彙則包括：嗨、拜拜、不要、好（yes）、請、謝謝。

而錡寶香（2002）的研究則發現，台灣習華語幼兒所發展出來的前 50 個

詞彙的類型，依其出現次數的多寡排序為：「生活中所接觸的人之稱謂、名字」、「表達動作的詞彙」、「指稱動物的詞彙」、「指稱食物／飲料的詞彙」、「例行活動中的常用語或問候語」、「指稱身體器官的詞彙」、「指稱衣物的詞彙」、「指稱玩具／遊戲的詞彙」、「形容詞或修飾詞彙」、「指稱交通工具的詞彙」、「指稱個人用品的詞彙」、「指稱家用品的詞彙」、「指稱屋外東西的詞彙」、「指稱地方名稱的詞彙」、「主詞、代名詞」、「量詞」、「問句詞彙」。

在「生活中所接觸的人之稱謂、名字」的類別中，出現次數最多的依序為：爸爸、媽媽、姊姊、阿嬤（祖母、婆婆、阿婆）、哥哥、妹妹、阿姨（姨）、自己的名字、弟弟、阿公（祖父）、舅舅、叔叔、阿伯（伯伯）、姑姑、寶寶（寶貝、baby）、爺爺、別人的名字、家中寵物的名字、舅媽、姨丈、姑丈（丈）等。

在「表達動作」的詞彙中依出現次數的高低排列則為：抱抱、吃（呷）、睡覺、走、喝、泡、坐（坐坐）、打（打打）、開、痛痛、洗（洗洗）、去、拿、踢、出去（去）、給、買、跑、洗、泡泡、咬、背（背背）、畫畫、抱、呼呼、搖、掉了、倒、包、跳、穿、戴、玩、抓、追、騎、切、捏、牽牽、哭、餵、擦、拍手、跌倒、流血、散、掉、接、拆、起來、畫、下去、洗澡、排。

而「指稱動物」的詞彙出現的次數占第三多，出現的頻率依序為：狗（汪汪）、魚（魚魚）、貓（喵喵）、小鳥（鳥或鳥鳥）、鴨鴨（鴨子）、牛、馬、豬、小雞（咕咕雞）、熊（熊熊）、鵝、羊、兔子、鹿、青蛙、老虎、蝶、大象、虎、蟲、蜘蛛、壁虎、螞蟻、比比等。

緊跟著類型為「指稱食物／飲料」的詞彙，依序計有：ㄋㄟㄋㄟ（牛奶）、水、飯、麵（麵麵）、蛋（蛋蛋）、茶（ㄅㄟˊㄅㄟˊ）、菜（菜菜）、麵包（包包）、蘋果（蘋或 apple）、香蕉、薯條、糖糖、果凍、肉（肉肉）、餅乾（餅餅）、葡萄（葡）、布丁、蝦、蓮霧、鳳梨、蕃茄、草莓、

果汁、汽水、可樂、豆漿、多多、湯湯、炸雞、羊乳片（片）、舒跑（跑）、冰淇淋、黑輪（台語發音）、玉米、雞翅、稀飯（ㄇㄨㄟˇㄇㄨㄟˇ）等。

另外，日常生活例行活動中常用的用語、詞彙或問候語出現的比例亦很高，各詞彙出現次數依序為：謝謝（謝）、bye-bye（bye 或見，即再見）、不要、尿尿、大便（便便、大大或ㄣㄣˋ）、要、是、好、喂（喂喂）、嗨、有、安（晚安）、不可以、又、請、早。

而指稱「身體器官」的詞彙，出現的次數多寡依序為：手、腳、耳朵（朵）、頭、嘴巴（巴、嘴）、眼睛（眼、睛）、臉、小雞雞、頭髮（髮）、鼻子、牙牙、肚臍、肚子（肚肚）、乳房（ㄋㄧㄝㄋㄧㄝ）、手指頭、眉毛、屁股。

至於指稱「衣物」的詞彙，出現的次數多寡依序為：鞋鞋（鞋子）、襪襪（襪子）、褲褲（褲子）、帽子（帽、帽帽）、尿布（布布、尿ㄆㄟˋㄆㄟˋ）、服（衣服）、衣、珠珠、鈕釦、兜兜。

而指稱「玩具／遊戲」的詞彙，出現的次數多寡依序為：球、書、玩具（玩）、積木、氣球、洋娃娃（娃娃）、盪鞦韆、皮卡丘、溜滑梯（咻）、拼圖。

另外，「形容詞或修飾詞彙」，出現的次數多寡依序為：臭臭（臭ㄇㄡㄇㄡ）、還要、燙燙（燙燙的）、餓餓、怕怕、漂漂（漂亮）、冰冰（好冰）、溼溼（答答）、熱熱（燒燒、燒）、黑黑、硬硬、高高、大、惜惜、活該、暗暗、髒髒。

而指稱「交通工具」的詞彙，出現的次數多寡則依序為：車車（ㄅㄨㄅㄨ）、飛機（機機、機）、船、火車、腳踏車、公車、汽車、轎車、卡車、挖土機。

至於指稱「個人用品」的詞彙，出現的次數多寡則依序為：筆、藥（ㄧㄠˋㄧㄠˋ）、錢（錢錢）、紙、梳子、鏡（眼鏡）、傘、書包、PP（尿布、ㄆㄟˋㄆㄟˋ、布布）、奶嘴（嘴嘴）。

而指稱「家用品」的詞彙，出現的次數多寡則依序為：被被（被子）、

燈（電燈）、碗、門、牙膏、杯、枕頭、床、桶桶、電話、電視、梯、ㄅㄚㄅㄚ（時鐘）。

此外，指稱「屋外的東西」的詞彙，出現的次數多寡依序為：花、星星、太陽（公公、太陽公公）、草、樹（樹樹）、旗旗、石頭。

而指稱「地方的名稱」的詞彙，出現的次數多寡依序為：麥當勞、家、外面、廟、浴室、廁所。

最後，在幼兒最早發展出來的前 50 個詞彙中，所占比例最少的為「主詞／代名詞」，包括：我、我的、這個、你；以及「量詞」的詞彙，包括：個、顆、把；還有「問句詞彙」，例如：什麼、找誰、誰。

綜合上述，幼兒習得前 50 個詞彙的年齡約為 18 個月大時，而且大部分幼兒是在 17 至 21 個月大時，發展出前 50 個不同的詞彙。此外，習英語與習華語幼兒的前 50 個不同詞彙類型中，都是以名詞占最多，包括：指稱特定的人或物品，一些幼兒可以操作、拿取的東西名稱。另外，表達動作的詞彙在此階段亦快速發展，它們都是高度情境限制的詞彙，例如：「抱抱」、「背」、「包」（媽媽幫幼兒包尿片時會說的動詞）、「排」（媽媽與其排拼圖時會說的話）。而動作詞彙的習得則有助於幼兒往詞彙結合階段發展，進而說出「媽媽抱抱」、「媽媽包」、「媽媽排」等短語。這對幼兒整體的語言發展是非常重要的。

三、幼兒詞彙發展的決定標準

如上所述，嬰幼兒在 12 個月大左右或更早，即可發展出第一個詞彙。但在這之前，嬰幼兒即已經歷了一段喃語期，常常發出「ㄚ ㄚㄨ ㄨㄅㄚ ㄅㄚ ㄇㄚ ㄇㄚ ㄇㄢ ㄇㄢ ㄋㄚ ㄋㄚ ㄋㄟ ㄋㄟ ㄅㄚ ㄍㄚ」等音節，因此如何確定其所說出來的是喃語或是真正的詞彙，就必須考慮下列幾個標準：(1)幼兒持續地使用某詞彙指稱某樣物品；(2)說出來的詞彙與正確的音韻形式相似，而

且是可辨認的;(3)說出來的詞彙,不能是模仿大人所示範的(例如:媽媽說:「叫爸爸。」);(4)需要在適當的情境中使用這個詞彙(例如:看到奶瓶說「ㄋㄟㄋㄟ」;看到電視上嬰幼兒喝ㄋㄟㄋㄟ的廣告時,也會說「ㄋㄟㄋㄟ」)(Lane & Molyneaux, 1992)。

四、幼兒詞彙意義學習的特徵

當兒童學習詞彙之意時,需將其所聽到的音韻形式與其相對應的概念連配在一起,例如:常常聽到媽媽說:「喝ㄋㄟㄋㄟ」,慢慢地就會將「ㄋㄟㄋㄟ」的音韻與奶瓶、牛奶、喝起來的感覺、需求的滿足等概念連結在一起。等到在適當的情境中,因大腦神經與說話生理的成熟,而可以順利說出「ㄋㄟㄋㄟ」這個詞彙。相同的,當他聽到「狗」這個音韻形式的詞彙時,他也需將其與狗的相關概念加以連結,只是這種連結是否與大人所認知的詞彙意義是不是一樣,仍需進一步確認。

Reich(1986)整理文獻上所記載兒童詞彙意義學習的資料,歸納出下列六種類型。

(一)過度延伸(overextension)

過度延伸是指,幼兒所說的詞彙涵蓋的意義遠比大人所認知的意義還廣,例如:將「狗」這個詞彙泛指狗、羊、兔子、狼、貓等四隻腳、有毛的動物;又如:將在圖卡上學到的詞彙「大象」,用在指稱在郊外看到的「牛」與「馬」。兒童在詞彙發展時所出現的詞意過度延伸現象,可能導因於被指稱物之間的知覺特徵或功能相似性,例如:形狀、尺寸大小、聲音、味覺、動作、材質等的相似性。幼兒可能將「月亮」這個詞彙由原先所指稱的天上之月亮,擴展至圓形的蛋糕、字母O、圓形的書籤等(Clark, 1974)。另外,造成過度延伸的原因,亦有可能是因為幼兒尚未習得被過度延伸物品的詞

彙，也有可能是因為一開始在學習詞彙與指稱物之間的連配出了問題，例如：他們可能將「月亮」與圓形之意連配，使其在碰到不同的圓形東西時，會以為就是「月亮」，所以就說出「月亮」這個詞彙來指稱圓形蛋糕或飛盤。一般而言，過度延伸的現象最常發生在 1 至 2 歲半時，如果超過這個階段仍然常常出現詞彙過度延伸的錯誤時，就可能會有語言發展遲緩的危機（Smiley & Goldstein, 1998）。

（二）延伸不足（underextension）

所謂延伸不足是指，幼兒將詞彙之意只侷限在標準意義中的一部分而已，其所認知的意義比較限制，不知道一個特定的詞彙可以指稱一個類別的物品或相似的物品，例如：只稱呼自己的鴨子玩偶為「鴨鴨」，對於別的顏色、別種類似造型的鴨子玩偶或是公園裡真正的鴨子，都不會指稱其為「鴨鴨」。造成這種語意特定規限的原因，可能是因為幼兒將「鴨鴨」這個詞彙解釋成專有名詞，就像是叫「媽媽」、「爸爸」、「阿公」、「姊姊」的名字一樣。另外，也有可能是因為一開始的意義連配，只侷限在某些特徵或功能上，例如：只能是黃色絨毛的鴨鴨。

（三）過度延伸／延伸不足並存（overlap）

所謂過度延伸／延伸不足並存是指，兒童對詞意的解釋與認知，有些方面是過度延伸，但有些方面卻又延伸不足，例如：Anglin（1986）觀察其女兒 Emmy 的語言發展，即發現 Emmy 將「傘」的詞意泛指真正的傘、風箏或童話故事書內用來避雨的樹葉，但她卻認為合起來的傘不是「傘」；又如：有的幼兒會使用「狗狗」指稱狗、貓、兔子、浣熊，但在公園看到聖伯納狗時，卻說「不是狗狗」。

（四）不配稱（mismatch）

不配稱主要是指，兒童所認知的詞彙之意，與標準的詞彙之意完全不一樣，例如：指著「椅子」卻說「桌子」。

（五）完全符合（identity）

所謂完全符合乃指，幼兒所說的詞彙之意並未有過度延伸、延伸不足或是不配稱現象，與大人所認知的詞意是一樣的，例如：叫家裡的小狗「黑黑」或「coco」，看到飛機會說出「飛機」的詞彙。

（六）尚未習得（not yet learned）

兒童在語言發展的過程中，不可避免地會不斷面對很多新的詞彙。有些詞彙他們從未有機會接觸，自然是屬於尚未習得，例如：4 歲的幼兒從未聽過「開刀」這個詞彙，但聽到媽媽說阿嬤到醫院開刀後，就會問媽媽：「媽媽妳有沒有『割刀』」。

（七）自創新詞（idiomorph）

幼童因為詞彙量不足，尚未習得某些人、事、物的名稱，而又需要表達其意，有時候會應用有限的詞彙，或是將其所知道的詞彙加以組合，創造出新詞彙或是有趣的語言用法，例如：說出「garden man」指稱「gardener」、「ear glove」指稱「ear muff」、「hitter-man」指稱「某人打東西」、稱禿頭為光腳頭（barefoot head）（Clark, 1981; Gardner & Winner, 1979; Smiley & Goldstein, 1998）；又如：筆者亦曾觀察自己的小姪子將「捷運」說成「電火車」，將「布丁」說成「ㄅㄧㄟ子」，「麥當勞」說成「當當」。

參 雙詞期或語句階段的語意發展

幼兒發展出 50 個詞彙之後，詞彙發展的速度變得非常快速，研究者稱之為詞彙爆炸期（Reznick & Goldfield, 1992）。在此階段，兒童所發展出來的詞彙已涵蓋周遭世界的各種人、事、物的概念，甚至亦由童話、故事閱讀與媒體中學得新的詞彙及語意概念。茲將 Berko Gleason（2001）指出，學前階段的語意發展中，較常被提及的一些內容說明如下。

一、詞彙意義的習得

（一）轉換詞（shifter）

人稱代名詞（例如：你、我、他、你們、我們、她們等），或是指示詞（例如：這個、那個、這裡、那裡）等並未有固定的詞彙與指稱物連結關係。相對的，像「媽媽」、「爸爸」、「被被」、「車車」、「頭」等詞彙則有固定的詞彙與指稱物連結關係。亦即，人稱代名詞或是指示詞與指稱物之間的關係會隨說話者、溝通對象的不同，或是說話者的所在位置地點而改變，因此兒童需要等到 5 歲以後方能正確習得這些轉換詞（Reich, 1986; Reznick & Goldfield, 1992）。事實上，幼童的口語常常出現用自己的名字當主詞之現象，即可間接證明他們尚未掌控這些詞彙的使用方式，例如：「辰辰看」、「凡凡去」、「儒儒喝ㄅㄟˇㄅㄟˇ」等。而中國大陸習華語兒童指示詞的研究，則發現幼兒對「這」、「這邊」、「那」、「那邊」的理解沒有先後差異（李丹，1992）。

（二）對應關係詞（relationals）

　　不管是在華語、日語、英語或任何語言中，都是由成千上萬的詞彙組成最基本的語意系統。而詞彙表徵或指稱人、事、物等概念，自然會出現一些相對關係的概念，例如：大相對於小、胖相對於瘦、長相對於短、多相對於少、前相對於後等。根據 Carey（1982）的研究，習英語的學前兒童所發展出來的形容詞對應關係之順序依序為：大／小、長／短、高／矮、高／低、寬／窄、深／淺、厚／薄；至於習華語兒童的發展則與習英語兒童類似，他們依序發展出：(1)大／小；(2)高／矮、長／短；(3)粗／細；(4)高／低；(5)厚／薄、寬／窄。而在發展的過程中，則會發生不同形容詞的混淆，例如：以「大」替代「高」、以「小」替代「短」、以「短」替代「矮」（李丹，1992）。

（三）空間方位詞（spatial terms）

　　在英語中指稱空間方位概念的詞彙，包括表達位置關係的前置詞（例如：in、on、under、between）、指稱位置的名詞（例如：top、bottom、side）、描述空間特徵的形容詞（例如：long、narrow）（Messick, 1988）。這些詞彙的應用涉及物品的放置位置與情境特徵，而且會因說者與聽者的相對位置而變化其相對應的概念，因此在本質上是屬於較抽象與較複雜的詞彙（Cox & Richardson, 1985），例如：媽媽說的右邊是兒童看到的左邊。Clark（1980）的研究則發現，大部分 3 歲半的兒童已能正確使用「in、inside、on、under」。而到了 5、6 歲左右，兒童已習得大部分的空間方位詞（Cox & Richardson, 1985）。而在習華語兒童方面的研究，李丹（1992）指出，幼童的空間方位詞的習得順序為：「裡」、「上」、「下」、「後」、「前」、「外」、「中」、「旁」、「左」、「右」。朱曼殊等人（1991）的研究結果，發現習華語兒童對「裡」、「外」詞彙概念的習得會經過三個階段：(1)

在 2 歲時，對「裡」、「外」的指令之反應是一樣的，只會將物品往容器裡放，這兩個詞彙的概念是混淆在一起的；(2)在 3 至 4 歲時，較能理解「裡」的概念；(3)到了 4 歲以後，則可以完全掌握「裡」、「外」詞彙的概念（引自靳洪剛，1994）。

（四）親屬關係詞彙（kinship terms）

國外的研究發現，單一或直線關係成分的親屬名稱是兒童最先習得的親屬關係詞彙，例如：「媽媽」、「爸爸」、「姊姊」、「妹妹」、「哥哥」、「弟弟」。而較複雜關係的親屬名稱，例如：「阿姨」、「叔叔」、「姑姑」、「伯伯」，因為兒童需要了解其與父母之間的關係，因此會較晚習得（Haviland & Clark, 1974）。另外，「兒子」、「女兒」、「外甥」等詞彙的意義亦是較晚發展出來的（Reich, 1986）。而對主要親屬關係詞彙的理解可能要等到 10 歲左右（Owens, 1996）。

（五）顏色詞彙（color terms）

我們生活的環境中充滿了不同顏色的物品，兒童對周遭環境色彩的知覺從出生即已開始，但正確說出顏色名稱的能力，卻要等到 5、6 歲時才發展出來（Lane & Molyneaux, 1992）。Bornstein（1985）則指出，習英語幼兒要到 4 或 5 歲時，才能正確說出四個基本顏色（即：藍、綠、黃、紅）的名稱。而中國大陸的研究則發現，習華語幼兒顏色詞彙出現的順序大致為：(1)紅；(2)黑、白、綠、黃；(3)藍；(4)紫、灰；(5)棕（李丹，1992）。

（六）時間詞（temporal word）

在日常生活中，我們常會用到一些與時間有關的詞彙或話語，例如：媽媽對 4 歲的凡凡說：「你先去洗澡」，凡凡回答：「弟弟先洗」，3 歲的弟弟趕緊說：「哥哥先洗」；又如：爸爸說：「我們明天再去買玩具，好不

好」。幼兒有這麼多機會聽到這些與時間有關的詞彙，其發展又如何呢？Ka-vanaugh（1975）使用語句表演（acting out）的測試方式，將「先」、「後」的詞彙放入句子中，再請 3 歲半與 5 歲的兒童將句子的意思表演出來，例如：「When a girl feeds a baby before putting it to bed」。結果顯示，「先」比「後」較早發展出來，但是必須在與生活經驗有關的事件情境中，才能較易習得「先」的概念。而中國大陸的研究則發現：(1)3 至 4 歲的兒童能夠理解「先」、「後」、「同時」、「正在」等時間詞的概念；(2)4 至 5 歲的兒童可以理解「昨天」、「今天」、「明天」及其先後順序；(3)「早上」、「中午」、「下午」的詞彙及先後順序的概念之發展，要比「昨天」、「今天」、「明天」慢；(4)「今年」、「去年」、「明年」的詞彙則需要到 6 歲才發展出來；(5)3 至 4 歲時可以理解「正在」，5 歲時可以理解「已經」，6 歲時才可以理解「就要」。上述研究結果反映出概念與詞彙之間的透明與具體關係程度，會影響時間詞彙的習得。具體而言，過去的經驗已存在兒童腦裡，而未來的則尚未經歷，因此在習得的順序上自然會受影響（朱曼殊，1991，引自靳洪剛，1994）。

（七）量詞（quantifier）

量詞主要是指計量單位的詞，在華語裡量詞是表示人、事物或動作、行為的單位之詞（羅肇錦，1992），只要是可計算的事物都有相稱的量詞。大陸的研究發現，3、4 歲的兒童只能使用少數較常出現的量詞，例如：「個」、「只」，但會過度延伸應用在很多不同的名詞之計量。5 歲左右的兒童較能注意到不同的量詞會和某一類的名詞搭配，但還未完全掌握其搭配的規則，甚至還會出現以動詞做為量詞來使用，例如：「一騎自行車」、「一飄雲」，或是用形容詞做為量詞來使用，例如：「一滿水」。到了 6 歲時，兒童開始根據事物的共同特徵進行分類，例如：將「車」、「飛機」都以「輛」來計量，因為其都屬於交通工具類別（李丹，1992）。

二、詞彙與語句的語意關係

　　一般而言，大約在 1 歲半左右，當幼兒已能說出 50 個左右的詞彙時，他們即會把熟悉的詞彙放在一起（Reich, 1986）。而從 2 歲開始，幼兒即已能使用完整的句子與人溝通；他們會使用愈來愈多的動詞、形容詞、名詞、介系詞、量詞等於其構句中。每個詞彙本身即代表一個或一個以上的意義，因此當它們被結合起來形成片語或句子時，其意義自然會因詞彙之間的語意關係而擴大，例如：「魚」、「好大魚」、「好大的金魚」、「好大的紅色的金魚」。

　　Brown（1973）曾經根據其所蒐集 3 位幼兒的雙詞語句，而列出了 11 項語意關係，包括：指定（nomination）、再現（recurrence）、不存在（non-existence）、動作者＋動作（agent+action）、動作＋受事者（action + object）、動作者＋受事者（agent + object）、動作＋處所（action + location）、實體＋處所（entity + location）、所有者＋擁有物（possessor + possession）、實體＋屬性（entity + attribute）、指示詞與實體（demonstrative and entity）。而在這些語意關係中，動作者做了什麼事情、動作產生的處所、物品特徵或所有權約占 70%。

　　而在台灣方面，程小危（1986）分析了 7 位習華語幼兒的雙詞特性，亦列出下列幾種類型：(1)動作者＋動作，例如：媽媽拿、姊姊抱抱；(2)動詞＋受詞，例如：開車、拿球、放錢；(3)受詞＋動詞，例如：狗狗抱（小朋友抱著狗狗）、鞋鞋丟掉、這個開開；(4)實體＋狀態、經驗或特徵，例如：叔叔乖、哥哥壞；(5)表示所有權關係語句，例如：姨褲、媽媽鼻、娃娃鞋鞋；(6)引介或說明語句，例如：這小霈、這大鐘；(7)與處所有關的語句，例如：球那邊、舅舅美國去；(8)特質＋實體，例如：小鴨、林媽媽、新鞋鞋。

　　另外，兒童在 5 歲之前會習得下列之語意關係（Yonvoitz & Andrews,

1995）：

1. 存在：指稱環境中的人或物，例如：「貓咪」、「狗狗」、「哥哥」。

2. 重現：指稱再次出現的人、事、物，例如：「還要」、「一遍」、「好多乾媽」。

3. 不存在／消失：表達消失或期望落空的概念，例如：「阿嬤沒有」、「ㄋㄟㄋㄟ沒有」、「球球呢」。

4. 拒絕：表達反對某物品或事件的概念，例如：「洗頭不要」、「不行吃」、「姨，不行」、「衣服太小」。

5. 否定：否認他人所說的話語中之意義，例如：「你不是媽媽」、「熊熊不是」。

6. 特徵：所說的話語表達出人、事、物的特徵，例如：「好大魚」、「要吃紅色糖糖」、「這很好笑」。

7. 所有權：指出人或物品暫時或永久屬於誰，例如：「這是我媽媽」、「我的鞋鞋」、「不要拿哥哥的娃娃」。

8. 與處所有關的動作：指稱動作產生的地點位置，以及物品或人位置變化的語意概念，例如：「媽媽坐坐」、「熊熊放這邊」、「辰辰躺被被」。

9. 動作：指稱個體或物品的一般性動作，例如：「媽媽吃」、「爸爸開」、「姑姑呼呼」。

10. 數量：使用數詞、複數形式、數量形容詞表達一個以上的概念，例如：「好多爸爸」、「1、2、5、8個球」、「媽媽買了2件衣服」。

11. 內在狀態（internal state）：對事件或情境的主觀反應之表達，例如：「好好吃」、「阿姨車子開得比較快，我好舒服」、「好痛好痛，要抱抱，要呼呼」。

12. 態度／情緒：喜好、厭惡、感覺、需求等的表達，例如：「媽媽快點，人家很餓欸」、「我最喜歡SOGO」、「壞媽媽，討厭媽媽」、

「弟弟拿給舅舅，不要回來」。

13. 決心／意圖：表達個人的意圖與慾求，例如：「我要買鹹蛋超人」、「我要看企鵝」、「我要看 YOYO 台啦」。

14. 義務／責任：與規則要求有關的語意概念，例如：「弟弟，你要蹲下去，才可以玩」、「弟弟都不會玩，只會亂拿東西」。

15. 可能性：建議的活動、事件或狀況，例如：「阿嬤就會買給我們」、「儒儒可能會拿走書」、「等買到玩具再回桃園」。

16. 外在狀態：指稱天氣、自然／環境的狀況，例如：「媽媽，好熱」、「下雨了」。

17. 特徵狀態：說明人、地方、物品的條件或特徵，例如：「破掉了」、「髒髒」、「布布臭臭」、「媽媽，車子黑黑的」。

18. 與格（dative）：與格表達的是「給予」的意義，或是間接受詞之意，涉及使用「把東西給人」的意義之動詞，會與 to 一起使用，例如：在英語中最典型的與格動詞就是 give，例如：「She gave the book to me」（她把那本書給了我）。而以童言童語為例，則如：「媽媽拿拼圖給我」、「我拿飛機給弟弟」。

19. 添加：串聯 2 個以上的物品、事件或狀態，而其中未有時間順序或因果關係，例如：「我有飛機，我有超人，我也有神奇寶貝」、「我會跳舞，我跳得好棒好棒」。

20. 時間順序：表達事件前後發生，或同時發生的關係，例如：「我們去麥當勞，再去 SOGO」、「先買我的玩具，再買弟弟的」。

21. 因果：表達手段—目的、原因—結果的關係，例如：「要拿紙給我，才能畫畫」、「下雨了，要帶傘」、「阿姨買，因為我媽媽沒錢」。

22. 反意：指稱人物、地方、事件之間的對比／對照關係，例如：「阿姨，你的手好大，我的手很小」、「哥哥的是大錢，我的是小錢」、「阿姨吃大人的維他命，我要吃小人的維他命」。

23. 認識：使用知道、想、記得等詞彙表達對人、事、物的知識，例如：「我知道SOGO有賣」、「我知道媽媽去剪頭髮」、「我記得你有一個餅乾」。

24. 特定性：指認特定的人、事、物，例如：「我要買電視上演的」、「我要穿兔兔鞋鞋」。

25. 溝通：說出來的話語含有與他人溝通過的訊息，例如：「媽媽說你要帶我們去麥當勞」。

肆 詞彙定義的發展

在語言系統中，每個詞彙都有其連結與指稱的人、事、物，或是表徵與代表的概念、意義，也因此為能了解兒童對詞彙所代表的意義是否理解或已建立正確的概念，研究者也常使用詞彙定義（words definition）的方式來探究兒童的語意發展。根據 Kurland 與 Snow（1997）的界定，詞彙定義主要是指，使用其他詞彙或語句去描述某個目標詞彙。更特定地說法則是，詞彙定義係在目標詞彙與說明描述的話語中，建立對等的語意關係（Benelli, Belacchi, Gini, & Lucangeli, 2006）。

詞彙定義需要兒童超越句子使用的層次去思考語言，以某些適當的語意類別、特定特徵或功能、屬性等，將其已建立的詞彙知識表達出來（Gutierrez-Clellen & DeCurtis, 1999）。據此，分析不同階段兒童詞彙定義能力的發展差異，也可以讓我們更了解兒童詞彙意義或知識的習得狀況。

過去的研究顯示，兒童詞彙定義的發展會經歷一些質性的改變，學前及幼兒園兒童主要會由物品的外表或功能來定義詞彙，或是使用一個或兩個詞彙，或是破碎不完整的相關概念來解釋（Allen & Marotz, 1994; Gutierrez-Clellen & DeCurtis, 1999），例如：他們會說「椅子是可以坐在上面」、「球會跳」。

另外，此階段的幼兒在定義詞彙時，也會開始以社會共用的定義來說明詞彙之義（Otto, 2006），例如：當被問及什麼是「紅色」，會回答「是顏色」。此外，過去英美的研究也指出，5 或 6 歲兒童在定義詞彙時，傾向使用「HAS」的結構回答，例如：「A dog has four legs」。而從 7 歲開始，兒童則會使用「is a」的結構再加上上位類別（superordinate）的名稱（例如：動物、傢俱、食物）來定義詞彙，例如：「A sofa is a long and comfortable piece of furniture」（Benelli et al., 2006; Johnson & Anglin, 1995）。雖然 5、6 歲兒童在定義詞彙時，可能較不會使用上位類別的名稱，但並不代表他們並未有此種語意知識。Watson（1995）的研究即顯示，這個年紀的兒童可以回答「小貓是動物嗎？」的問題，但卻未將上位類別的名稱用在詞彙定義中。

而在國小階段學童的詞彙定義發展方面，二年級的學童已可使用整個句子及詳細的細節來解釋，而隨著年級的增加，他們也會使用更多的類別（categorization）概念、規則、同義詞、反義詞加以解釋、定義詞彙（Litowitz, 1977; Wehren, DeLsi, & Arnold, 1981）。McGhee-Bidlack（1991）測試 10、14 及 18 歲學生的詞彙定義能力，發現 10 歲兒童已能使用類別和特徵來定義具體名詞，但對於抽象名詞的定義則較易省略類別。

上述兒童詞彙定義的發展現象，主要是來自習英語兒童的資料，而在台灣，呂碧霞（2001）探討學齡前、小一、小二、小三、小四、小五、小六以及國中階段兒童及青少年的詞彙定義能力，也發現與習英語兒童相同的詞彙定義類型。台灣習華語兒童在定義實詞的表現較虛詞優異；年紀較小的兒童在定義詞彙時會以功能來描述，而年齡較長的學童則較會使用類別來定義詞彙。

伍 象徵性／比喻性語言的發展

象徵性／比喻性語言（figurative language）乃指，使用詞彙、語句所表達的抽象概念，是無法只按表面或字面之意來解釋；意即不使用直接相對應的用語表達想法，卻使用需要再進一步思考的話語來說明某個想法（Lane & Molyneaux, 1992; Owens, 1996），例如：「企業瘦身」意指「解僱」；又如：使用「女人心海底針」的話語來說明「女人的想法真難捉摸」。象徵性語言包括：(1)明喻（similes）：使用「像」、「如同」、「宛如」等詞彙，比較兩種不相似的概念，例如：「他跑得像羚羊」、「哇！妳烤的餅乾好像鉛球一樣」、「看到妳笑得這麼高興，就如同得到頭獎」；(2)隱喻（metaphors）：使用語句比較兩種不相似的概念，但未使用「像」、「如同」、「宛如」等詞彙，例如：「他是運動場上飛躍的羚羊」、「哇！妳烤的餅乾是鉛球牌的啊」；(3)成語（idiom）：乃指社會上習用的古語以及流行的詞語，或是短短的象徵性描述，例如：「hit the roof」、「暴跳如雷」、「kick the bucket」、「鬼斧神工」等；(4)諺語（proverbs）：乃指具有草根智慧或是忠告意味的流傳話語，例如：「One man's meat is another man's poison」、「失敗為成功之母」。

日常生活中，當我們無法用很精確的語句將自己的經驗或想法表達出來，而想要誇張描述自己的想法、經驗，或是想製造輕鬆、有趣的氣氛時，也會使用象徵性／比喻性語言。而在閱讀素材中，也是充斥著象徵性／比喻性語言。因此，兒童在語言環境中其實是有很多機會接觸象徵性／比喻性語言，在其語言發展的過程中會自然萌發象徵性／比喻性的運用表達。

茲將整理自 Berko Gleason（2001）、Milosky（1994），以及 Owens（2005）所探討的兒童象徵性／比喻性語言的發展階段，說明如下。

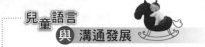
一、自創詞彙的隱喻階段

如同前述，兒童在詞彙發展的過程中，會因尚未習得正確的詞彙指稱某些人、事、物，而又想或需要說，可能就會自創一些新詞彙，而這些新詞彙則是根據外在物理特性的相似性，或是功能相似的概念而發展出來的（Owens, 2005），例如：稱禿頭為「光腳頭」（barefoot head）、馬鈴薯片為「cowboy hat」（Gardner & Winner, 1979）。而在 6 歲之後，隱喻式的自創新詞現象會漸漸消失，主要是因為兒童的詞彙能力已發展得愈來愈好，不再需要自創新詞表達（Owens, 2005）。

二、使用「像」、「好像」的明喻階段

兒童從 3、4 歲開始，會慢慢使用「像」、「好像」的明喻句子，只是用法會出現不適當的現象，例如：筆者的小姪子 3 歲時看到卡通影片中跳跳虎由高處跌下，就曾說：「跌下來，好像直昇機」。常常聽到新聞提到口蹄疫，就對阿姨說：「可樂阿姨，妳好像一個口蹄疫」。4 歲時會對媽媽說：「媽媽，妳好漂亮喔！好像檳榔西施」。另外，也有幼兒園中班的兒童亦曾說：「我的口水，流得像房子一樣多」、「我的口水，流得像蚊子一樣多」。

三、以字面意義解釋象徵性／比喻性語言的階段

5 至 7 歲的兒童對一些隱喻的理解，還是停留在其表面意義，例如：聽到「She is a cold person」，會解釋成「She lives at the North Pole」（Gardner & Winner, 1979）。要到 8 歲時，兒童才較能理解「feeling blue」、「cold person」的涵義（Smiley & Goldstein, 1998）。事實上，根據 Winner、Rosenstiel 與 Gardner（1976）的看法，兒童對比喻性語言的理解，會經過 3 個階段。舉

「The prison guard was a hard rock」這句話來說明：在第一階段時，兒童會用字面的意義來想像，將此句話解釋成為「警衛變成石頭」；在第二階段時，兒童會將字面的意義連結在一起，並根據已有的知識思考，因此會將此句話解釋成為「警衛在有石頭圍牆的地方工作」；到了第三階段，兒童才真正可以正確地理解比喻性語言，他們會將此句話解釋成為「警衛高大健壯如同岩石一樣」。研究發現，6 至 8 歲的兒童已能慢慢由第一階段發展至第三階段（Winner et al., 1976）。然而，比喻性語言的理解與語境、溝通情境及語句呈現的透明度有很密切之關係，因此可能會隨句子難易的程度而有理解上的差異。

四、象徵性／比喻性語言的快速發展期

從小學階段開始，課程中會出現愈來愈多的象徵性／比喻性語言，兒童的理解與應用能力會慢慢增強。但一直要到青少年階段，對象徵性語言理解的能力才真正會發展得愈來愈好。究其原因，可能是因為語言知識及世界知識隨著年齡的增加而增廣、加深，使得學童更能理解抽象語言，也因此抽象語言能力的發展也更趨完善（柯華葳、趙德昌，1993）。

雖然學前或幼兒園兒童對隱喻的理解，似乎仍然會停留在詞彙、語句的表面意義，但王建邦（2005）的研究卻也顯示，台灣習華語的幼兒園大班兒童已可理解某些隱喻性的話語，例如：被問到：「我檢查完爺爺車子的情況以後，我覺得他的車快住院了」，一些幼童已可回答：「車子要修理像是人要看病」、「車子壞了」、「身體一樣破破的」、「車子快壞了，需要修理」；或是被問到：「姊姊開車開到一半，她覺得這台車累了」，一些幼童也都能回答：「車子沒油了」、「車子開太久了」，與成年人所提供的答案近似。然而，他們在回答：「老師一看到教室的樣子後，老師的臉就結冰了」的問題時，雖然有少數幼童會說出：「老師生氣了」、「老師看起來很可怕」

的答案,但大部分幼童卻只會說出「教室很冷」、「老師被鬼施魔法不能動」、「老師不會動了」、「老師嚇一跳」、「心情很好」或「無法回答」的答案,顯示他們還是會以字面意義去理解隱喻的話語。綜合來看,王建邦認為,幼兒對隱喻的理解主要是來自知識範疇的發展以及其生活經驗。此外,話語中對比概念的顯著相似性,也是幼兒在理解隱喻的重要依據原則。

陸 解釋語意發展的理論

兒童是如何學習詞彙之義,一向都是認知心理學家與發展心理學家所感興趣的。過去 30 年來,連結理論(association theory)、語意特徵理論(semantic feature theory)、功能中心理論(functional core theory)、典型理論(prototype theory)、詞彙學習偏向╱規範(lexical learning constraints/bias),是研究者嘗試用來解釋兒童詞彙發展的理論。茲說明如下。

一、連結理論

行為學派的學習理論認為,兒童的詞彙學習是經由古典╱操作制約習得的。大人指稱在環境中所看到的物品、人或事件,兒童會將語言符號與物品連結,之後在每次與物品接觸時,都會引起相同的反應,兒童就學會了詞彙之義,例如:媽媽指著壁畫上的花說:「花」,每次兒童看著壁畫上的花時,大腦就會連結其相對應的語言符號(Lane & Molyneaux, 1992)。

二、語意特徵理論

每個詞彙所指稱的人、事、物都包含很多的語意特徵,例如:「狗」這

個詞彙的本質涵義，應該含括整隻狗的整體形狀、不同的身體部位、狗的叫聲、狗的毛、狗是動物、狗是寵物等。而在學習「狗」的意義時，兒童是一次即將所有與狗有關的特徵全部放進其意義表徵呢？或是逐步加進每個特徵呢？Clark（1973）認為，詞彙的意義是由很多較小的語意單位或是概念屬性所組成，兒童在詞彙學習的過程中，會先習得較模糊或籠統的特徵，再慢慢地習得各項相關但較為細微的屬性特徵，例如：在學習「爸爸」這個詞彙時，幼兒可能只將爸爸這個概念與男人的男性特徵加以連結，慢慢才加進「家長」、「家人」、「親屬」、「直系親屬」等特徵屬性。

三、功能中心理論

兒童概念的建立是需要與周遭環境中的人、事、物互動方能發展出來，而詞彙即是表徵這些概念的符號。根據 Nelson（1973）的功能中心理論，兒童由經驗中學得一些物品的基本概念，並進而分類不同的人、事、物。而等到兒童聽到大人使用詞彙指稱某物品或事件時，他們就能將聽到的詞彙與已儲存的概念連配在一起。功能中心理論強調，兒童是經由觀察與操弄物品建立事物的概念，而兒童詞義的習得就是將詞彙與該概念連結在一起，例如：兒童習得「球」這個詞彙之義，是將符號與球可滾動、拍打、丟擲、彈跳的概念相連配的。

四、典範理論

在語言系統中，常常會有一些詞彙所代表的涵義是擴及某一類物品的，例如：「狗」、「鳥」、「人」、「書」、「鞋子」、「裙子」等，也因此幼兒在開始學習這些詞義時，大概是先將聽到的詞彙與某一典範（prototype）或最佳例子（best exemplar）相連結，而其詞彙或語意的發展，即是將詞義擴

展延伸至與典範例子相似的物品或事件，或是縮小至與典範例子有某些相似性的物品或事件（Atkinson, 1982; Rosch, 1973），例如：兒童最先學到「魚」的詞義，是將其與金魚連結，慢慢再擴展至其他種類的魚（例如：鯧魚、吳郭魚、虱目魚），最後再擴展至鰻魚。然而他可能會對鰻魚也被稱為「魚」感到較混淆困惑，因為鰻魚與典範相去太遠。

五、詞彙學習偏向／規範的理論

對每個開始學習語言的幼兒而言，去推論其所聽到的詞彙意義，實在是一件艱鉅而又神祕的事情，因為有太多可能的意義可以與該詞彙連配在一起，例如：當一個照顧者或母親指著一隻白色的波斯貓，並告訴幼兒這是「貓」時，這個小孩可能會認為「貓」指的是貓的形狀、貓的長尾巴、貓的毛、白的顏色、貓在跳的樣子或是貓的喵喵叫聲等。在這個新詞彙出現的非語言情境中所提供的線索似乎相當混淆，甚至還可能誤導語言學習者的語意連配（Quine, 1960）。

儘管如此，全世界的兒童一樣都毫無困難地習得語言（註：障礙兒童或是在文化不利環境下成長之兒童除外）。在短短幾年內，一個發展正常的兒童就能精熟其母語中一些基本的語言內容與形式或結構（Rosser, 1994）。他們使用語言指稱物品、人、事、動作、行為、抽象事物及概念等；兒童如何在這麼短短的一段期間達成如此神奇的成就呢？過去幾年來，有很多研究者提出「語言規限或偏向」（Linguistic Constraints or Biases）的理論，用以解釋兒童詞彙能力快速發展的現象，例如：類別假設（Taxonomic Assumption）與完整物品假設（Whole-Object Assumption）（Markman & Hutchinson, 1984; Markman & Wachtel, 1988）、形狀偏向理論（Shape Bias）（Landau, Smith, & Jones, 1988）、固體物品偏向理論（Object Bias for Solids）（Soja , Carey, & Spelke, 1991）、非固體物品的物質偏向（Substance Bias for Non-Solids）

（Soja et al., 1991）、基層類別規限（Basic Level Constraint）（Clark, 1991; Callanan, Repp, McCarthy, & Latzke, 1994）、詞彙對比原則（Lexical Contrast Principle）（Clark, 1983, 1991）、相互排除假設（Mutual Exclusivity Hypothesis）（Markman, 1984, 1989）、相互排除中的棄權假設（Default Assumption of Mutual Exclusivity）（Merrimam & Bowman, 1989），以及新詞彙－無名稱類別原則（Novel-Name-Nameless-Category Principle）（Golinkoff, Hirsh-Pasek, Bailey, & Wenger, 1992; Golinkoff, Mervis, & Hirsh-Pasek, 1994）。茲將上述詞彙學習規限／偏向的理論摘要說明如表 6-1 所示。

表 6-1　詞彙學習規限／偏向理論摘要表

理論	研究者	定義	例子
類別假設	Markman 與 Hutchinson（1984）	幼兒認為，詞彙指稱相同類別的物品，而非主題關聯的物品。	聽到新的詞彙「dax」指稱狗，並需找出也叫「dax」的東西時，會選擇貓，而不是骨頭。
完整物品假設	Markman 與 Wachtel（1988）	當幼兒聽到一個新的詞彙時，會將其意義與完整的物品連配在一起，而非該物品的成分、組成要素或其他特徵。	聽到「fopin」時，會認為這個詞彙是指稱整體的物品（肺），而不是一小片肺的組織。
固體物品偏向	Soja 等人（1991）	與「完整物品假設」一樣。	例子如上述「完整物品假設」。
形狀偏向	Landau 等人（1988）	兒童根據形狀來解釋詞彙的意義。	聽到「zom」是指稱一個金色閃亮的四方形木塊，會將該詞彙類化到一個淺藍色的四方形木塊，而不是金色閃亮的三角形木塊。

表 6-1　詞彙學習規限／偏向理論摘要表（續）

理論	研究者	定義	例子
基層類別假設／規限（Basic Level Assumption / Constraint）	Clark（1991）Callanan 等人（1994）	幼兒臆測新的詞彙乃指稱在基層類別上的物品。	幼兒聽到「lepidopteron」（鱗翅類）這個詞彙指稱蝴蝶時，會將詞彙之義擴展至不同的蝴蝶，而非其他種類的昆蟲。
非固體物品的物質偏向	Soja 等人（1991）	叫幼兒指稱非固體物質的詞彙時，他會將其意義擴展至相同的物質，而不是相同的形狀。	聽到「blicket」指稱用鮮奶油圈成「C」字母時，會將此詞彙之義擴展至用鮮奶油圈成不同尺寸、不同形狀之字母，而不是用花生醬圈成之「C」字母。
詞彙對比原則	Clark（1983）	兒童會假設每個詞彙與其他詞彙之間的意義是對比不一樣的。	當大人教幼兒「poodle」（獅子狗）這個新的詞彙時，幼兒會拒絕接受該詞彙，因為他已有「dog」這個詞彙，而新的詞彙應指稱其他的物品，所以他會說「That's not poodle; that's a dog」。
相互排除假設	Markman（1989）	幼兒認為一件物品只能有一個名稱。	當幼兒看到一跟香蕉與一個檸檬擠壓器時，他會將新的詞彙（例如：Zav）與檸檬擠壓器連配，而不是香蕉。因為他已有「香蕉」這個詞彙。
相互排除棄權假設	Merriman 和 Bowman（1989）	相互排除棄權假設的執行與否受 4 個向度影響：去除不明確狀況、矯正、拒絕與限定。	幼兒本來一直用「狗」指稱狼，但習得「狼」這個詞彙後會自我矯正，開始用正確的詞彙。

表 6-1　詞彙學習規限／偏向理論摘要表（續）

理論	研究者	定義	例子
新詞彙－無名稱類別原則	Golinkeff 等人（1994）	幼童認為新的詞彙是指稱尚未有名稱的物品，但是與「相互排除假設」不一樣的是，幼兒能夠接受一樣物品可以有 2 個以上的名稱。	一個在雙語環境中成長的幼兒，只知道「貓」的西班牙文語詞，如果聽到「cat」這個英文語詞時，還是會立刻將其與「貓」的意義連配在一起。

　　綜合上述各家理論，詞彙學習偏向／規限理論的基本假設為：既然幼兒無法針對每個與新詞彙連配在一起的意義（例如：前面所提「貓」的例子）建構可能的假設，為了能習得正確的詞彙意義，幼兒可能需抱持某種類型的詞彙與意義連配的偏向／規限，以便簡化詞彙學習的認知負荷。

柒　結語

　　語意是語言組成的要素之一，主要是與語言中的詞彙、片語（詞組）及句子之意義有關。在最基本的層面上，語言的應用就是依賴詞彙傳達溝通的意義或內容（錡寶香，2006）；也因此探究兒童語意的發展，就需要去了解其詞彙發展、詞彙表徵的意義等。事實上，兒童語言發展中，最顯著的變化就是新詞彙的習得。根據國內外的研究結果顯示，嬰幼兒約在 11 或 12 個月大時，開始會出現第一個有意義的表達性詞彙；而習得前 50 個詞彙的年齡約在 17 至 21 個月大時。此外，習英語與習華語幼兒的前 50 個不同詞彙類型中，都是以名詞占最多，包括：指稱特定的人或物品、一些幼兒可以操作與拿取的東西之名稱。從 50 個表達性詞彙出現之後，幼兒所習得的詞彙就會快

速增加。研究顯示兒童每天最多可習得 9 個新詞彙（Nelson, 1973），6 歲左右的幼兒可理解或使用大約 13,000 或 14,000 個詞彙（Miller, 1977; Templin, 1957），而到了 8 歲左右，則已發展出 28,300 個詞彙（Miller, 1977）。

當兒童開始進入小學就讀後，他們除了繼續由語言產生的情境中抽取詞彙的意義之外，也從閱讀活動中學習更多的新詞彙，以及具有多重意義的詞彙（例如：「她人真甜」、「股市繼續發燒」）。隨著年級愈高，課程內容中所使用及介紹的詞彙也愈來愈複雜、愈抽象，學童也因此習得更多新的、抽象的，代表複雜概念的詞彙，一直到高中畢業時，平均每位青少年已習得至少 80,000 個不同的詞彙（Miller & Gildea, 1987; Nippold, 1988）。除了詞彙數目增加之外，學齡兒童的語意網路組織也會在量及質的方面跟著擴充發展，語意相關聯的詞彙會更緊密地連結在一起（Nelson, 1975）。研究發現，當提供一個詞彙（例如：小貓或媽媽）讓 5 歲幼兒連結（即說出他們心中最先浮現出來之詞彙）時，他們常依照詞彙的語法關係反應（例如：小貓 → 跑；媽媽 → 親親或抱抱），但是一個 7 或 9 歲的兒童則會應用語意特徵來反應（例如：狗、貓、牛；爸爸、媽媽、女生）等（Ervin, 1961; Muma & Zwycewicz-Emory, 1979）。

而在詞彙的解釋及定義方面之發展，研究發現當兒童理解的詞彙愈多時，其詞彙定義能力的發展也會愈來愈特定及正確（Carey & Bartlett, 1978; Thorndike, Hagen, & Sattler, 1986; Wehren et al., 1981）。當提供一個詞彙請兒童定義時，學齡前兒童常使用一個或兩個詞彙，或是破碎不完整的相關概念來解釋，但是二年級的學童則可使用整個句子及詳細的細節來解釋；隨著年級的增加，他們慢慢使用更多的類別概念、規則、同義詞、反義詞加以解釋、定義（Litowitz, 1977; Wehren et al., 1981）。最後，在學齡階段另一項明顯的語言發展變化，即是對象徵性與抽象語言的理解及應用能力愈來愈強。象徵性與抽象語言能力，包括：語言推理（verbal analogy）、明喻、隱喻、幽默、謎語、諺語與格言等的理解及應用。研究發現，學前階段兒童常常只

能理解語言中的字面意義（literal meaning），而無法理解其深層的非字面意義，一直到學齡階段甚至到高中階段，方能了解大部分語言中的非字面意義（Lazar, Warr-Leeper, Nicholson, & Johnson, 1989; Nippold & Sullivan, 1987; Seidenberg & Bernstein, 1986）。

綜合而言，詞彙或語意知識的習得是一個持續的過程。從單詞期、雙詞期、學前／幼兒園時期，一直到國小階段、青少年階段、成年階段，詞彙的學習是不間斷的。詞彙量的增加、詞彙所表徵的概念或意義的建立、象徵性語言的理解與應用等等，都反映出兒童語言習得的神奇之處，也繼續鼓舞研究者、教師與家長們一窺究竟。

參考文獻

中文部分

王建邦（2005）。**學前幼兒中文隱喻理解的初探**。國立中正大學語言學研究所碩士論文，未出版，嘉義縣。

呂碧霞（2001）。**中國兒童詞彙定義之發展**。私立靜宜大學英國語文學研究所碩士論文，未出版，台中縣。

李　丹（1992）。**兒童發展**。台北市：五南。

柯華葳、趙德昌（1993）。兒童的比喻理解。**華文世界，69**，42-49。

許洪坤（1987）。**中國兒童學習國語及語法發展階段研究**。國家科學委員會研究報告。

程小危（1986）。習國語幼兒最初期語法規則之本質及其可能的學習歷程。**中華心理學刊，30**（1），47-63。

靳洪剛（1994）。**語言發展心理學**。台北市：五南。

錡寶香（2002）。嬰幼兒溝通能力之發展——家長的長期追蹤紀錄。**特殊教育學報。16**，23-64。

錡寶香（2006）。**兒童語言障礙——理論、評量與教學**。台北市：心理。

羅肇錦（1992）。**國語學**。台北市：五南。

英文部分

Allen, K. E., & Marotz, L. R. (1994). *Developmental profiles: Pre-birth through eight* (2nd ed.). Albany, NY: Delmar.

Anglin, J. M. (1986). Semantic and conceptual knowledge underlying the child's words. In S. A. Kuczaj & M. D. Barrett (Eds.), *The development of word meaning*. New York: Springer-Verlag.

Atkinson, M. (1982). *Explanations in the study of child language development*. New York: Cambridge University Press.

Barrett, M. D., Harris, M., & Chasin, J. (1991). Early lexical development and maternal speech: A comparasion of children's initial and subsequent uses of words. *Journal of Children Language, 24*, 257-269.

Bates, E., Bretherton, I., & Snyder, L. (1988). *From first words to grammar: Individual differences and dissociable mechanisms*. New York: Cambridge University Press.

Bates, E., Marchman, V., Tahl., D., Fenson, L., Dale, P., Reznick, J. S., Reilly, J., & Hartung, J. (1994). Developmental and stylistic variation in the composition of early vocabulary. *Journal of Child Language, 21*, 85-123.

Benedict, H. (1979). Early lexical development: Comprehension and production. *Journal of Child Language, 15*, 619-635.

Benelli, B., Belacchi, C., Gini, G., & Lucangeli, D. (2006). To define means to say what you know about things: The development of definitional skills as metalinguistic acquisition. *Journal of Child Language, 33*, 71-97.

Berko Gleason, J. (2001). *The development of language* (5th ed.). Boston, MA: Pearson.

Bloom, L. (1993). Language acquisition and the power of expression. In H. L. Roitblat, L. M. Herman & P. E. Nachtigall (Eds.), *Language and communication: Comparative perspectives* (pp. 95-114). Hillsdale, NJ: Lawrence Erlbaum Associates.

Bloom, L., & Lahey, M. (1978). *Language development and language disorders*. New York: John Wiley & Sons.

Bornstein, M. (1985). On the development of color naming in young children: Data and theory. *Brain and Language, 26*, 72-93.

Brown, R. (1973). *A first language: The early stages*. Cambridge, MA: Harvard University Press.

Callanan, M. A., Repp, A. M., McCarthy, M. G., & Latzke, M. (1994). Children's hypotheses about word meanings: Is there a basic level constraint? *Journal of Experimental Child Psychology, 57*, 108-138.

Carey, S. (1982). Semantic development: The state of the art. In E. Wanner & L. R. Gleitman (Eds.), *Language acquisition: The state of the art*. Cambridge, UK: Cambridge University Press.

Carey, S., & Bartlett, E. (1978). Acquiring a single new word. *Papers and Report on Child Language Development, 15*, 17-29.

Chapman, R. S. (1981). Exploring children's communicative intentions. In J. Miller (Ed.), *Assessing language production in children: Experimental procedures* (pp. 111-136). Austin, TX: Pro-ed.

Clark, E. V. (1973). What's in a word? On the child's acquisition of semantics in his first language. In T. E. Moore (Ed.), *Cognitive development and the acquisition of language* (pp. 65-110). New York: Academic Press.

Clark, E. V. (1974). Some aspects of the conceptual basis for first language acquisition. In R. L. Schiefelbusch & L. L. Lloyd (Eds.), *Language perspectives: Acquisition, retardation, and intervention* (pp. 105-128). Baltimore, MD: University Park Press.

Clark, E. V. (1980). Here's the top: Non-linguistic strategies in the acquisition of orientational terms. *Child Development, 51*, 329-388.

Clark, E. V. (1981). Lexical innovations: How children learn to create new words. In W. Deutsch (Ed.), *The child's construction of language*. New York: Academic Press.

Clark, E. V. (1983). Meanings and concepts. In J. H. Flavell & E. M. Markman (Eds.), *Handbook of child psychology: Cognitive development* (Vol. 3) (pp. 787-840). New York: John Wiley & Sons.

Clark, E. V. (1991). Acquisition principles in lexical development. In S. A. Gelman & J. P. Byrnes (Eds.), *Perspectives on language and thought: interrelations in development* (pp. 31-71). Cambridge, MA: Cambridge University Press.

Cox, M. V., & Richardson, J. R. (1985). How do children describe spatial relationships? *Journal of Child Language, 12*, 611-620.

Dale, P., Bates, E., Renznick, J., & Morisset, C. (1989). The validity of a parent instrument of child language at twenty months. *Journal of Child Language, 16*, 239-250.

de Boysson-Bardies, B. (1999). *How language comes to children: From birth to two years*. Cambridge, MA: The MIT Press.

Ervin, S. (1961). Changes with age in the verbal determinants of word association. *American Journal of Psychology, 74*, 361-372.

Gardner, H., & Winner, E. (1979). The child is father to the metaphor. *Psychology Today, May*, 81-91.

Golinkoff, R. M., Hirsh-Pasek, K., Bailey, L. M., & Wenger, R. N. (1992). Young children and adults use lexical principles to learn new nouns. *Developmental Psychology, 28*, 99-108.

Golinkoff, R. M., Mervis, C., & Hirsh-Pasek, K. (1994). Early object labels: The case for a developmental lexical principles framework. *Journal of Child Language, 21*, 125-155.

Gutierrez-Clellen, V. F., & DeCurtis, L. (1999). Word definition skills in Spanish-speaking children with language impairment. *Communication Disorders Quarterly, 21*(1), 23-31.

Hart, B. (1991). Input frequency and children's first words. *First Language, 11*, 289-300.

Haviland, S., & Clark, E. (1974). "This man's father is my father's son": A study of the acquisition of English kin terms. *Journal of Child Language, 1*, 23-47.

Ingram, D. (1989). *First language acquisition: Method, description, and explanation.* Cambridge, MA: Cambridge University Press.

Ingram, D. (1991). *First language acquisition: Method, description and explanation.* New York: Cambridge University Press.

Jakobson, R. (1968). *Child language: Aphasia and phonological universals.* The Hague: Mouton.

Johnson, C. J., & Anglin, J. M. (1995). Qualitative development in the content and form of children's definitions. *Journal of Speech and Hearing Research, 38*, 612-629.

Kavanaugh, R. D. (1975). Observations of logically constrained sentences in the comprehension of "before" and "after". *Journal of Child Language, 6*, 353-357.

Kurland, B. F., & Snow, C. (1997). Longitudinal measurement of growth in definitional skills. *Journal of Child Language, 24*, 603-626.

Landau, B., Smith, L., & Jones, S. (1988). The importance of shape in early lexical learning. *Cognitive Development, 3*, 199-321.

Lane, V. W., & Molyneaux, D. (1992). *The dynamics of communicative development.* Englewood Cliffs, NJ: Prentice-Hall.

Lazar, R., Warr-Leeper, G., Nicholson, C., & Johnson, S. (1989). Elementary school teachers' use of multiple meaning expressions. *Language, Speech, and Hearing Services in the Schools, 20*, 420-429.

Litowitz, B. (1977). Learning to make definitions. *Journal of Child Language, 4*, 289-304.

Markman, E. M. (1989). *Categorization and naming in children: Problems of induction.* Cambridge, MA: The MIT Press.

Markman, E. M., & Hutchinson, J. E. (1984). Children's sensitivity to constraints on word meaning: Taxonmic vs. thematic relations. *Cognitive Psychology, 16*, 1-27.

Markman, E. M., & Wachtel, G. (1988). Children's use of mutual exclusivity to canstrain the meaning of words. *Cognitive Psychology, 20*, 121-157.

McGhee-Bidlack, B. (1991). The development of noun definitions: A metalinguistic analysis. *Journal of Child Language, 18*, 417-434.

Menyuk, P., Chesnick, M., Liebergott, J., Korngold, B., D'Agostino, R., & Belanger, A. (1991). Predicting reading problems in at risk children. *Journal of Speech and Hearing Research, 34*, 893-903.

Merriman, W. E., & Bowman, L. L. (1989). The mutual exclusivity bias in children's word learning. *Monographs of the Society for Research in Child Development, 54*(Serial

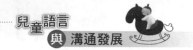

No. 220).

Messick, C. K. (1988). Ins and outs of the acquisition of spatial terms. *Topics in Language Disorders, 8*(2), 14-25.,

Miller, G. A. (1977). *Spontaneous apprentices: Children and language*. New York: Seabury.

Miller, G. A., & Gildea, P. M. (1987). How children learn words. *Scientific American, 257*, 94-99.

Milosky, L. M. (1994). Nonliteral language abilities. In G. P. Wallach & K. G. Butler (Eds.), *Language learning disabilities in school-age children and adolescents* (pp. 275-303). New York: Macmillan.

Muma, J., & Zwycewicz-Emory, C. (1979). Contextual priority: Verbal shift at seven? *Journal of Child Language, 6*, 301-311.

Nelson, K. (1973). Concept, word and sentence: Interrelations in acquisition and development. *Psychological Review, 81*, 267-295.

Nelson, K. (1975). The nominal shift in semantic-syntactic development. *Cognitive Psychology, 7*, 461-479.

Nippold, M. (1988). Introduction. In M. Nippold (Ed.), *Later language development: Ages nine to nineteen* (pp. 1-10). Boston, MA: Little, Brown and Company.

Nippold, M. A., & Sullivan, M. (1987). Verbal and perceptual analogical reasoning and proportional metaphor comprehension in young children. *Journal of Speech and Hearing Research, 30*, 367-376.

Otto, B. (2006). *Language development in early childhood* (2nd ed.). Upper Saddle River, NJ: Pearson.

Owens, R. (1992). *Language development: An introduction* (3rd ed.). New York: Charles E. Merrill.

Owens, R. (1996). *Language development: An introduction* (4th ed). Boston, MA: Allyn & Bacon.

Owens, R. (2005). *Language development: An introduction* (6th ed). Boston, MA: Allyn & Bacon.

Quine, W. V. O. (1960). *Word and object*. Cambridge, MA: The MIT Press.

Reich, P. A. (1986). *Language development*. Englewood Cliffs, NJ: Prentice-Hall.

Reznick, J., & Goldfield, V. (1992). Rapid change in lexical development in comprehension and production. *Developmental Psychology, 28,* 406-413.

Rondal, J., Ghiotto, M., Bredart, S., & Bachelet, J. (1987). Age-relation, reliability and grammartical validity of measures of utterance length. *Journal of Child Language, 14*, 433-446.

Rosch, E. H. (1973). On the internal structure of perceptual and semantic categories. In T. E. Moore (Ed.), *Cognitive development and the acquisition of language*. New York: Academic Press.

Rosser, R. (1994). *Cognitive development: Psychological and biological perspectives*. Boston, MA: Allyn & Bacon.

Seidenberg, P. L., & Bernstein, D. K. (1986). The comprehension of similes and metaphors by learning-disabled and nonlearning-disabled children. *Language, Speech, and Hearing Services in Schools, 17*(3), 219-229.

Smiley, L. R., & Goldstein, P. A. (1998). *Language delays and disorders*. San Diego, CA: Singular.

Soja, N. N., Carey, S., & Spelke, E. S. (1991). Ontological categories guide young children's inductions of word meaning: Object term and substance terms. *Cognition, 38*, 179-211.

Templin, M. (1957). *Certain language skills in children*. Minneapolis, MN: University of Minnesota Press.

Thorndike, R., Hagen, E., & Sattler, J. (1986). *Stanford-Binet Intelligence Scale* (4th ed.). Chicago, IL: Riverside.

Watson, R. (1995). Relevance and definition. *Journal of Child Language, 22*, 211-222.

Wehren, A., DeLisi, R., & Arnold, M. (1981). The development of noun definition. *Journal of Child Language, 8*, 165-175.

Winner, E., Rosenstiel, A. K., & Gardner, H. (1976). The development of metaphoric understanding. *Developmental Psychology, 12*, 289-297.

Yonvoitz, L., & Andrew, K. (1995). A play and story telling probe for assessing early language content. *Journal of Childhood Communication Disorders, 16*, 10-18.

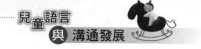

第七章

兒童語法能力的發展

壹 前言

　　「語法」（syntax）是源自希臘文「syntaxis」一詞，意指「放在一起」。平常人們在溝通時所說的話語，即是將詞彙串連放在一起，而不同詞彙的結合都會遵循一定之規則，也因此語法的定義乃指，句子的組織或是句子中詞彙順序排列的規則。全世界每一種語言（包括：手語）都有其獨特的語法系統，用以規限詞彙排列或結合的順序，以及詞彙彼此之間的關係。兒童的語法發展是很神奇的一項成就，雖然沒有被刻意教導母語的語法結構，但兒童卻能在短短幾年內習得其母語的語法知識。他們是如何由聽取的語言輸入抽取出語法規則，一直都是兒童語言發展研究者所感興趣的議題。過去的研究曾分析雙詞期的語法結構雛形、簡單句子（例如：直敘句、問句、否定句）、複句、複合句的發展特徵，也曾探討兒童的語句理解能力，這些資料都描繪出兒童在面對語法習得過程中的各項成就。

貳 雙詞期或詞彙結合始現期的語法發展

一般而言，大約在 1 歲半至 2 歲左右，當幼兒已能說出 50 個左右的詞彙時，他們即會把熟悉的詞彙放在一起（Reich, 1986; Rondal, Ghiotto, Bredart, & Bachelet, 1987）。詞彙結合的出現象徵著語法發展的開始，兒童開始在其口語表達中，顯現出對母語語言結構的習得狀況。然而在界定兒童語法發展的起始階段方面，有的研究者亦將兒童在單詞期所出現的一些語言表達現象納入討論中。

一、詞或句 —— 單詞過度期

Hoff-Ginsberg（2001）指出，有些幼兒在單詞期與詞彙結合期之間或在詞彙結合期內，會出現一些模糊的音節與真正詞彙的結合現象，似乎近似詞彙結合形式。她將這些現象界定為「詞彙＋胡亂語」（word ＋ jargon），亦即兒童會在胡亂語中加上已會使用的詞彙，例如：「ㄚ ㄇㄧㄚ ㄇㄧㄚ ㄅㄚ ㄅㄚ、麵麵」。

另外，有些研究者亦曾指出，幼兒在能夠結合 2 個或多個詞彙之前，其實已能使用單一詞彙表達更廣、更完整的概念，例如：當他們看到與爸爸的車子具有一樣顏色的其他車子，會說出：「爸爸」；或是當他們看到姊姊的書包，即使姊姊不在溝通的情境中，也會看著書包說：「姊姊」；又如：看到在餐桌上的魚丸湯，會不斷地說：「喝，喝，喝」。這些使用單一詞彙評論情境中的事、物，或是表達需求的現象，研究者稱之為全句詞（holophrase），意指兒童所說的單詞，事實上是句子（McNeill, 1970）。

二、雙詞的結合

語言具備衍生性的特徵，其最重要的功能即是溝通，因此當兒童的認知、神經肌肉協調動作能力發展得愈來愈好，再加上可以說出的詞彙量亦持續增加時，他們很自然地會使用更多的詞彙表達自己，以達成不同的溝通功能，而形成不同的語意、語法關係。過去 30 年來，語法發展的研究，曾分析兒童在雙詞結合時期所出現的電報語特徵、相關語意（relational meaning），以及早期的語法錯誤。

（一）電報語

幼兒在雙詞期階段所結合的詞彙，常常是以電報的形式呈現，亦即其句子中只有實詞（content words），沒有虛詞（function words）。實詞是指名詞、動詞、形容詞、副詞等，又稱之為開放類（open-class）詞彙；虛詞則是指介詞、連接詞、冠詞、代名詞、助詞或詞類變化，也稱為閉鎖類（closed-class）詞彙。在 Braine（1976）和 Brown（1973）的研究資料中，即可找到電報語的詞彙結合例子，例如：「daddy chair」、「shoe wet」、「sand toe」、「mommy sock」「crayon big」等。而在錡寶香（2002）的研究報告中，亦可找到習華語幼兒在雙詞結合期所出現的電報語例子，例如：「媽媽鞋鞋」、「奶奶餅乾」、「姊姊琴」、「被被髒髒」等。

幼兒的雙詞結合為何會出現電報語的現象？有的研究者認為，幼兒只選擇大人語言輸入中，音韻層面較凸顯的詞彙用於其話語中（Miller & Ervin, 1964）；有的則認為，幼兒是分開習得實詞與虛詞，而實詞的韻律特徵較明顯，因此較虛詞早發展出來（Gleitman & Wanner, 1982）。雖然詞彙的韻律或知覺特徵可能會影響幼兒早期的詞彙發展，以及其選擇用於口語表達之傾向，但一些跨語言的研究卻顯示，幼兒在此階段也一樣會發展出虛詞。事實

上，錡寶香（2002）的研究即顯示，有的兒童已可使用「要」（例如：「要畫畫」）、「的」（例如：「媽媽的」）、「呢」（例如：「球球呢」）等虛詞；因此電報語的現象，有可能是因幼兒的語言表達是以語意為中心，當他們要說出所欲表達的概念時，直接觸發或提取的只有代表概念的詞彙，而因其能說出的詞彙仍然有限，所以會漏掉一些詞彙。

（二）雙詞話語內的相關語意

幼兒開始結合 2 個詞彙時，其所傳達出來的語意關係其實是很有限的（Hoff-Ginsberg, 2001）。Brown（1973）曾經根據其所蒐集的 3 位幼兒（Adam、Eve 與 Sarah）說出來之雙詞語句，歸納出 8 項語意關係，包括：(1)動作者＋動作（例如：「Daddy sit」）；(2)動作＋物品（例如：「drive car」）；(3)動作者＋物品（例如：「Mommy sock」）；(4)動作＋處所／地方（例如：「sit chair」）；(5)實體＋處所／地方（例如：「toy floor」）；(6)所有者＋擁有物（例如：「my teddy」）；(7)實體＋屬性（例如：「crayon big」）；(8)指示詞＋實體（例如：「this telephone」）。而在這些語意關係中，動作者做了什麼事情、動作產生的處所、物品特徵或所有權約占 70%。幼兒的雙詞結合反映出其概念基礎，他們使用有限的詞彙，將想法、思考以上述有限的語意關係表達出來。

而在國內方面，程小危（1986）分析了 7 位習華語幼兒的雙詞特性，亦列出下列幾種類型：(1)動作者＋動作（例如：「媽媽拿」、「姊姊抱抱」）；(2)動作＋物品（例如：「開車」、「拿球」、「放錢」）；(3)受詞＋動詞（例如：「狗狗抱」—小朋友抱著狗狗、「鞋鞋丟掉」、「這個開開」）；(4)實體＋狀態、經驗或特徵（例如：「叔叔乖」、「哥哥壞」）；(5)表示所有權的關係語句（例如：「姨褲」、「媽媽鼻」、「娃鞋鞋」）；(6)引介或說明語句（例如：「這小霜」、「這大鐘」）；(7)與處所有關的語句（例如：「球那邊」、「舅舅美國去」）；(8)特質＋實體（例如：「小鴨」、

「林媽媽」、「新鞋鞋」）。

　　另外，錡寶香（2002）的研究發現，習華語幼兒開始出現詞彙結合的年齡約介於 12 至 22 個月大，而其中又以 17、18 個月大時，始出現「詞彙結合」者占最多。而在其發展出來的詞彙結合類型中，依其出現頻率的高低排列，依序為：「動作者＋動作」、「動作者＋物品」、「要＋動作」、「動作＋物品」、「物品＋沒有」、「身體部位＋狀態」、「實體＋屬性／特質」、「主詞＋的＋名詞」、「還要＋動作」、「屬性／特質＋實體」、「有＋物品」、「這個＋物品」、「要＋物品」、「不要＋動作」、「不要＋物品」、「還要＋物品」、「量詞＋物品」、「簡單句雛形」、「沒有＋物品」、「有＋動作」、「物品或行為者＋這邊」、「沒有＋屬性／特質」、「實體＋狀態」、「物品＋動作」、「這裡＋物品」、「物品＋還要」、「物品＋不要」、「動作＋這邊」、「動作＋那邊」、「那個＋物品」、「動作＋這裡」、「那裡＋物品」、「沒有＋動作」、「動作＋不要」、「實體＋表示情意或感受狀態詞彙」、「動作＋處所／地方」。這些發展資料詳如表 7-1 所示。

表 7-1　習華語幼兒在 12 至 24 個月大時出現的詞彙結合類型一覽表

詞彙結合類型	例子
動作者＋動作	媽媽抱抱、媽媽弄、媽媽坐坐、媽媽泡（泡牛奶）、媽媽唸、媽媽畫、媽媽開、媽媽吃、媽媽洗、爸爸洗、爸爸抱、公公修、婆婆餵、媽媽抱、阿嬤親、妹妹看、狗狗叫、○○聽、○○去、○○丟、○○踢、妹妹哭哭、阿姨哭哭、媽媽餵、爸爸拔、爸爸拿、媽媽扣、姊姊蓋、爸爸去、阿姨買、狗狗叫、魚游、我要、我吃。
動作者＋物品	哥哥車、姑姑車、爸爸車、媽媽鞋鞋、奶奶鞋、○○襪、○○鞋鞋、○○衣服、○○杯杯、○○書、狗狗杯杯、寶寶被被、奶奶鞋鞋、奶奶餅乾、奶奶果凍、姐姐琴、阿嬤錶、寶寶杯、媽媽髮夾、姊姊果凍、爸爸眼鏡、○○茶。

表 7-1　習華語幼兒在 12 至 24 個月大時出現的詞彙結合類型一覽表（續）

詞彙結合類型	例子
要＋動作	要看書、要跳舞、要去、要吃、要喝、要抱抱、要買、要畫、要看、要打、要下去、要坐、要吃、要喝、要彈琴、要戴、要爬、要聽、要去外面、要吃餅餅、要再吃、要切電視、要刷牙、要吃蘋果、要尿尿。
動作＋物品	拿書、讀書、開門、噴水、夾魚、搖娃娃、吃飯、彈鋼琴、穿鞋鞋、喝湯、買玩具、買車車、吃糖、抱這個、換這本、擦嘴、擦手、爬樹、給我、爬樓梯、買鮮奶、買優酪乳。
物品＋沒有	ㄋㄟㄋㄟ沒有、牛奶沒有、鞋鞋沒有、車車沒有、球沒有、阿嬤沒有、哥哥沒有、狗狗沒有、音樂沒有。
身體部位＋狀態	腳痛、手痛痛、手臭臭、頭癢癢、腳好酸、肚子餓（餓餓）、口渴、屁股癢癢、肚子痛痛、屁股痛痛、手癢、手髒、腳酸。
實體＋屬性／特質	鞋鞋臭臭、魚好大、魚好小、ㄋㄟㄋㄟ燙燙、尿布臭臭、茶茶燙燙、腳腳臭臭、ㄙㄥㄙㄥ臭臭、大便臭臭、尿尿臭臭、被子髒髒、車壞壞、衣服溼溼、花花漂漂、電燈亮、鞋鞋漂漂、雲好多、哥哥壞壞、被被髒髒、太陽熱熱。
主詞＋的＋名詞（「的」詞彙結合）	我的媽媽、我的球、爸爸的筆、你的車車、我的肚肚、姐姐的車車、哥哥的筆、哥哥的車、我的杯子、我的被被、媽媽的 March、媽媽的小乖乖。
還要＋動作	還要喝、還要去、還要吃、還要玩、還要爬、還要丟、還要溜、還要開開、還要大便。
屬性／特質＋實體	好大魚、好大狗、新鞋鞋、臭阿姨、大球球、大ㄅㄨㄅㄨ、笨媽媽、壞哥哥、壞媽媽、壞小孩、氣象公公、警察叔叔、企鵝家族、聖誕公公、洗澡玩具、阿甄姐姐、大鏡子、小鏡子、黃色珠珠。
有＋物品	有車車、有橘子、有蕉（香蕉）、有飛機、有星星、有 Star、有蘋果、有玩具、有媽媽。
這個＋物品（引介或說明語句）	這個餅乾、這個積木、這個車車、這個玩具、這個果汁、這個麥當勞、這個門、這個球。

表 7-1　習華語幼兒在 12 至 24 個月大時出現的詞彙結合類型一覽表（續）

詞彙結合類型	例子
要＋物品	要畫圖筆、要糖糖、要牛奶、要ㄋㄟㄋㄟ、要蘋果、要書、要ㄅㄨㄅㄨ、要麵麵。
不要＋動作	不要洗澡、不要吃、不要洗頭、不要摸、不要過去、不要去、不要上班。
不要＋物品	不要牛奶（ㄋㄟㄋㄟ）、不要蛋蛋、不要帽子、不要蘋果、不要麵麵、不要媽媽、不要姐姐、不要阿嬤。
還要＋物品	還要牛奶（ㄋㄟㄋㄟ）、還要阿姨、還要阿嬤、還要糖糖、還要果凍、還要糖果、還要音樂。
量詞＋物品	一個餅乾、一個球、一棵樹、一顆糖、一塊餅乾、一件衣服、一本書、一枝筆、一隻狗、一隻貓、一雙鞋子、一頂帽子、一個電燈。
簡單句雛形	ㄋㄟ ㄋㄟ喝光光、這髒髒丟掉、爸爸開車、翔翔洗車、婆婆休息一下、韋韋看醫生、均庭吃西瓜、陳媽剪指甲、爸爸在玩電腦、弟弟穿布鞋、弟弟拉窗戶、媽媽抱均庭、爸爸倒垃圾、媽媽吃飽了、我先脫、爸爸拿球、太陽公公起來、請人幫忙、我在這裡、媽媽在這裡、米這裡睡覺、我在這邊、爸爸去玩、爸爸踢球、媽媽抱我、奶嘴掉地上、我在這裡、媽媽在這裡、阿嬤在這裡、我要吃餅乾。
沒有＋物品	沒有ㄋㄟㄋㄟ、沒有球、沒有人、沒有鞋鞋、沒有馬桶。
有＋動作	有買、有來、有說、有吃飯、有坐車、有玩、有去。
物品（或行為者）＋這邊（與處所有關語句）	奶奶這邊、媽媽的這邊、爸爸這邊、電鍋這邊、椅子這邊、鋼琴這邊。
沒有＋屬性／特質	沒有髒髒、沒有痛痛、沒有臭臭。
實體＋狀態	姐姐流血、叔叔唱歌、車壞掉了、爸爸睡覺、狗狗臭臭、狗狗不見、達達洗澡、媽媽洗澡、哥哥小學、婆婆坐車、小鳥飛呀。
物品＋動作	餅乾開開、卡車拿、車車買、鞋鞋穿、球拿、球丟。
這裡＋物品（引介或說明語句）	這裡貓咪、這裡狗狗、這裡公園。

表 7-1　習華語幼兒在 12 至 24 個月大時出現的詞彙結合類型一覽表（續）

詞彙結合類型	例子
物品＋還要	餅乾還要、牛奶（ㄋㄟㄋㄟ）還要、糖果（糖糖）還要、餅乾還要、蕃茄還要。
物品＋不要	弟弟不要、麵麵不要、蘋果不要、蛋蛋不要、牛奶不要。
動作＋這邊	坐這邊、吐這邊、放這邊。
動作＋那邊	坐那邊、去那邊。
那個＋物品（引介或說明語句）	那個球、那個鳥、那件被子。
動作＋這裡	在這裡、放這裡、來這裡睡覺。
那裡＋物品（引介或說明語句）	那裡貓咪、那裡大象、那裡球。
沒有＋動作	沒有哭哭、沒有去、沒有喝、沒有穿。
動作＋不要	回家不要、洗澡不要、畫畫不要。
實體＋表示情意或感受狀態詞彙	媽媽怕怕、媽媽惜惜（台語）、寶寶痛痛。
動作＋處所／地方	躺沙發、躺地上、騎馬

資料來源：錡寶香（2002）

這些結果與 Brown（1973）的分析近似，意即幼兒早期詞彙結合的類型以「動作者＋動作」、「動作者＋物品」為最多，顯示幼兒所傳達的訊息，皆與物品、人物及動作彼此之間的關係有關。從幼兒的認知層面來看，這也是合理的，因他們所說的內容一定是情境中當下所出現的事物或發生的事情（例如：「狗狗叫」、「阿姨哭哭」、「寶寶被被」、「爸爸眼鏡」），或是他們想要做的活動（例如：「媽媽唸」、「媽媽畫」、「媽媽開」）、要求的物品（例如：「媽媽果凍」）。然而，這些詞彙結合類型的真正溝通含意是需要依據情境來解釋的，例如：如果某位幼兒說出「媽媽書」，很可能是要媽媽唸故事書給他聽，而不是說這是媽媽的書。

另外，「要＋動作」也是幼兒早期詞彙結合類型中，出現頻率較高的一類，顯示幼兒在早期的溝通發展階段，語言的應用常是為了達成某項需求，例如：「要去」、「要喝」、「要買」、「要看」、「要吃」等。而在「動作者＋動作」、「要＋動作詞彙」的類型中，幼兒所使用的動作詞彙，大部分都是指稱相當具體的動作；此項發現與程小危（1986）的分析相同。

最後，由溝通的觀點來看，詞彙結合使得幼兒更能精確的傳達訊息，例如：在單詞期只說「抱」，可能別人無法知道其是要讓媽媽抱或是由阿嬤抱，只能由一些動作或是情境線索解釋其溝通意圖，可是當幼兒開始結合詞彙時，溝通的訊息則變得更特定、更清楚，例如：是「媽媽抱抱」而非「阿嬤抱抱」。

（三）早期語法

除了分析雙詞結合中的語意關係之外，研究者亦會由雙詞的出現順序分析其語法結構。在語法的分析中，不同詞類的詞彙會依一定之規則結合，例如：「形容詞都是放在名詞之前」或是「主詞＋動詞＋受詞」等。Bloom（1990a）即指出，雙詞結合期的兒童應該已知道代名詞、專有名詞、一般名詞或形容詞之間的差異，因為他們只會將形容詞放在專有名詞之前，而不會放在代名詞之前，例如：「big dog」而非「big he」。相同的，錡寶香（2002）的研究一樣發現，幼兒並不會說出「壞你」、「壞他」的錯誤語法，但他們會說出「壞媽媽」、「壞哥哥」符合華語語法規則的話語。

另外，從 Braine（1976）和 Brown（1973）所蒐集與報告的雙詞結合語言樣本中則可發現，幼兒已使用「動詞＋受詞」（例如：「drive car」）、「數量詞＋名詞」（例如：「two bread」、「more boy」）、「形容詞＋名詞」（例如：「big lion」）等語法形式。而在錡寶香（2002）的家長紀錄資料中則發現，雙詞結合期的幼兒所出現之簡單語法結構，包括：「主詞＋動詞」、「動詞＋受詞」、「要＋動詞」、「不要＋動詞」、「要＋名詞」、

「不要＋名詞」、「有＋動詞」、「有＋名詞」、「形容詞＋名詞」等簡單的語法形式。

最後，過去的研究亦發現，很多習英語幼兒的雙詞結合都缺乏主詞（例如：「eat it」而非「Mommy eat it」）（Hyams, 1989）；但是錡寶香（2002）的研究資料卻顯示，在「主詞＋動詞」、「主詞＋名詞」的類型中，幼兒已使用很多主詞，但在「動詞＋受詞」中，則與習英語的幼兒一樣缺乏主詞。此現象可能源自幼兒認知處理容量較為有限，或是此階段詞彙提取、造句能力的限制，使得他們只能說出有限的詞彙，自然無法顧及多說出一個主詞詞彙，即使他們已能使用主詞於其他類型的雙詞結合中。另外，從語用的觀點來看，由於在溝通的情境中，主詞或是動作者／行為者就在面前，因此幼兒會省略不說（Bloom, 1990b）。

雖然上述資料顯示，幼兒似乎已能使用很簡單的語法結構說出話語，但需要注意的是，幼兒出現錯誤語法的雙詞結合，也占了很高的比例，例如：「名詞＋沒有」（如：「ㄋㄟㄋㄟ沒有」）、「受詞＋動詞」（如：「餅乾開開」、「車車買」）。因此，究竟此階段的幼兒是否已建立語法知識，並依據語法規則將 2 個詞彙排列在一起，仍有很大的爭議。Pinker（1987）即認為，此階段的幼兒是使用語意的訊息發展語法概念及習得語法結構，例如：將物品名稱與名詞連配、做動作者與主詞連配、動作或行為與動詞連配等。此外，Bowerman（1973）亦認為，語意關係並不像語法關係或順序排列那麼抽象，因此較易掌握，也因此幼兒的雙詞結合只反映出其較喜歡，或傾向將一些詞類放在特定的位置（例如：「more boy」、「要ㄋㄟㄋㄟ」、「要買」）。據此，如果強調兒童已可使用語法知識說出話語，就有可能高估其能力。事實上，如前述雙詞的語意關係分析所說明的，幼兒的雙詞結合可能是由語意概念促發，且是語用功能導向的。

參 簡單句、複句及複合句發展期

幼兒在 2 歲開始，即已能使用完整的句子與人溝通，他們使用愈來愈多的動詞、形容詞、名詞、介系詞、量詞等於其句子中。研究發現，習華語的兒童在 2 歲半時，已開始出現一定數量的修飾語，例如：「2 個娃娃玩積木」（李丹，1989）。而在複句方面，兒童在 2 歲時即已開始說出連動句（例如：「儒儒來，我們就去」）；在 2 歲半時則可使用遞繫句（例如：「老師教我們做遊戲」）（李丹，1989）。另外，根據許洪坤（1987）的研究顯示，幼兒在 2 歲 4 個月大時，即已出現複合句形式（例如：「我上次看『大家一起來』；有一個人『抓小蛇』」）。而在句型的理解方面，3 歲左右的兒童已可理解華語「主詞＋動詞＋受詞」（S＋V＋O）、「主詞＋受詞＋動詞」（S＋O＋V）與「把句型」（例如：「妹妹把蘋果拿走」）（張欣戊，1992）。另外，無論是習英語或習華語的研究，都曾就問句、否定句、被動句、連接詞等句型的發展做為研究主題。茲說明如下。

一、簡單句的發展

簡單句或直敘句乃指，包括一個主要動詞而且沒有第二個動詞存在，由唯一的獨立子句所組成的句子。簡單句可進一步區分為：沒有修飾語的簡單句（例如：妹妹讀書）與有修飾語的簡單句（例如：2 個娃娃玩積木、儒儒妹妹讀書）兩種。

當幼兒所說出來的話語中一半以上都是雙詞結合時，他們會開始增加話語中所使用的詞彙至 3 個或 3 個以上，形成簡單完整的句子。而習英語的幼兒出現最多或最普遍的簡單句句型為「動作者＋動作＋物品」（例如：「Mommy eat cookie」），以及「動作者＋動作＋處所」（例如：「Mommy throw me」，意為 Mommy throw to me）的句型（Owens, 1996）。

錡寶香（2002）的研究資料亦顯示，當幼兒在 12 至 24 個月大時，若已出現詞彙結合的發展，他們亦會開始結合 2 個以上的詞彙形成簡單句。這些句子中也是以「動作者＋動作＋物品」的句型最多，例如：「爸爸開車」、「韋韋看醫生」、「爸爸拿球」、「爸爸倒垃圾」、「弟弟拉窗戶」等。這些句子其實已符合「主詞＋動詞＋受詞」的語法規則。

相同的，中國大陸習華語幼兒也是在 1 歲半至 2 歲之間，開始會說出無修飾語的簡單句（李丹，1989）。根據研究者的說法，這些兒童雖然會在其話語中說出「大積木」，但他們應是將整個詞組當做一個單一名詞使用，所以不能算是使用修飾語的簡單句。到了 2 歲半時，幼童會開始說出帶有簡單修飾語的句子（例如：「我也要升大班」）；到了 3 歲左右，則會出現愈來愈多帶有複雜修飾語的句子，例如：「的」句（例如：「我玩的積木」）、「把」句（例如：「小朋友把鋼筆交給阿姨」）等。

二、否定句的發展

由前述資料可看出，在幼兒的雙詞結合類型中，已出現很多表達否定之意的話語（含拒絕、抗議、不存在、未出現等意），包括：「物品＋沒有」、「沒有＋物品」、「不要＋動作」、「不要＋物品」、「沒有＋動作」、「動作＋不要」等。由這些例子可看出，幼兒一開始對否定句形式的掌控非常不一致，有些合乎語法但有些則不合乎語法。根據 Klima 與 Bellugi（1966）的界定，上述類型是屬於否定時貌標記置於外部的句型（sentences with external negative marker，例如：「no wipe finger」、「no mitten」、「wear mitten no」），也正是習英語兒童最先發展出來的否定句型。緊接著發展出來的是屬於否定時貌標記置於內部的句型（constructions with internal negative marker but no auxiliaries，例如：「I no want envelope」、「I don't like you」）。此階段的幼兒雖已使用「don't、can't」於否定句型中，但他們可能只是將其當作是一個整體的詞彙來使用。最後，習英語的兒童則會發展出使用帶有助詞的否定句（constructions with auxiliaries，例如：「I didn't did it」、「No, it isn't」）。

　　相對於英語的否定句，華語的否定句係使用「不」（例如：不要、不行、不可以）、「別」、「沒」或「沒有」等否定詞，加在被否定的項目之前（例如：動詞、動詞片語、名詞、名詞片語等）。程小危（1988）研究台灣習華語幼兒的否定句發展歷程，結果顯示：(1)在單詞期時，幼兒就會使用「不要」和「沒有」來表達拒絕或消失之概念；(2)而至雙詞結合期時，這些詞彙會與名詞或動詞合併；(3)而到了多詞結合或簡單句時期，幼兒則會使用「主詞（人名）＋不要／沒有＋動作」、「物品＋不要／沒有＋動作」之句型（例如：「這個沒有修好」），或是「否定詞＋動詞＋受詞」之句型（例如：「不要吃藥藥」），以及「主詞＋否定詞＋動詞＋受詞」之句型（例如：「我沒有吃麵麵」）。朱曼殊（1991）研究中國大陸習華語幼兒的否定句發展狀況發現，否定句的發展順序為：(1)否定詞位於句首或句尾（例如：「不要燈燈」、「小小鞋沒」）在雙詞結合期最先發展出來；(2)否定詞位於句中在多詞結合期才出現（例如：「小宇沒有狗狗」）（引自靳洪剛，1994）。上述程小危（1988）與朱曼殊（1991）的研究，再加上錡寶香（2002）的資料（如表7-1），顯示習華語幼兒的否定句發展順序與習英語幼兒一樣，都是由外部移向句中，亦即最先是放在話語的前部或後部，慢慢才放置於句子中間。

　　另外，兒童的否定句話語，具備三種語意功能：(1)不存在（例如：「沒有鞋鞋」、「阿嬤沒有」）；(2)拒絕（例如：「麵麵不要」、「不要去」）；(3)否定（例如：「不是球」、「沒有臭臭」）（Bloom, 1970）。而朱曼殊（1991）則增加了一項語意功能：反對（例如：「爺爺寫字頭太低」、「不是這樣子的」）（引自靳洪剛，1994）。最後，國外的研究顯示，否定句語

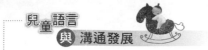

意功能的發展是先由不存在與拒絕，再發展至否定（Clancy, 1985; Vaidyanathan, 1991）。

三、疑問句的發展

在英文裡有 2 種疑問句類型：(1)yes/no 問句，即使用「是」或「不是」回答的問句；(2)wh-問話詞問句，即以「誰」、「哪裡」、「什麼」、「為什麼」、「什麼時候」、「怎麼」等為重點之問句。習英語兒童的疑問句發展，最先出現的 yes/no 問句是以語調或句調變化做為問句形式，亦即句尾出現上升調（例如：「I ride train？」、「Sit chair？」），接下去則是使用助動詞的問句（例如：「Does the kitty stand up？」）。而在 wh-問話詞問句方面：(1)最先出現的 wh-問話詞問句，是在句首使用「what」或「who」，但並未使用助動詞（例如：「Who that？」、「What that is？」）；(2)可使用助動詞，但助動詞的位置仍有錯誤（例如：「Where the other Joe will drive？」）；(3)會使用插入主詞與助動詞的 wh-問話詞問句，助動詞的位置也正確（例如：「What did you doed？」）（Bellugi, 1965）。

另外，Klima 與 Bellugi（1966）的研究顯示，wh-問話詞的發展會經過三個階段：(1)wh-問話詞會放在句首，而句中並未出現倒裝；(2)wh-問話詞會放在句首，而句中主詞與助動詞則會倒裝，但否定疑問句則仍未有主詞與助動詞倒裝之詞序出現；(3)wh-問話詞否定疑問句出現主詞與助動詞倒裝，與大人的語法系統一樣。

最後，研究發現「what」、「where」、「who」的疑問句，是幼兒最早發展出來的 wh-問話詞句型，「when」、「how」、「why」則較晚出現（Wootten, Merkin, Hood, & Bloom, 1979）。而在 wh-問話詞的理解方面，「what」、「where」、「who」的句型也比「when」、「how」、「why」易於理解（Tyack & Ingram, 1977）。可見，幼兒對 wh-問話詞的理解與使用是

一致的。

有關習華語幼兒對於疑問句的發展研究，程小危（1986，1987）和許洪坤（1987）的研究顯示：(1)台灣的幼兒最先使用的疑問句類型為使用疑問語氣詞（例如：「媽媽呢」）；(2)在句子中使用「誰」、「什麼」、「哪裡」、「為什麼」等問話詞，其中最常使用的是「什麼」；(3)會使用「A 不 A」或「V-not-V」的疑問句句型（例如：「有沒有燙燙」、「有沒有冰冰」），以及附和問句（例如：「我們去百貨公司買買，好不好」）；(4)選擇式問句（例如：「是吃的東西還是玩的東西」）則是最晚出現的疑問句形式。而中國大陸的研究則發現，習華語幼童的疑問句發展階段為：(1)在雙詞結合期時，會將句尾的語詞聲調提高並拉長（例如：「南南鞋鞋」）；(2)在句尾加上疑問語氣詞「呢」、「嗎」、「吧」等（例如：「媽媽呢」）；(3)在句尾加上「好嗎」、「是嗎」形成否定疑問句（例如：「我們去買金剛，好嗎」）（朱曼殊，1991，引自靳洪剛，1994）。

最後在疑問詞的發展方面，吳敏而（1991）整理了程小危（1987）、許洪坤（1987）的資料指出，台灣習華語幼兒的疑問詞發展順序為：(1)2 歲左右習得「什麼」、「哪裡」、「誰」；(2)接下去習得「怎麼」、「為什麼」；(3)到 2 歲半時，尚未發展出來與時間有關的疑問詞，到了 4 歲 7 個月時，才出現「什麼時候」的疑問句。

四、複句與複合句的發展

當幼兒慢慢開始可使用簡單句與人溝通時，他們會結合不同的句子或子句形成複句（complex sentences）或是複合句（compound sentences）。英語的複句與複合句類型包括：(1)使用連接詞連接兩個對等子句；(2)比較級的句型；(3)嵌入句（embedded sentences），例如：使用關係代名詞、不定詞、名詞／主格／受格補語（subject/object complement）、附屬子句等的嵌入句。

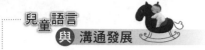

茲將相關的發展說明如下。

（一）名詞補語嵌入句的發展

根據 Limber（1973）的研究資料顯示，習英語幼兒在 2 至 3 歲之間，即已出現名詞補語類型的嵌入句，但其功能卻是受詞補語，例如：「Watch me draw circles」、「I want mommy do it」。接著他們亦會開始使用 wh-問話詞的嵌入句，但是也是以受詞補語的方式出現，例如：「Can I do it when we get home」、「I show you how to do it」、「I show you what I got」。

（二）不定詞補語嵌入句的發展

在不定詞補語嵌入句的發展方面，習英語幼兒較早發展的是「I wanna go home.」的句型，嵌入的部分似乎是被當作受詞使用（Lee, 1974）。之後，當他們說出「I told him to go」、「I want you to come」等類型的句子時，雖然他們已使用真正的受詞，但不定詞仍然是被當作受詞補語使用。而當他們開始使用「I know how to do it」時，則真正已能結合 2 個子句，其中不定詞補語部分則算是嵌入結構（Owens, 1996）。

（三）關係代名詞子句的發展

關係代名詞子句主要是用於修飾名詞。習英語幼兒最早發展出來的關係代名詞子句是置於句尾，主要是在修飾受詞而非主詞，例如：「I show you the ball I got」、「Give the chair you sitting on」（Brown, 1973; Limber, 1973）。但在此階段，兒童常常省略關係代名詞，或是錯誤使用「what」（Menyuk, 1971）。到了 5 歲之後，使用關係代名詞子句修飾主詞的句型（例如：「The boy who hit the girl ran away」）才會開始出現。一直要到 7 至 8 歲左右，兒童才較能理解及使用此類型之語法結構（Abrahamsen & Rigrodsky, 1984; Menyuk, 1971）。事實上，Berko Gleason（2001）即認為，學前階段的

兒童才開始理解及使用關係代名詞句型，他們對此種語言結構的認識仍然是很不完整，甚至到了國小階段都還是繼續在發展此種語言結構。

（四）句子連繫的發展

我們所說的話語或句子之間常常是相互關連的，而在句子與句子之間的聯繫常常會使用連接詞銜接在一起。研究發現，習英語的幼兒約在 2 歲半時，會開始將句子結合在一起形成複句或複合句（Berko Gleason, 2001）。

1. 使用「and」的連接子句

習英語的幼兒最早也最常使用的連接詞為「and」。Bloom、Lahey、Hood、Lifter 與 Fiess（1980）長期追蹤幼兒的語言發展發現，幼兒使用「and」表達不同的意義；其最先發展出來的使用方式是含有累進增加之意，例如：「You can carry this and I can carry that」。接著出現的含意為時間順序，例如：「Jane's going home and take her sweater off」。之後「and」的使用則含有因果關係之含意，例如：「She put a bandage on her shoe and it maked it feel better」。在語言發展的過程中，兒童似乎將「and」當作「when」、「then」、「because」、「but」使用（Scott, 1988）。事實上，「and」好像是一個全功能的連接詞，研究即發現，在兒童的敘事語言樣本中常常充滿了「and」（Bennett-Kaster, 1986）。同樣的，在錡寶香（2003）的研究中，也是發現很多國小階段兒童的故事複述語言樣本中充滿了「然後」、「後來」。

2. 使用「因為」、「所以」、「假如」的連接子句

如上所述，習英語的幼兒會先使用「and」表達「因為」、「所以」等概念，但等到他們習得「因為」的用法時即會降低以「and」表達「因為」概念的用法。在 Brown 的語法發展階段 IV〔平均句長（MLU）=3.0～3.5〕時，兒童即會使用「因為」，例如：「Because Roger did」。然而此階段的幼兒對

「因為」結構的理解或使用仍然是不完整的，他們在回答別人的話語時，會顯示出因果關係的混淆，例如：當大人問：「Why did you fall off your bicycle」他會回答：「Cause I hurted my leg」（Owens, 1996）。另外，兒童也會將「因為」當作表達強烈信念或明顯關係的方式，例如：「It is a block because it is cubical」（Owens, 1996）。到了國小階段，7 歲左右的學童對同時發生或重疊事件的因果關係之連接詞（because）的應用並未有困難（例如：I am eating ice-cream, because it tastes good. I throw the ball, because we are playing baseball）；但是對於有序列順序連續事件的因果關係（例如：I have to stay in my room, because I told a lie），則需等到 10 歲時方能正確解釋及應用（Emerson, 1979）。另外，「因為」的發展早於「如果」與「雖然」，「除非」是最晚發展出來的，即使是五年級的國小兒童，對「除非」的理解與使用仍有困難。研究發現，10 歲兒童對「除非」（unless）等語法結構仍感困難，因為學童尚未完全了解「不確定」、「懷疑」、「可能性」等概念（Wing & Scholnick, 1981），一直到 11 至 12 歲時方能有效地使用「除非」、「不管怎樣」、「即使」等語法結構（Owens, 1996）。

綜合上述，習英語的幼兒會在「四詞結合」穩定發展時（約在 2 歲時），開始出現複句結構（Bowerman, 1976）。而到了 4 歲左右時，習英語的幼童則已經能說出不同類型的複句（Limber, 1973）。Limber（1973）指出，習英語兒童複句的發展順序為：(1)受詞補語句（例如：「Watch me draw circles」、「I see you sit down」）；(2)wh-嵌入子句（例如：「Can I do it when we get home」、「I show you how to do it」）；(3)使用連接詞連結 2 個子句的複句（例如：「He was stuck, and I got him out」）；(4)使用附屬連接詞的複句（例如：「I want this doll because she's big」）。然而，使用不同連接詞連結子句、關係代名詞子句、嵌入句等複句與複合句的發展，到國小階段仍然持續著。

五、習華語兒童的複句與複合句發展

（一）許洪坤的研究

許洪坤（1987）曾長期追蹤台灣習華語幼兒的語句發展，發現幼兒在 23 至 30 個月大之間會出現簡單的包接句〔或稱之為嵌入句（embedded sentences）〕，而最先出現的是受詞補語類型或是將動詞片語擴展成「動詞＋子句」，例如：「聽蟬叫」、「我要爬給媽媽看」、「阿姨唸書好棒啊」等。

另外，在複合句的發展方面，許洪坤（1987）將其分成二個階段：(1)未使用連接詞的複合句階段，介於 28 至 50 個月大之間；(2)使用連接詞的複合句階段，介於 50 至 72 個月大之間。根據許洪坤的觀點，因為華語的言談並不像英文會習慣使用「and」，因此在複合句發展之初，幼兒只會將兩個子句連續說出來，例如：「我上次看大家一起來，有一個人抓小蛇」。此外，在這個階段，他們所說的話語，雖然並未出現連接詞（表面結構），但深層結構應該可解釋為連接詞的省略或刪除，例如：「吃完這個蛋糕，就吃這個蛋糕」、「是壞人的，我就不穿」（省掉如果）、「妳給我，我就給妳」（省掉如果）、「他這麼小，還要去上課」（省掉雖然）。而由許洪坤的研究資料中可得知，幼兒在 2 歲 8 個月或 2 歲 9 個月時已出現使用「因為」的複合句，例如：「因為被人拿走了」、「小朋友哭了，因為他想媽媽」。

約略到了 4 歲 2 個月大開始，兒童已會使用一些連接詞，但有時候還是會用錯，例如：大人說：「伴唱機有沒有很大聲？」兒童說：「沒有，可是轉動會很大聲，很吵」、「如果妳認識我弟弟，就行了」、「他說妳也可以來，可是要做完事情」、「我喜歡來這裡上課，但是我不喜歡到〇〇兒童班」、「不然等一下升旗的時候，就來不及了」。而從 5 歲開始，兒童所說的話語會愈來愈長，使用的連接詞連接子句的形式也愈形複雜，例如：「如果萬一在外面想聽錄音帶，就倒過來」、「看起來好像有人，可是沒有人」、

「如果用塑膠袋弄到的話,也沒有關係,反正不要摸到手就可以了」、「可是他如果把它打開的話,就會有聲音嗎?如果還關掉的話,就不會有聲音」。

綜合上述,許洪坤(1987)的研究顯示,台灣習華語幼兒在 2 歲左右即已開始使用簡單的受詞補語嵌入句的語句結構;到了 2 歲半左右,開始使用沒有連接詞的複合句;在 2 歲 8 個月左右,則已可使用「因為」的連接子句。而從 4 歲開始,他們已能使用「如果」、「可是」、「但是」、「不然」等連接詞聯繫句子。最後,兒童從 5 歲開始,會使用 1 個以上的連接詞連結 2 個以上的子句,以表達更複雜的語意概念。

(二)中國大陸的研究

李丹(1989)將複句分成三類,以說明中國大陸習華語幼兒的語句結構發展狀況:(1)連動句:指由幾個動詞性結構連用的連動句,例如:「小朋友看見了,就告訴警察」、「小紅吃完飯就看電視」。2 歲幼童的話語中已開始出現此種類型的語句;上述這些例子中的「就」與英文的「and」用法近似;(2)遞繫句:指「主詞+動詞+受詞+動詞+受詞」的結構,其中第一個受詞又充當第二個動詞的主詞;事實上,此種句型與上述使用不定詞的包接句/嵌入句近似,例如:「老師教我們做遊戲」、「媽媽帶我去買東西」。2 歲半的幼童已開始說出這種類型的句子;(3)句子中的主詞或受詞又包含主謂結構:此類句型主要是指主詞是由「主詞+動詞」所組成,例如:「兩個小朋友在一起玩就好了」中的「兩個小朋友在一起玩」即是主詞。

另外,在複合句的發展方面,李丹指出,幼兒在 2 歲開始即已有簡單的複合句出現,但結構鬆散,缺少連詞,僅有簡單句並列組成;3 歲開始,幼兒開始使用少數的連接詞,隨年齡增長慢慢增加,但到了 6 歲時,使用連接詞的句子仍然不多。在 3、4 歲時,幼兒所使用的連接詞當中,以「還」、「也」、「又」、「以後」、「只好」出現較多。到了 5、6 歲時,則使用「因為」、「為了」、「結果」、「要不然」、「如果」等。

肆 習華語兒童分類詞／量詞之發展

Erbaugh（1986）可能是第一個研究習華語幼兒分類詞發展的研究者，她發現台灣（台北）的幼兒在2歲5個月之前只使用「個」，幾乎未出現「本」、「頂」等其他分類詞。等到他們開始發展出其他的分類詞之後，會將其當做是典範而出現過度延伸使用的現象，最後才會進入與大人相同用法的階段。此外，Erbaugh 在分析兒童錯誤使用分類詞的類型時發現，兒童很少省略分類詞，進而推論他們應該很早就知道在名詞與數詞之間一定要放進一個分類詞。

馮穎霞（1987）研究台灣2至6歲兒童的量詞（分類詞）發展，發現量詞習得的順序依次為：

1. 在2至3歲之間出現「個」（例如：一個人／玩具）、「隻1」（例如：一隻貓）、「隻2」（例如：一隻手）、「本」（例如：一本書／相簿）、「塊1」（例如：一塊錢）等量詞。

2. 在3至4歲階段則發展出「種」（例如：一種牙膏／三角形／水果／車子）、「張」（例如：一張紙／衛生紙／車票）、「件」（例如：一件裙子／衣服／褲子）、「碗」（例如：一碗飯／湯）、「根」（例如：一根水管／手指／香蕉）、「枝」（例如：一枝筆）等量詞。

3. 4至5歲的兒童則可習得「塊2」（例如：一塊板子／肉）、「條」（例如：一條項鍊／魚）、「朵」（例如：一朵花）、「支」（例如：一支牙刷／雨傘／棍子）、「班」（例如：一班公車／車）、「把」（例如：一把刀子／雨傘／劍／槍）、「部」（例如：一部錄音機／車子）、「包」（例如：一包禮物／糖果）」等量詞。

4. 5至6歲之間則出現「層」（例如：一層紙）、「頂」（例如：一頂

帽子）、「樣」（例如：一樣東西）、「頭」（例如：一頭牛）、「堆」（例如：一堆石頭／蝦子／老鼠／兔子）、「首」（例如：一首歌）、「架」（例如：一架飛機）、「輛」（例如：一輛車／公車）、「杯」（例如：一杯果汁／飲料／茶／咖啡）、「位」（例如：一位阿姨／老師）、「艘」（例如：一艘船）等量詞。

　　另外，在馮穎霞的研究中亦發現，隨著年齡的增加，兒童較早所習得的量詞會擴展延伸至不同的名詞上。舉例來說：「個」會放在「地方／故事／紅包／問題／位子」之前，「根」會與「湯匙／煙囪／繩子／指甲／頭髮」相配，「張」則會用來修飾「畫／卡片」，「塊」則會延伸至「石頭／布／地」，「條」則會擴展至與「繩子／路／蛇」相配，「支」則是會用在「蠟燭／劍」等物品的計數。這些語料顯示，兒童似乎已經發現量詞的一些語義概念。此外，研究者亦指出，習華語兒童的分類詞習得可能使用四個策略：(1)簡化：乃指使用「個」計量事物；(2)過度延伸：意指將同一個分類詞用於語義相似的事物上；(3)聯想：兒童很多量詞的錯誤使用可能是因為使用聯想策略，例如：「一朵花瓶」；(4)刪除：當兒童不知道該使用哪個分類詞時，會省略掉分類詞，例如：「一路」、「一貓」。

　　Chang（1991）使用圖片誘發的測試方式，探討台灣習華語幼兒的分類詞發展，發現「個」是幼兒最早習得的量詞，之後依序為「本」、「張」、「片」、「條」、「輛」、「隻」、「把」、「件」、「塊」、「盒」、「顆」。Chang 認為，這樣的發展順序有其認知與知覺發展的條件，亦即兒童可能會根據分類詞修飾某些物品的特徵，進而抽取出其使用規則；而這些物品的特徵常常在知覺上面有其相似性。此外，Chang 亦認為，兒童分類詞的學習不單單只是依賴記憶，他們亦會使用策略擴展、延伸量詞的使用語境。這些策略包括：(1)在名詞與數詞之間一定會有一個分類詞；(2)不同的名詞會使用不同的分類詞；(3)當兒童不確定要使用哪個分類詞時，會使用「個」（引自 Chang, 1991）。

Loke（1991）研究新加坡習華語兒童形狀量詞的發展，其實驗方式為使用一些實際物品或是圖片，詢問 5 歲至 6 歲 8 個月的兒童：「這是什麼」，之後再請其數數（多少個／片等），研究發現兒童已會使用前述之形狀分類詞／量詞，但出現最多的是「個」。另外，該研究亦發現，兒童可以分辨形狀量詞彼此之間的不同，當他們使用一個量詞做為某個名詞之單位詞之後，就不會再使用其他的量詞，亦即兒童已能覺知物品的外型特徵或是其語意層面的關係。他們已能將形狀分類詞的意義與其所配對指稱的名詞（物品）的形狀概念加以連結。

綜合上述的研究結果可知，兒童最早發展出來的量詞是「個」，而其量詞的使用會由修飾具體的物品慢慢延伸至抽象概念的詞彙。另外，兒童亦已知覺在數詞與名詞之間一定需要加上一個量詞或分類詞。再者，物品的外在形狀似乎也是兒童決定使用某個分類詞的訊息來源。而當兒童不確定應使用某個分類詞時，會傾向使用「個」替代。

伍 學齡階段兒童的語法發展

學齡階段兒童的語言發展，常被認為是一極具創造力的階段（Menyuk, 1983; Owens, 1992）。在這段時期，他們除了繼續發展在學前階段已習得之語言的形式、內容及使用功能外，更能使用閱讀能力發展複雜的語法結構（Bernstein, 1993）。學齡階段兒童的語法發展主要是在其複雜性的增加；根據 Bernstein（1993）、Hulit 與 Howard（1993）、Hunt（1966）、Lane 與 Molyneaux（1992）、Loban（1976），以及 Menyuk（1971）的研究資料顯示，在此階段的兒童語法發展主要在下面幾種語法結構之理解及應用：

1. 被動句子：學齡前階段的兒童無法解釋「The cat was chased by the dog」，但到了 8 歲左右，則可正確地解釋及應用被動句型（Baldie,

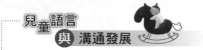
1976; Horgan, 1978）。

2. 連接詞：7 歲左右的兒童對同時發生或重疊事件的因果關係之連接詞
（because）的應用並未有困難（例如：「I am eating ice-cream, because
it tastes good」、「I throw the ball, because we are playing base-
ball」）；但是對於有序列順序連續事件的因果關係（例如：「I have
to stay in my room, because I told a lie」），則需等到 10 歲時方能正確
解釋及應用（Emerson, 1979）。

3. 關係代名詞（relative pronoun）或嵌入式句子（embedding clause）：
7 至 8 歲左右的兒童即可了解及使用此類型之語法結構（Abrahamsen
& Rigrodsky, 1984; Menyuk, 1971）。

4. 假設式之句子結構：10 歲時的兒童對除非（unless）等語法的結構仍
感困難，因為他們尚未完全了解「不確定」、「懷疑」、「可能性」
等概念（Wing & Scholnick, 1981），一直到 11 至 12 歲時，方能有效
地使用「除非」、「不管怎樣」、「即使」等語法結構（Owens,
1996）。

5. 修飾詞句子：當兒童開始學習將形容詞與其他詞類（syntactical cat-
egory）串連在一起時，他們需要依照約定俗成之順序，將不同詞類
的詞彙連結在一起，例如：「3 個活潑的小朋友」，似乎比「活潑的
3 個小朋友」更「順耳」。學齡階段的兒童已可理解形容詞與被修飾
詞之間的特徵及關係，因此他們會說「8 個小的杯子」而較不會說出
「小的 8 個杯子」（Richards, 1980）。

陸　由兒童的語句樣本談習華語幼兒的語法發展

如同前述，幼兒在單詞期所說出來的詞彙，也可能具有整句話語的含

意，而且其在雙詞期的詞彙結合類型，也可以由最基本的語法結構來解釋；而到了多詞結合期則開始發展不同的句型，然而其習得過程仍會出現一些錯誤。以下即擬以筆者、朋友、學生的觀察紀錄資料，以及台灣相關研究資料中所出現的兒童話語語料，說明不同年齡幼兒的語法發展特徵。

一、1歲9個月大幼兒的語法發展

鋒鋒媽媽記錄的語言樣本（如本章附錄1所示）所歸納的特徵如下：(1)已出現「呢」、「啊」、「呀」「了」、「哇」等語氣詞，其中「呢」出現在詞彙結合中是表達疑問之意，例如：「烏龜呢」、「阿姨呢」、「姊姊呢」、「水溝、石頭呢」（想要拿石頭丟入水溝中）；「啊」則是置於話語的最前面，表達「訝異」或發語詞的意思，例如：「啊！伯伯不見了」，或是置於話語後面，表示「徵詢確認的含意」，例如：「飛機，沒有啊」；「呀」出現的位置是在話語的最後面，一樣是表達「徵詢確認的含意」，例如：「伯伯呢，沒有呀」；「了」出現在句尾表達狀態的改變，例如：「啊！伯伯不見了」、「不見了」、「飛走了」；「哇」出現在句首表達類似發語詞或是驚嘆之含意，例如：「哇！姊姊呢」；(2)詞彙結合大致與一般兒童雙詞結合類型一樣；(3)開始出現簡單句，例如：「B.B.去哪裡」；且已出現疑問句句型；(4)出現簡單的聯合複合句，例如：「媽媽按，聽姊姊」；(5)使用「不」、「不要」、「沒有」的否定形式，表達消失與拒絕之意；(6)使用「呢」的語氣詞表達疑問之意，但亦出現「哪裡」的問話詞。

二、2歲2個月大幼兒的語法發展

弟弟阿姨記錄的語言樣本（如本章附錄2所示）所歸納的特徵如下：(1)已脫離雙詞結合期，語句使用的詞彙愈來愈多；(2)說出的話語句型以簡單句

為主，符合「主詞＋動詞＋受詞」之結構，例如：「弟弟看夢」、「弟弟抽菸」、「弟弟寫字」、「弟弟畫恐龍」、「弟弟做老闆」、「弟弟賣藥」、「奶奶講故事」、「弟弟媽媽去動物園」；(3)出現的複合句還是以聯合複句為主，例如：「媽媽上班，爸爸上班，哥哥上學讀書」、「爬很高，會跌死，奶奶救命呀」；(4)句子中常常省略詞彙，只是將詞彙串連在一起，類似電報語現象，例如：「媽媽弟弟罰站」、「大車車、小車車，碰，翻車」、「爸爸鞋鞋弟弟穿」；(5)尚無法使用「和」的連接詞，因此常重複說出主詞或是做出動作者，例如：「弟弟畫恐龍，弟弟寫 123，弟弟寫字」、「弟弟做老闆，弟弟賣藥藥」、「弟弟媽媽去動物園」；(6)雖然說出來的句子長度很長，但尚未發展出連接詞，例如：「奶奶講故事，講大象，講長頸鹿，不要講大野狼，不要講老虎」。

柒 結語

　　語法乃指掌控、規範句子結構的規則系統；無論是口語或在書面語言中，句子中不同詞彙的結合、排列順序，都是依循語法規則而產生的；而語法規則知識的運作可以讓說話者產生無限的句子。由語言習得的觀點來看，兒童語法的學習必須由不斷輸入的語句中，抽取出抽象的規則，因此乃成為最困難的語言發展任務（錡寶香，2006）。

　　在美國 1970 年代所發現的 Genie 例子，即可說明語法的學習遠比語意困難。Genie 從嬰幼兒時期開始即被隔離在無社會互動、無語言輸入的環境中，一直到 13 歲被發現時，她只能發出「——嗯嗯阿阿」的聲音，完全沒有任何語言理解與表達的能力。經過 4 年特殊教育、語言治療的介入之後，她的詞彙能力相當於一般 5 歲的兒童，而她也能結合詞彙說出句子。但她所說的句子則像電報句（例如：「At school scratch face」、「Apple sauce buy store」、

「Father take piece wood, hit, cry」），缺乏語法詞素（例如：ed、ing）。此外，她對被動句、時態一致性的理解亦有極大的困難（Hoff-Ginsberg, 2001）。Genie 的例子說明了語法規則的抽取與建立，對語言學習者而言，實在是一件相當複雜與困難的事情。

據此可見，兒童語法能力的發展真是一項艱鉅又令人感佩的成就。全世界的兒童不需要刻意的教導，即可習得其母語的語法結構；即使其所接收的語言輸入，常常是來自於吵雜的環境或充滿各種不同聲光訊息的情境，而且在遣詞用句方面，亦常常是模糊或並未嚴格遵循語言結構的規則，充滿了不完整的語法、省略詞彙或充滿贅語的語句輸入與示範，但他們仍能在短短幾年內習得正確的語法。從雙詞結合期開始到使用 3 個詞彙的簡單句，更多詞彙串連成的簡單句、疑問句、否定句、使用連接詞的複句或複合句，兒童在短短幾年內，即已發展出初期母語的語法系統。

兒童是如何精熟其母語的語法結構，至今仍讓學界、家長、教師、語言治療師感到好奇，在能確切解答謎題之前，能夠貼身觀察兒童的語法發展現象，以及語法的錯誤現象，應可提供更多珍貴的訊息，讓我們一窺究竟。

參考文獻

中文部分

吳敏而（1991）。語言的發展。載於蘇建文（主編），**發展心理學**（頁221-266）。
　　台北市：心理。

李　丹（1989）。**兒童發展**。台北市：五南。

張欣戊（1992）。中國兒童學習語言的研究現況。載於**中國語文理學研究──第一
　　年度結案報告**（頁7-29）。嘉義縣：國立中正大學認知科學研究中心。

許洪坤（1987）。**中國兒童學習國語及語法發展階段研究**。國家科學委員會研究報
　　告。

程小危（1986）。習國語幼兒最初期語法規則之本質及其可能的學習歷程。**中華心
　　理學刊，30**（1），47-63。

程小危（1987）。**幼兒習國語歷程中問句的出現及發展**。國家科學委員會專題研究
　　計畫。

程小危（1988）。「不」跟「沒有」──國語幼兒初期否定句之發展歷程。**中華心
　　理學刊，30**（1），47-63。

馮穎霞（1987）。**中國兒童學習量詞的發展研究**。私立輔仁大學語言研究所碩士論
　　文，未出版，台北縣。

靳洪剛（1994）。**語言發展心理學**。台北市：五南。

錡寶香（2002）。嬰幼兒溝通能力之發展──家長的長期追蹤紀錄。**特殊教育學
　　報。16**，23-64。

錡寶香（2003）。國小低閱讀能力學童與一般閱讀能力學童的敘事能力──篇章凝
　　聚之分析。**特殊教育研究學刊，24**，63-48。

錡寶香（2006）。**兒童語言障礙──理論、評量與教學**。台北市：心理。

英文部分

Abrahamsen, E., & Rigrodsky, S. (1984). Comprehension of complex sentences in children
　　at three levels of cognitive development. *Journal of Psycholinguistic Research, 13,*
　　333-350.

Baldie, B. (1976). The acquisition of the passive voice. *Journal of Child Language, 3,*

331-348.

Bellugi, U. (1965). The development of interrogative structures in children's speech. In K. Riegel (Ed.), *The development of language functions* (Report No. 8). Ann Arbor, MI: University of Michigan Language Development Program.

Bennet-Kaster, T. (1986). Cohesion and predication in child narrative. *Journal of Child Language, 13*, 353-370.

Berko Gleason, J. (2001). *The development of language* (5th ed.). Needham Heights, MA: Allyn & Bacon.

Bernstein, D. K. (1993). Language development: The school-age years. In D. K. Bernstein & E. Tiegerman (Eds.), *Language and communication disorders in children* (3rd ed.) (pp. 123-145). New York: Macmillan.

Bloom, L. (1970). *Language development: Form and function of emerging grammars.* Cambridge, MA: The MIT Press.

Bloom, L., Lahey, M., Hood, L., Lifter, K., & Feiss, K. (1980). Complex sentences: Acquisition of syntactic connections and the semantic relations they encode. *Journal of Child Language, 7*, 235-261.

Bloom, P. (1990a). Syntactic distinctions in child language. *Journal of Child Language, 17*, 343-355.

Bloom, P. (1990b). Subjectless sentences in child language. *Linguistic Inquiry, 21*, 491-504.

Bowerman, M. (1973). *Early syntactic development: A cross-linguisitc study with special reference to Finnish.* Cambridge, MA: Cambridge University Press.

Bowerman, M. (1976). Semantic factors in the acquisition of rules for word use andsentence construction. In D. M. Morehead & A. E. Morehead (Eds.), *Normal and deficient child language.* Baltimore, MD: University Park Press.

Braine, M. D. S. (1976). Children's first word combinations. *Monographs of the Society for Research in Child Development, 41.*

Brown, R. (1973). *A first language: The early stage.* Cambridge, MA: Harvard University Press.

Chang, H. W. (1991). Acquisition of Mandarin Chinese: A review of recent research in Taiwan. *Proceedings of National Science Council, ROC. Part C: Humanities and Social Sciences, 1*(1), 110-126.

Clancy, P. (1985). Acquisition of Japanese. In D. I. Slobin (Ed.), *The cross-linguistic study of language acquisition.* Hillsdale, NJ: Lawrence Erlbaum Associates.

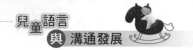

Emerson, H. (1979). Children's comprehension of "because" in reversible and nonreversible sentences. *Journal of Child Language, 6,* 279-300.

Erbaugh, M. (1986). Taking stock: The development of Chinese noun classifiers historically and in young children. In C. Craig (Ed.), *Noun classes and categorization* (pp. 399-436). Amsterdam, PA: John Benjamins Publishing.

Gleitman, L., & Wanner, E. (1982). Language acquisition: The state of the state of the art. In E. Wanner & L. Gleitman (Eds.), *Language acquisition: The state of the the art.* Cambridge, MA: Campbridge University Press.

Hoff-Ginsberg, E. (2001). *Language development.* Belmont, CA: Wadsworth/Thomson Learning.

Horgan, D. (1978). The development of the full passive. *Journal of Child Language, 5,* 65-80.

Hulit, L. M., & Howard, M. R. (1993). *Born to talk: An introduction to speech and language development.* New York: Macmillan.

Hunt, K. W. (1966). Recent measures in syntactic development. *Elementary English, 43,* 732-739.

Hyams, N. M. (1989). The null-subject parameter in language acquisition. In O. Jaeggli & K. Safir (Eds.), *The null-subject parameter.* Dordrecht: Kluwer.

Klima, E., & Bellugi, U. (1966). Syntactic regularities in the speech of children. In J. Lyons & R. Wales (Eds.), *Psycholinguistic papers.* Edinburgh, UK: Edinburgh University Press.

Lane, V. W., & Molyneaux, D. (1992). *The dynamics of communicative development.* Englewood Cliffs, NJ: Prentice-Hall.

Lee, L. (1974). *Developmental sentence analysis.* Evanston, IL: Northwestern University Press.

Limber, J. (1973). The genesis of complex sectences. In T. Moore (Ed.), *Cognitive development and the acquisition of language* (pp. 169-185). New York: Academic Press.

Loban, W. (1976). *Language development: Kindergarten through grade twelve.* Urbana, IL: National Council of Teacheers of English.

Loke Kit Ken (1991). A semantic analysis of young children's sue of Mandarin Shape Classifiers. In A. K. Terry (Ed.), *Child language development in Singapore and Malaysia* (pp. 98-116). Singapore: Singapore University Press.

McNeill, D. (1970). *The acquistion of language.* NY: Harper & Row.

Menyuk, P. (1971). *The acquisition and development of language.* Englewood Cliffs, NJ:

Prentice-Hall.

Miller, W., & Ervin, S. (1964). The development of grammar in child language. In U. Bellugi & R. Brown (Eds.), The acquisition of language. *Monographs of the Society for Research in Child Development, 29*, 9-34.

Owens, R. E. (1992). *Language development: An introduction* (3rd ed.). New York: Charles E. Merrill.

Owens, R. E. (1996). *Language development: An introduction* (4th ed.). Boston, MA: Allyn & Bacon.

Pinker, S. (1987). *Language learnability and language development.* Cambridge, MA: Harvard Uniersity Press.

Reich, P. A. (1986). *Language development.* Englewood Cliffs, NJ: Prentice-Hall.

Richards, M. (1980). Adjective ordering in the language of young children: An experimental investigation. *Journal of Child Language, 6*, 253-277.

Rondal, J., Ghiotto, M., Bredart, S., & Bachelet, J. (1987). Age-relation, reliability, and grammatical validity of measures of utterance length. *Journal of Child Language, 14*, 433-446.

Scott, C. M. (1988). Producing complex sentences. *Topics in Language Disorders, 8*(2), 44-62.

Tyack, D., & Ingram, D. (1977). Children's production and comprehension of questions. *Journal of Child Language, 4*, 211-224.

Vaidyanathan, R. (1991). Development of forms and functions of negation in the early stages of language acquisition: A study of Tamil. *Journal of Child Language, 18*, 51-66.

Wing, C., & Scholnick, E. (1981). Children's Comprehension of pragmatic concepts expressed in "because", "although", "if" and "unless". *Journal of Child Language, 8*, 347-365.

Wootten, J., Merkin, S., Hood, L., & Bloom, L. (1979). *Wh- questions: Linguistic evidence to explain the sequence of acquisition.* Paper presented at the biennial meeting of the Society for Research in Child Development, San Francisco, CA.

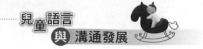

附錄 1　幼兒語言樣本（一）

姓名：鋒鋒

性別：男

年齡：1 歲 9 個月

1.拒絕錄音（欲外出玩耍）。2.好、好。3.外面玩玩完。4.烏龜呢？5.烏龜 bye-bye。6.阿姨呢？7.伯伯呢？沒有呀！（3 次）8.蝴蝶呢？（3 次）9.飛走了！10.伯伯呢？11.啊！伯伯不見了！12.貓咪呢？貓咪。13.姊姊呢？哇！姊姊呢？14.好！好！好！好！15.V.V.呢？（事實上應是 B.B.，是其姊姊的名字）16.B.B 去哪裡？17.瑞瑞呢？18.加油「ㄅㄢˋ」（至目前為止，仍將「加油站」發音為「加油蛋」）19.姊姊。20.阿姨早。21.瑞瑞早。22.飛機……沒有啊！23.阿伯 bye-bye。24.阿伯早！阿伯早安！25.玉米呢？（閩南語發音）買菜。26.不要，不要。（拒絕錄音）27.「說」再見。28.阿伯再見。29.媽媽愛哭包。30.水溝、石頭呢？（其平日會拿石頭丟入水溝）31.蹦蹦　痛痛。（其平日恐跌倒，常常蹦蹦會痛痛）32.不見了。33.狗大便。34.狗大便臭臭。35.喵……（貓咪）{情境}36.從這邊走。37.不客氣。（語氣拉長）38.不要不要。39.聽姊姊。（2 次）{其欲聽姊姊被錄下的錄音帶}40.媽媽按、聽姊姊。

資料來源：喻德梅老師提供

附錄 2　幼兒語言樣本（二）

姓名：弟弟

性別：男

年齡：2 歲 2 個月

　　1.弟弟看夢。2.媽媽弟弟罰站。3.去海洋館大鯊魚。4.大車車，小車車，碰，翻車。5.弟弟抽菸。6.爬很高，會跌死，奶奶救命呀。7.醫生阿伯打針，弟弟痛痛，弟弟痛痛，哭哭，流血。8.弟弟畫恐龍，弟弟寫 123，弟弟寫字。9.弟弟做老闆，弟弟賣藥藥。10.喂！媽媽不在。11.媽媽上班，爸爸上班，哥哥上學讀書。12.弟弟自己睡，弟弟睡覺，弟弟脫衣服睡覺。奶奶睡這邊。13.弟弟媽媽去動物園，看大象、長頸鹿、企鵝、熊熊、鴨子、猴子、蛇、恐龍、烏龜。14.奶奶講故事，講大象，講長頸鹿，不要講大野狼，不要講老虎。15.爸爸鞋鞋弟弟穿。

資料來源：楊怡玫老師提供

兒童語用能力的發展

在一列開往魯本的火車上,一個年輕人停在一位看起來相當有錢的商人面前。

「可不可以告訴我現在幾點鐘?」

這個商人看著他,回答說:「你去死吧!」

「什麼?你這個人是怎麼搞的,我很有禮貌地問你一個很文明的問題,你卻給我這麼粗魯不客氣的回答。到底是什麼意思?」

這個商人看著他,輕輕地嘆了一口氣,然後說:

「好!請坐。我告訴你這是怎麼一回事。你問我一個問題,我必須回答你,對不對?然後我們會開始聊天,談天氣、政治、生意。一個話題換到另一個話題。最後,我會發現你是猶太人,而我也是猶太人。我住在魯本,而你是要到魯本的外地人,因此我會邀請你到我家晚餐。你見到我女兒,她是個漂亮的女孩,而你是個英俊的年輕人。你們會一起出去玩幾次,然後你們相戀了。最後,你要求我把女兒嫁給你。所以,年輕人,為什麼要經歷這麼多不必要的麻煩?現在我就可以告訴你,我不會把我的女兒嫁給一個連手錶都沒有的人。」

（資料來源：Ausbel, 1948, 取自 Carroll, 1986）

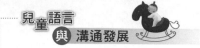

壹 前言

　　語用（pragmatics）主要是指，在社會情境中語言使用的規則，以及溝通情境或是語境脈絡對人們在解釋話語含意的影響。如同上面所舉的例子，當陌生人向我們問路、問時間時，很少人會回應別人：「你去死吧」；因為在人際互動溝通的發展過程中，每個人都會學習在不同的社會互動情境中與他人維持禮貌、文明的溝通交流，例如：當我們想請人家幫忙時，在說話的口氣、遣詞用句上就會特別注意；又如：當大學生翹課被老師點名發現時，他會小心翼翼地編些理由向老師解釋為何沒來上課，而不會直接挑釁的說：「我來的時候不點名，我不來的時候就點名，這是存心找麻煩嘛」；這些視溝通對象、溝通情境、溝通目的而適當使用語言與人溝通的能力，即是語用能力。事實上，現在很盛行的EQ（emotional intelligence，情緒智商）之概念，其中很重要的一部分即是良好的溝通能力或語用能力。而兒童是如何發展出語用能力，研究者常常從溝通意圖（communicative intentions）、溝通或語用前設（presupposition）、言談組織（organization of discourse）、言語行為（speech acts）等觀點探討之。

貳 語用的組織架構

　　Roth 與 Spekman（1984）曾提出一個語用架構圖（如圖 8-1 所示），將溝通情境、溝通意圖、溝通／語用的前設、交談的組織等交互運作之關係加以介紹說明。茲將此架構概述如下。

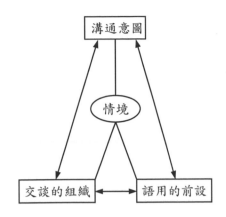

圖 8-1 語用架構圖
資料來源：參考自 Roth & Spekman (1984)

一、溝通意圖

溝通的產生需要訊息傳遞者有溝通意圖，訊息接收者需要有回應。也因此溝通意圖即為溝通的動機，是彼此期望藉由此溝通行為所達成的目的。根據 Roth 與 Spekman（1984）的界定，溝通意圖涉及編碼的方式，以及傳達出來的意圖之清晰度與被了解之程度，例如：一個 1 歲 11 個月大的嬰兒在吃完了一塊芒果之後，就一直說：「不是，不是」，媽媽與爸爸都搞不清其意思。在此溝通情境中，小小嬰兒的溝通意圖雖有出現，亦能以口語詞彙編碼，但意圖表達卻不夠清晰，以致於父母皆無法了解其傳遞出來的訊息。

二、溝通／語用的前設

在溝通互動產生的情境中，說話者在談論某個人、某件物品、某活動、某事件的來龍去脈，或甚至是某個理論／原理／條款時，會考慮聽者的相關背景知識或經歷，以便在遣詞用句上以及訊息提供的量與質有所選擇。這種

考慮聽者在理解說話者談論的內容，所需要的特定訊息之假設，即是溝通／語用的前設。換句話說，溝通／語用的前設強調，由溝通對象的角度來調整訊息的提供，所以亦是一種角色扮演或觀點取替（perspective taking）的能力。另外，由聽者的角度來看，他們也會假設說話者的溝通意圖，例如：在與幼兒交談時，我們會盡量將溝通的訊息設限在立即情境中具體的人、事、物，這是因為我們會假設其較無法理解抽離情境、未來或抽象的事或物。

三、交談的組織

在日常生活中，我們有很多交談對話的經驗，若正式地去思考其組織，則會發現在每次的交談中，總是不會脫離下列幾項：(1)主動引出話題（topic initiation）；(2)聽者與說者角色的輪換（turn taking）；(3)話題的維持（topic maintaining）；(4)溝通訊息不清楚時的修正或補充說明（conversational repairs）；(5)話題的結束（topic termination）。而這些也正是交談對話的組織。

四、溝通情境

個體的溝通行為，絕對無法脫離行為產生的情境。兒童在日常生活中常常參與的例行活動、常常接觸的人、溝通機會等，都會影響其溝通行為的產生；也因此溝通產生的情境自然會規範、限制溝通的意圖、內容、溝通前設與交談的組織，例如：在玩戰鬥陀螺與聽說故事的情境時，其所涉及的語用層面是不一樣的；又如：在教室與教師的交談與在公共汽車上與司機交談對話的風格，也一定是不一樣的。

綜上所述，語用所涉及的層面包括：溝通情境、溝通意圖、溝通／語用的前設、交談的組織；這些變項的交互運作，會影響溝通的進行。其中，溝

通意圖的產生會受溝通情境中人、事、物的影響,而溝通意圖的產生又涉及如何將其編碼以便清晰表達,這些又會受溝通前設的影響,因說話者會考量應該提供哪些必要的相關訊息。溝通意圖一旦傳遞出去之後,即會開始循著交談互動的組織,使溝通持續下去。上述這些相關層面都是環環相扣,彼此具有密切關係。

參 語用的相關概念

除了上述語用的組織架構所提及的溝通情境、溝通意圖、溝通／語用的前設、交談的組織之外,研究者亦常使用哲學的概念解釋語用的概念,包括:言語行為(speech acts)與交談的準則(conversational maxims)。

一、言語行為

兒童語用能力發展的觀察與研究,深受 Austin(1975)和 Searle(1969)的哲學理論所影響。根據 Austin 的論點,說話者所說出來的每一句話語,都是一種言語行為,這些言語行為可能是承諾、要求、指稱、描述、爭取、命令、警告、道歉等(Searle, 1969)。據此,言語行為所隱含的意思,乃指每個人在使用語言與別人溝通時,都會抱持著某種的意向、目的、信念,以及期望等;而每一個言語行為都有下列三個成分(謝國平,2000):

1. 表意行為(locutionary act):其主要是指,說出來的話語所代表的字面意義,例如:一個 3 歲半的男童看著櫥窗中擺設的古董汽車模型,不斷看著媽媽並說:「汽車怎麼會在這裡?汽車怎麼會在這裡」,這句話語的表面意義就如同詞彙所傳達或代表之意。

2. 非表意行為(illocutionary act):其主要是指,說話者的溝通意圖或

所欲達到的功能，例如：在上述例子中，這位小男童的溝通意圖是想要拿到那部車。

3. 遂行行為（perlocutionary act）：其主要是指，說者所說的話語內容對聽者所造成的影響效果。再以上述小男童所說的話語為例，媽媽聽了這句話後，可能就會去買古董汽車模型給他，但也有可能只淡淡的說：「喔！車子放在那裡，大家才可以看啊」。

二、交談的準則

Grice（1975）曾提出交談的合作原則（cooperative principle）或是交談的準則，來解釋語用的理論。根據此論點，交談可以進行或維持下去，是有賴於聽者與說者雙方的真心合作；而其合作的的原則包括下列四項（謝國平，2000）：

1. 量的準則（quantity principle）：乃指說話者所提供的訊息應該足夠，以利聽者理解。
2. 質的準則（quality principle）：乃指說話者所提供的訊息要真實，不要說出自己認為是假的或不足為信的事。
3. 關係的準則（relation principle）：乃指說話者所提供的訊息要與正在進行中的交談主題有關。
4. 方式的準則（manner principle）：乃指說話者所說的話語要明確清楚。

綜合上述，言語行為主要是指，溝通時每句話語所傳達的字面語意、非字面含意、說話者的意圖與對溝通對象的影響；而言語行為的達成會受溝通的目的、說話的情境、交談的對象等因素所影響。另外，影響語用層面運作的因素，尚包括交談的準則，亦即在交談時說者與聽者之間訊息的交流，是否本著誠心合作的原則，提供適當、足夠、真實、明確的訊息。

肆 嬰幼兒語用能力的發展

　　雖然有研究者（例如：Lock, 1993）認為，0 至 9 個月大嬰幼兒之行為（例如：哭泣、叫鬧、目觸等），是其「去除不舒服」（discomfort removing）的一種自然反應方式，並不代表他們有意圖與人溝通、互動，或是他們有能力利用這些行為來控制周遭環境；但是有愈來愈多的學者則認為，人類的溝通能力是從嬰幼兒出生那一刻就已經開始發展。咕語聲（cooing）、喃語聲、回響語（self-echoing）、發出難懂的語音（jargon）等，皆被歸屬於前語言溝通的方式（prelinguistic communication）（Lane & Molyneaux, 1992）。從語用的觀點來看，嬰幼兒在出生後的頭幾個月時期，哭泣或發出咕咕聲，乃具有「遂行行為」之特徵，因為，雖然他們的行為並未有任何意圖，但卻能對與其互動的照顧者造成影響作用。大約到了 9 個月大時，嬰幼兒會開始有意圖地發出聲音或使用動作、手勢去影響照顧者之行為（例如：拿果凍給媽媽，要媽媽打開、餵他），這種語用行為稱之為「非表意行為」；而當嬰幼兒開始會使用可辨認的詞彙表達己意時（約在 10 至 13 或 15 個月大，因人而異），其語言溝通則具備「表意行為」之特徵（Bates, Camaioni, & Volterra, 1975）。

　　另外，根據研究者（Lane & Molyneaux, 1992; Owens, 1996）的觀察，在口語出現前的語用發展可歸納成下列幾點：

1. 使用指的動作或其他手勢、動作，引起他人注意自己、事件或物品。
2. 使用指的動作，要求大人提供物品、做出某行為，或是引領大人至其想要的物品前。
3. 使用指的動作或其他手勢、動作，讓大人注意新的或不尋常的事件。
4. 點頭、搖頭或揮手與別人打招呼。

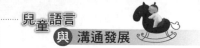

5. 哭叫、將物品推開或是將頭轉開，以表示抗議、拒絕之意。

6. 當已得到其想要的物品或活動時，會以微笑來表達。

伍 溝通意圖的發展

　　很多語言發展學家都認為，嬰幼兒在前語言階段所出現的一些行為，例如：哭叫、用手抓取、目觸、微笑、喃語、胡亂語、用手比、用手去指、推、甩手等非口語的行為，都可能是嬰幼兒表達溝通意圖的方式。而在大人與嬰幼兒的互動中，大人會將嬰幼兒的行為解釋成具有溝通意圖的表示，並給予適當或誇張的回應，此時，嬰幼兒似乎也會受到鼓勵亦回應回去，就在這種具有溝通基本本質的互動中，嬰幼兒習得其最基本的溝通概念，並據此發展出使用各種表達溝通意圖的方式（Smiley & Goldstein, 1998）。

　　如同前述，嬰幼兒從 9 個月大時會開始使用手勢、身體動作或是發出聲音，以表達各種不同的溝通意圖。Roth 與 Spekman（1984）整理了 Dale（1980）、Dore（1975, 1978）、Bates 等人（1975），以及 Halliday（1975）的研究，列出不同語言發展階段幼兒的溝通意圖發展類型，如表 8-1、8-2、8-3 所示。由該三個表中顯示，在前語言期階段的溝通意圖包括：尋求他人注意、要求、問候、轉變／變化、抗議／拒絕、回應、提供訊息。在單詞期階段，嬰幼兒已可使用簡單的詞彙表達溝通意圖，例如：要求提供訊息（如：說出「ㄋㄟㄋㄟ」，因為找不到奶嘴；說出「嬤」，因為看不到阿嬤）；要求停止某項活動（如：說出「不行」）；要求活動（如：「去」、「喝」）；說出物品名稱（如：看到知道名稱的物品會說出該詞彙）。此階段的溝通意圖類型有：說出物品名稱、表達意見／看法、要求物品、要求行動、要求提供訊息、回應、抗議／拒絕、尋求他人注意、問候。而在雙詞期或多詞期時，幼兒的語言表達所顯現出的一些溝通意圖，包括：(1)要求獲得訊息；(2)

要求動作、行為（例如：「開！要看」、「去儒儒家」）；(3)回應別人的要求（例如：「大人：你現在是幾歲？幼兒：我 3 歲」、「大人：妳的熊熊呢？幼兒：熊熊丟」）；(4)陳述或表達已見（例如：「我會開車」、「這很醜」、「麵麵燙燙」）；(5)調整交談行為（例如：「大人：我都沒有。幼兒：好！這個給你」、「我有看恐龍，你要不要看」、「你知道我們去 SOGO」）；(6)其他（例如：「妳還哭」、「不要哭，是假哭的」、「你抓不到我」）。

表 8-1　前語言期的溝通意圖

溝通意圖	例子
尋求他人注意	
1.注意自己	拉媽媽的裙角，以獲得注意。
2.注意事件、物品、其他人	指著飛機，引起媽媽注意。
要求	
1.物品	指著想要的玩具。
2.活動、動作	把童話書拿給媽媽（要媽媽唸讀）。
3.訊息	指著平常放餅乾的地方（因為餅乾罐不見了），同時看著媽媽。
問候	搖手（表示再見）。
轉變／變化	將玩了一會兒的玩具拿給媽媽。
抗議／拒絕	哥哥把玩具拿走，哭著找媽媽。
回應	媽媽說：「丟到垃圾桶」，會把果皮丟進去。 媽媽說：「喵」（玩躲貓貓），會開始笑。
提供訊息	指著玩具卡車上的輪子，讓媽媽看（因為只剩 3 個輪子）。

表 8-2　單詞期的溝通意圖

意圖	定義	例子
說出物品名稱	使用一般或專有名詞指稱人物、物品、事件和地點。	狗、果汁、布布
表達意見／看法	使用詞彙描述物品、事件、人物的特徵，或描述動作行為。	大、這裡、我的
要求物品 1.在情境中出現 2.不在立即環境中	使用詞彙表達需求，或欲獲得某樣物品。	1.ㄋㄟㄋㄟ（眼睛搜尋奶瓶）。 2.車車（伴隨著手勢和視線）。 3.球球（拉著媽媽的手到另外一個房間）。
要求行動	要求做或繼續做某樣動作或行為。	1.舉高雙手並說：「抱抱。」 2.看著大人說：「一遍」（想再玩一次躲貓貓）。
要求提供訊息	使用詞彙詢問訊息（語調變化也包括在內）。	1.什麼？ 2.沒有（找不到奶嘴）。 3.媽媽（看不到媽媽）。
回應	回答說話者之話語。	1.媽媽問：「要不要看？」回答：「要。」 2.阿姨說：「要不要出去溜溜？」回答：「溜溜。」
抗議／拒絕	使用語言表達抗議。	阿姨說：「蛋糕給我吃一口。」回應說：「不行。」
尋求他人注意	引起他人注意自己或環境中的事、物。	看到陽台上有一隻鳥停在欄杆上，拉爺爺的手並說出：「小鳥。」
問候	招呼、一般禮貌性的行為。	到了門邊拿出鞋子，並說：「bye-bye」。

表 8-3　詞彙結合期幼兒的溝通意圖

意圖	定義	例子
要求獲得訊息	言語用來請別人提供訊息、允許、確認或重複。	「哥哥在哪裡？」
要求動作、行為	請別人做或停止某樣行為、動作。	「球給我」、「走開」、「洗頭，不要」。
回應別人的要求	言語用來提供別人想得到的訊息。	阿姨問：「哥哥去哪裡？」幼兒回答：「去買乖乖。」
陳述或表達己見	陳述事實、規則，表達自己的想法、態度、情意，或描述環境中的某些層面。	1.「這是我寶貝媽媽。」 2.「我看海棉寶寶。」
調整交談行為	監控、調整人際之間的接觸、互動。	1.「阿姨，我們躲起來。」 2.「媽媽，我要說啦。」
其他	用來取笑、警告、歡呼、表達主張（聲稱）。	1.玩遊戲時說：「輪到我了。」 2.過馬路時說「小心！」 3.告訴表哥：「你沒有妹妹。」 4.到了麥當勞門口，雙手舉高說：「耶！麥當勞。」

陸 語用前設能力的發展

如同前述，語用前設（Presupposition）乃指，說話者對溝通對象是否知悉，與話題相關背景知識的一種假設（謝國平，2000）。事實上，語用前設的發展也可視為依溝通對象背景知識不同而調整話語內容、說話方式的溝通能力發展。Geller（1989）指出，語用前設涉及三項觀點取替（perspective taking），包括：(1)語言觀點取替，乃指在說話時會依溝通對象的語言能力調整自己的遣詞用句；(2)認知觀點取替，係指判斷聽者對談論的話題、內容所理解的程度；(3)知覺觀點取替，主要是指推論溝通對象在情境中所知覺的內涵（例如：感受、看到、聽到等）。也因為語用前設所涉及的層面如此複雜，

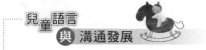

因此其發展會受兒童的語言、認知與社會能力所影響。

Maratsos（1973）設計了兩種實驗情境，探究 3 至 5 歲的兒童在溝通時，是否能站在聽者的角度提供談話的訊息。其中的一個實驗情境為，研究者將眼睛閉起來，並請兒童說明其放入玩具車中的玩具是什麼；而在另外一個實驗情境中，研究者則是張開雙眼，同樣的，兒童也是需要說明其放入玩具車中的玩具是什麼。研究結果顯示，當研究者閉上雙眼時，兒童會更明確地用口語說明其選擇的玩具，而較少用手勢動作指著玩具；反之，當研究者雙眼並未閉上時，他們則會使用較模糊的言語，較多用手勢指稱的方式說明其放入玩具車內的玩具。根據此項研究結果，研究者推論 3 至 5 歲的兒童已能依溝通對象的狀況，而調整話語訊息。

事實上，過去的研究已發現，3 歲以前的大部分兒童，仍然無法理解訊息提供不足時對溝通對象的影響（Owens, 1996）。然而，到了 3 歲時，他們已漸漸能決定哪些訊息是溝通對象所需的（Shatz, Wellman, & Silber, 1983）。此外，他們在回答問題時，也能依據聽者所知道與不知道的訊息而調整其答案（Parner & Leekam, 1976）。再者，3 歲兒童也會開始依溝通對象的年齡而調整話語，當他們在與比其年幼者說話時，會使用較簡單的詞彙與簡短的語句，但在與成年人或同齡兒童交談時，則會使用較複雜的言語。另外，當交談的主題或談論的物品是直接可以觀察到的，且溝通對象也正看著該物品時，3 歲兒童所提供的訊息會較少；但當討論的物品並未出現在溝通情境中時，他們所提供的訊息則會較多（Hulit & Howard, 2006）。

另外，Menig-Peterson（1975）曾進行的語用發展研究，則是先讓兒童參與一些遊戲活動，再讓他們在一週之後，將該活動告訴當時也在場的人，以及當時並未在遊戲活動現場的人。研究結果顯示，3 歲與 4 歲兒童會提供更多與更充足的訊息給不在現場、不熟悉該遊戲活動的人。

除了能考慮聽者對人、事、物熟悉的程度，而在交談中調整話語訊息，4 歲的兒童也能依溝通對象的不同，而調整說話的方式。Shatz 與 Gelman

（1973）的研究結果即顯示，4 歲兒童對 2 歲幼兒說話的方式，是不同於其與成年人之間的溝通；他們傾向使用較短與較簡單的話語，而且也會使用引起 2 歲幼兒注意的用詞，例如：「你看」等。

另外，參照性溝通（referential communication）也是研究者用來了解兒童溝通能力或語用前設發展的實驗設計。此項實驗設計的方式，為請兒童隔著一個屏風，提供語言指示給坐在另一邊之同儕，該同儕需遵循指令做出某些行為。在 Glucksberg 與 Krauss（1967）的研究中，學前兒童被要求描述他們所堆疊的積木，以便讓隔著屏風的同儕能依照同樣的順序疊高積木，而這些積木是在不同的幾何形狀上放置不同圖案。研究結果顯示，當積木上的圖案是兒童熟悉的動物時，他們的表現非常好；可是當積木上的圖案是較抽象、較稀奇時，幼兒園階段的兒童則只會提供較模糊的訊息，例如：「爸爸的襯衫」、「媽媽的帽子」等，有時候甚至只是用手指在圖案上摸畫。相反的，8 至 10 歲的兒童則因為知道隔著屏風的同儕看不到他們所提到的積木，因此會提供較多有用的訊息，表示他們已較能考慮與了解到聽者的理解，是與其所提供的訊息息息相關的（Krauss & Glucksberg, 1977）。雖然語用前設的發展必然會隨著年齡的增長而變得更好，但前述參照性溝通的實驗設計本質上也有一些限制，意即年幼的幼兒語言能力可能較不足，尚未習得指稱形狀或是積木上圖案的詞彙，自然無法提供適當與足夠的訊息（Hulit & Howard, 2006）。

綜合上述，語用前設主要是指，說話者可以依據聽者的能力與對交談話題的知識，而調整溝通的方式或訊息提供的能力；此種能力基本上，是與觀點取替（perspective taking）以及去集中化（decentration）的能力有關，也因此當兒童的認知能力、語言能力與社會能力愈來愈好時，他們在與人溝通交談時，也愈能有效地去關注溝通對象的需求、站在他人的角度去想，在訊息的提供上會考慮聽者已知與未知的部分。過去的研究發現，幼兒從 3 歲開始，即已慢慢發展出語用前設的能力，而到了學齡時期，其聽者覺識的能力會發展得更加成熟。茲以下面的實際例子，說明 3 歲與 9 歲兒童語用前設的發展狀況。

3 歲兒童語用前設的發展狀況舉例

溝通情境

　　家中只剩一個橘子，媽媽要凡凡（3歲5個月）與弟弟（2歲2個月）平分一起吃。凡凡將橘子剝成兩半，但其中半顆的瓣數較多，另外的半顆則只有3瓣。凡凡拿起只有三瓣的橘子，對者弟弟說：「弟弟，你吃這個，這個比較甜，明天我再帶你去買玩具，是金剛，很大的金剛喔。」

9 歲兒童語用前設的發展狀況舉例

　　9歲的凡凡一到阿嬤家，就氣呼呼地對阿嬤說：「阿嬤，你是我媽媽的媽媽，妳要說說她。」

　　阿姨在旁邊馬上問到：「ㄟ！小帥哥！你在生氣啊！你要阿嬤說你媽什麼啊。」

　　凡凡：「阿姨，你知道什麼叫壓力嗎？我的壓力真是太大了！」

　　阿姨：「哇！你小小年紀有什麼壓力？」

　　凡凡：「哼！不跟妳說了，你們大人都一樣，和我媽媽一樣。」

　　阿姨：「好啦！好啦！你說。」

　　凡凡：「每天我們都要到學校上課，要寫作業，還要考試，晚上還要去補英文、補畫畫，星期六還要去補作文。星期天應該是休息的日子，可是我媽媽還要叫我們背英文。算了啦，妳和我媽一定都一樣，都認為我要去補習，要背英文。」

柒 交談技能的發展

交談技能是語用知識中最重要的部分，兒童在教室中的學習與社會互動，都與其交談技能有密切之關係（Weiss, 2004）。如同前述，人際之間交談對話進行或組織包含五個要素：(1)主動引出話題；(2)聽者與說者角色的輪換；(3)話題的維持；(4)溝通訊息不清楚時的修正或補充說明；(5)話題的結束。也因此，探討兒童交談技能的發展都會從這幾個面向來說明。

一、輪替技能

交談技能的基本結構為訊息發送與接收的一來一往輪替過程，因此研究者亦常常觀察、分析幼兒與大人互動之類型與行為，來說明交談或溝通互動中輪替技能的最初發展。在嬰幼兒階段，很多親子互動的輪替行為，都是在母親根據其子女的行為所建構的鷹架中所發生的（Shatz, 1983），例如：當 3 個月大的嬰兒張大著眼睛看著媽媽時，媽媽會說：「喔！我的小寶寶最可愛了」，然後停頓一下等待嬰兒的回應；又如：當 7 個月大的小寶寶看著玩具熊時，媽媽可能會說：「熊熊好可愛，給你抱抱」，並將玩具熊拿給小寶寶，小寶寶就拍拍玩具熊的身體，這時媽媽會繼續說：「那你要不要拿球球給熊熊玩」，並將球放在玩具熊懷裡。小寶寶緊接著就將球丟到地上。

一般而言，在 0 至 12 個月大這段期間，照顧者會建構出互動的情境，與嬰兒進行一來一往的溝通互動。在 4 個月左右，嬰兒會與照顧者發展出相互目觸（mutual eye gaze）的互動，或是變換目觸的對象，例如：媽媽看著奶瓶，並說：「寶寶要喝牛奶了」，嬰兒也會跟著看奶瓶。另外，嬰兒似乎也會從互動的經驗中學會發出「ㄚ、ㄧ、ㄛ」的語音或喃語音節來回應大人所

說的話語，這些都是輪替技能的表現。研究發現，嬰幼兒與大人之間的目觸互動以及輪替互動的次數，似乎會影響早期口語表達的發展（Dunham, Dunham, & Curwin, 1993）。

另外，幼兒與兒童對交談規則的理解，常常表現在他們聽到大人的話語之後，就會做出動作、行為回應，彷彿是知道交談的本質就是需要一來一往，他們有義務適時回應，例如：7 個月大的嬰兒聽到媽媽說：「跟阿姨說再見。」就會揮揮手。此外，為了將溝通互動維持下去，嬰幼兒需要了解當大人說出話語時，他們需要回應，不管是看著大人、微笑或是做出一些動作（Hoff-Ginsberg, 2001）。而即使到了 2 歲左右，很多幼兒對大人話語的回應一樣是做出動作，即使其所聽到的話語是大人故意說得很荒謬的，例如：Shatz（1987）即曾要求一個 2 歲幼兒：「你怎麼不把鞋子穿在頭上」，這名幼兒馬上將鞋子脫下放在頭上。

隨著幼兒語言能力發展得愈來愈好時，他們在交談互動時，就會開始使用話語回應別人的話語。2 歲以下的兒童對「是什麼」、「在哪裡」的問題較能回應，對「為什麼」的問題則有較大的困難（Allen & Shatz, 1983; Blank & Allen, 1976）。另外，過去也有研究者亦曾觀察到，幼兒即使在語意或詞彙意義的理解仍有問題時，也會對大人的問題加以回應（Shatz, 1983），例如：大人問：「現在幾點鐘」，幼兒回答：「八點鐘」（錯誤，因該幼兒尚未學會看鐘錶上的時間）。大人問：「這是什麼顏色」，幼兒隨便回答：「綠色」（錯誤，正確答案為咖啡色）。事實上，國外研究發現即已指出，學前兒童在人際交談中，回應溝通對象的內容只有 20 ％以下是相關的（Owens, 2005）。不過此數據似乎有低估之現象，因此後續研究仍應再進一步探索此議題。

此外，幼兒或學前兒童對交談時輪替線索的知覺亦較差，因此常需別人的提示，或是在交談對象已說完之後，仍然等了一會兒才接下去說，而這種現象會在參與交談的人數超過 2 個以上時，更形嚴重（Ervin-Tripp, 1979; Garvey, 1984）。過去的研究即發現，2 歲多的幼兒並不了解，停頓可做為交談輪替的線索，但到了 3 歲半左右時，他們會開始覺察停頓時間超過 1 秒時，交談對象就不會回應了（Craig & Gallagher, 1983）。另外，Ervin-Tripp（1979）的研究也曾發現，4 歲以下的兒童在和 2 個以上的成人或較大的兒童交談時，比其在一對一的溝通情境中，更容易出現輪替不適當的現象。

而在輪替數量方面，雖然 3 歲兒童的自發性話語表達能力發展得愈來愈好，但他們對話的輪替次數仍然很少。而到了 5 歲時，約有 50 % 的兒童在交談時可以維持話題長達 12 輪。然而，輪替次數則會視話題、溝通對象及兒童的動機而有所差異（Owens, 2005）。

綜合言之，學前兒童的交談輪替技能會隨年齡的增長，而發展得愈來愈好。他們已建立交談時聽者與說者需輪流變化聽說角色，以便將溝通互動持續下去的概念。然而，他們比較依賴外顯的線索，來認明說話者已說完其話語，而較不會由預期交談的內容認明輪替的時機。此外，交談時論替技能的發展，也會受到兒童本身的語言能力、話題、溝通對象等因素所影響。

二、話題的開啟

人們交談中訊息的傳遞與接收，總是會繞在某個主題上，而交談內容自然是與兒童的語言能力發展、生活經驗、已建立的知識有關。根據Keenan與Schieffelin（1976）的界定，話題的開啟涉及以下數項：(1)引起溝通對象的注意；(2)清楚的表達或說出溝通訊息；(3)指認出談論的物品／事件；(4)了解溝通主題的概念。

而與輪替行為的研究一樣，兒童話題開啟能力的發展，也是從嬰幼兒階段開始探討的。嬰兒在 1 個月大時，即會使用一些非語言溝通的方式引起溝通對象的注意，例如：微笑、發出聲音。而他們在 6 個月大時，即可操弄物品，引起大人注意，開啟溝通互動，例如：將奶嘴吐出，好讓大人再將其放

入他的嘴巴中。12個月大時，他們已可使用手勢或用手比的動作，開啟溝通互動，例如：看著圖畫故事中的狗，會指著門外，好像是告訴媽媽：「狗狗在院子裡。」

2歲多的幼兒因為已發展出愈來愈多的詞彙或完整的句子，可以表達自己的想法與感覺，因此在交談溝通時，雖然常常只能將話題維持在2個輪替以上，但他們卻常常會開啟新的話題。雖說如此，但因話題轉變太快，也會造成溝通對象無法理解的問題（Hulit & Howard, 2006）。

Foster（1986）研究學前幼兒的的話題開啟發展，發現：(1)隨著年齡的增長，幼兒更能成功地開啟話題；(2)開啟話題的方式是由非語言溝通變成語言符號的溝通；(3)話題也會隨著年齡的增加而改變；最初是環繞在自身，接著是環境中的事、物，最後亦擴及立即環境中未出現的事、物。劉淑美（1994）在自然的溝通情境下，用錄音、筆記的方式，觀察學齡前24位幼兒園的幼兒如何學習會話中的開頭結構，她發現在會話起頭部分中，5歲左右即能學得，且通常都以相互對看（表示認同）後，才有稱呼之打招呼語來開啟會話。

而到了學齡階段，兒童已能在交談時，適當地介紹新的話題，並將話題維持下去至很多輪才結束或轉換至新的話題。8歲兒童所開啟的話題較為具體，一直要到11歲左右，他們才會討論較為抽象的話題（Owens, 2005）。

三、話題的維持

為了讓交談能維持一定的長度或時間，參與交談的人必須依據別人所傳遞的訊息，適當地回應，如此方能將話題維持下去。而由交談輪替次數的觀點來看，幼兒在1歲之前與溝通對象所建立的互動，常是以發聲、目觸、手勢動作或不清晰的詞彙話語等形式的組合表現出來，而其話題的維持常常只有1或2個輪替。但是在很多的例行活動中（例如：洗澡、換尿片、穿衣服

等），話題的維持則可能超過 2 個溝通輪替（Owens, 1996）。同樣地，當 4 歲兒童在熟悉的例行活動中（例如：扮家家酒、玩假裝遊戲、社會戲劇遊戲、與大人在速食店用餐等）與大人交談時，也可進行多個交談輪替，並將話題維持下去（Schober-Peterson & Johnson, 1989）。

Bloom、Rocissano 與 Hood（1976）觀察並分析了 21 至 36 個月大幼兒的交談語言樣本，他們發現在 2 歲以前，幼兒就會遵循交談的規則，也就是等到大人說出話語後才回應；另外，幼兒在回應溝通對象所使用的言語中，無相應關係或模仿／重複的話語則會隨年齡的增加而減少。此外，他們亦發現，年紀較大的幼兒所回應的話語比較會受語境影響（例如：「你為什麼叫你爸爸老爸」，「因為他很胖」）；但年紀較小的幼兒，在交談回應時則較依賴情境中具體事、物的線索〔例如：阿姨問：「媽媽有沒有買新襪子給你」，幼兒說：「襪子這邊」（指著腳上的舊襪子）〕。此外，研究亦發現，學前兒童也常使用「重複別人的話語」之策略，將話題維持下去（Owens, 1996）。

另外，3 至 5 歲兒童在交談時，其話題的轉換比大人還快。根據 Brinton 與 Fujiki（1984）的研究顯示，5 歲兒童在 15 分鐘的交談對話中，可以轉換 50 個不同的話題。一般而言，3 歲兒童在交談時，會不斷、快速地變化話題；但當溝通對象所說出來或回應的話語是順應兒童所說的前一句話的主題時，3 歲兒童約有 20%的時間，可以將交談的話題維持下去（Bloom et al., 1976; Owens, 1996）。此外，當話題是兒童熟悉的人、事、物時（例如：某個玩具的玩法），4 歲兒童則能將交談的話題維持下去（Gelman & Shatz, 1977）。而隨著年齡的增長，兒童將交談話題維持的能力會發展得愈來愈好；由小學高年級開始，在每一次的人際溝通中，兒童們交談時談論的主題之數目會減少，且不會持續變化交談話題（Brinton & Fujiki, 1984; Owens, 1996）。

整體而言，與大人或學齡兒童相較，學前兒童在交談時，是較難將交談維持下去。從發展的過程來看，由 2 歲開始，兒童將話題維持下去的能力會

顯著的增加，他們在交談時停留在相同主題的時間會較長，交談的長度亦明顯拉長。此種語用發展的現象與其語意及語法能力的發展愈來愈好，具有一定的關係。Brown（1980）的研究即顯示，30 個月大幼兒在交談時，所說出來的話語與自己前句話語，或是與大人所說的話語相關連的語句，係與其話語的平均句長（Mean Length of Utterances, MLU）有顯著的相關。

此外，3 至 6 歲兒童在交談時，亦較難提供適當的回饋或回應；當交談的訊息不清楚時，他們亦較不會要求澄清（Patterson & Kister, 1981; Robinson, 1981）。一直要到 11 或 12 歲時，兒童才較會使用點頭或發出「嗯」、「uh-huhs」、「喔」等聲音，表示其仍然持續注意交談的內容，暗示溝通交談還是在繼續進行（Garvey, 1984）。

四、交談的修補

在交談對話的過程中，有時候會出現訊息交流不清楚的現象；這時候訊息接收者可能會指出不清楚的談話內容，並要求說話者澄清，而說話者則會依據請求，重新修正其話語。根據 Gallagher（1977, 1981）的界定，交談的修補可區分成下列五種：(1)將溝通對象聽不清楚的話語再重複說一遍；(2)詞彙的修正／替換，例如：A：「昨天我們去大超級市場買東西」，B：「什麼」，A：「昨天我們去大賣場買東西啦」；(3)添加訊息，例如：A：「那隻狗在游泳」，B：「ㄏㄚ！……什麼」，A：「那隻狗在游泳池游泳啦」；(4)提供定義、背景情境等線索，幫助聽者理解，例如：A：「他們在玩劈腿」，B：「ㄏㄚ……什麼」，A：「就是先猜拳，輸的人兩條腿要往兩邊一直劃下去」；(5)不當的回應，包括：離題話語、不再繼續談話等。

研究發現，面對溝通對象要求澄清訊息時，在 Brown 語法階段一的幼兒（MLU=1.0～2.0，12 至 26 個月大），傾向改變原來話語中詞彙的語音形式；在 Brown 語法階段二的幼兒（MLU=2.0～2.5，27 至 30 個月大），則傾向刪

除一部分原來所說的話語；在Brown語法階段三的幼兒（MLU=2.5～3.0，31至34個月大），則一樣傾向刪除一部分原來所說的話語，但也會同時使用修正／替換詞彙的策略（Gallagher, 1977）。另外，3至5歲的兒童則會使用將溝通對象聽不清楚的話語再重複說一遍的策略，以幫助聽者理解其所說的話語。6歲的兒童雖然一樣會使用相同的策略，但是他們會在重複說一遍的話語中再加入一些更細節的訊息。9歲的兒童則會提供定義、背景情境等線索，幫助聽者理解（Brinton, Fujiki, Loeb, & Winkler, 1986; Konefal & Fokes, 1984; Owens, 2005）。

另外，當被要求澄清其所提供的訊息時，如果被要求的次數過多，不同階段兒童的發展會各異其趣。5歲的兒童會回應第一次與第二次的請求，但對第三次的請求則可能會給予不適當的回應或是放棄不理。小學階段的兒童則會開始使用交談對象要求澄清的話語中的訊息，來修補其不清楚的話語，意即他們會了解溝通中斷（communication breakdowns）產生的原因（Hulit & Howard, 2006）。

上述兒童對話修補的發展情形，主要是來自習英語兒童的資料，而丘珮玲（2001）使用參照性溝通遊戲，探究5歲5個月至12歲11個月兒童的訊息提供能力，她則發現，8至10歲為兒童習得適當澄清或修補技巧的關鍵階段。

綜合而言，在日常生活中的人際交談對話過程中，有時會出現溝通中斷的現象，而當訊息無法被理解時，就必須立即進行修補，以利溝通能持續下去。過去的研究發現，20至30個月大的嬰幼兒在溝通對象要求澄清時，已會開始回應（雖然他們使用改變語音的方式似乎並無幫助）。而不同階段的兒童所使用的對話修補方式也不一樣，但隨著年齡的增長，立即發現溝通中斷並適當修補的能力，也會發展得愈來愈好。

捌 兒童間接請求能力的發展

在人際溝通互動的某些場合中，可能並不適合直接表達出某項要求，因此人們常會使用間接請求（indirect request）的策略，來說明自己的需求。與直接請求相較，間接請求是一種更為微妙、精巧與禮貌的溝通形式，例如：小朋友告訴媽媽：「媽媽，我們班每個人都有 Wii 耶」，似乎就是在暗示與請求媽媽答應他也買一台。

根據 Garvey（1975）的研究顯示，在 3 至 5 歲之間，間接請求增加的比例會愈來愈高；而到了 7 歲時，兒童已發展出不同的間接請求之形式，例如：使用暗示（例如：「媽媽，我都沒有怪獸對打機。林○○都有」）或問句（「可樂阿姨，妳有要去 SOGO 百貨公司嗎」）（Ervin-Tripp, 1977; Garvey, 1975; Grimm, 1975）。另外，在 8 歲之後，兒童與人交談溝通時，更能考慮溝通對象的意圖；他們除了期望別人可以順應其請求之外，也會表現出可以接受其他的可能性，例如：告訴阿姨：「我們今天晚上就去買，明天也可以」（Ervin-Tripp & Gordon, 1986）。此外，8 歲的兒童在打斷別人的活動，或表達出較難以達成的要求時，會表現得更有禮貌（Mitchell-Kernan & Kernan, 1977）。

此外，在學齡階段的兒童，他們會依據兩個簡單的準則提出間接請求：(1)言簡意賅；(2)要夠聰明以避免明顯的苛求（Ervin-Tripp & Gordon, 1986）。而到了 8 歲時，兒童的間接請求會受到其對交談對象的處境之敏感感受程度而定（Ervin-Tripp & Gordon, 1986），例如：8 歲的凡凡會對阿姨說：「妳要不要來參加我們班的美術展覽？不過妳有事不來也沒關係啦」。蕭惠貞（1998）使用問卷調查與個別訪談的方式蒐集語料，分析 7 至 12 歲兒童請求語式中禮貌用語之發展情況，也一樣發現 9 歲左右的兒童對於較不熟悉的溝

通對象，已善於使用間接請求。

　　而在理解間接請求的發展方面，研究者發現學前兒童還是無法完全理解不同形式的間接請求，例如：暗示、問話、反問、非字面意義等（Ervin-Tripp, 1977）；又如：在聽到「你不會覺得這裡好冷嗎」的間接請求時，會回應：「會啊」，但卻不會去把窗戶關起來（Hulit & Howard, 2006）。

　　而到 6 歲時，兒童已能理解很多間接請求的呈現方式，包括嘆氣（Cherry-Wilkinson & Dollaghan, 1979），例如：6 歲小郁的媽媽要求她將掉在地上的外套撿起來，但她並未立即遵循指示，於是這位媽媽就看著這小孩嘆了口氣，小孩馬上懂得嘆氣所代表的間接請求之義（Hulit & Howard, 2006）。再者，8 歲兒童已可理解非字面意義的間接請求（例如：「你會摺被嗎」、「你下次來老師這裡，會帶鉛筆盒，對不對」）（Ackerman, 1978）。到了 11 歲左右，兒童已可根據溝通情境與話語內容，推論說話者的意圖（Abbeduto, Nuccio, Al-Mabuk, Rotto, & Maas, 1992）。

　　綜合言之，隨著年齡的增加以及社會互動經驗的累積，兒童對間接請求的理解也會愈來愈像成人。

玖　結語

　　語用主要是指，在不同溝通情境中掌控語言使用及功能的社會規則，其涉及如何以符合社會規範或約定俗成的方式，使用語言與人對話、交談、溝通、敘事等。語用與交談對話能力有密切的關係，因此溝通的意圖、交談對話的進行、言語行為、語用前設等，常常是用來探究兒童語用技能發展的重點（錡寶香，2006）。

　　語言最大的功能即為應用在人際溝通中，而成為一個適任、受歡迎的溝通夥伴，不只需要有適當的音韻、語意與語法能力，更重要的是要能在社會

情境中，適當地使用這些語言的能力。兒童從出生開始，即慢慢發展出一些語用技能。在前語言期階段，嬰幼兒即會開始使用手勢、身體動作或是發出聲音，表達出各種不同的溝通意圖，包括：尋求他人注意、要求、問候、轉變／變化、抗議／拒絕、回應、提供訊息等。而從幼兒開始出現真正的詞彙時，其溝通技巧也會隨著年齡的增加而發展得愈來愈好。1 歲的幼兒會使用少數幾個他們剛習得的表達性詞彙達成很多溝通功能，包括：指稱物品、要求物品、拒絕活動、進行禮貌性的社會互動等等。

當幼兒的詞彙量愈來愈大，短語與語句結構也愈來愈成熟時，語言就成為他們最主要的溝通工具，他們的交談對話能力會開始發展得愈來愈好。綜合前述，學前階段兒童的語用前設、間接請求、交談技能（例如：開啟話題、輪替、維持話題、對話修補等）之能力仍然生疏，也造成很多溝通中斷。但到了學齡階段後，兒童開始慢慢發展成為有能力的溝通者，可以依溝通對象、溝通情境、溝通時間點的不同，適當地使用語言達成不同的功能。等到他們進入青少年時期時，他們的語用技能已發展得相當完善，至少已經可以在不同的社會互動情境中，以符合社會規範的方式，使用語言與人交談互動。他們也會持續樂在溝通中，繼續經歷有趣的語用發展歷程。

參考文獻

中文部分

丘珮玲（2001）。口語溝通情境中兒童聽者技巧之發展研究。私立輔仁大學語言學
　　研究所碩士論文，未出版，台北縣。

劉淑美（1994）。三歲至六歲學齡前幼兒對會話之中開頭及結尾結構之學習研究。
　　私立靜宜大學外國語文學系碩士論文，未出版，台中縣。

蕭惠貞（1998）。學齡兒童請求語式中禮貌用語之發展研究。私立輔仁大學語言學
　　研究所碩士論文，未出版，台北縣。

錡寶香（2006）。兒童語言障礙——理論、評量與教學。台北市：心理。

謝國平（2000）。語言學概論。台北市：三民。

英文部分

Abbeduto, L., Nuccio, J. B., Al-Mabuk, R., Rotto, P., & Maas, F. (1992). Interpreting and responding to spoken language: Children's recognition and use of a speaker's goal. *Journal of Child Language, 19*, 677-693.

Ackerman, B. (1978). Children's understanding of speech acts in unconventional directive frames. *Child Development, 49*, 311-318.

Allen, R., & Shatz, M. (1983). "What says meow?" The role of context and linguistic experience in very young children's responses to what-questions. *Journal of Child language, 10*, 321-335.

Austin, J. L. (1975). *How to do things with words*. Cambridge, MA: Harvard University Press.

Bates, E., Camaioni, L., & Volterra, V. (1975). The acquisition of performatives prior to speech. *Merrill-Palmer Quarterly, 21*, 205-216.

Blank, M., & Allen, D. A. (1976). Understandfing "why" : Its significance in early intelligence. In M. Lewis (Ed.), *Origins of intelligence* (pp. 259-278). New York: Plenum Press.

Bloom, L., Rocissano, L., & Hood, L. (1976). Adult-child discourse: Developmental interaction between information processing and linguistic interaction. *Cognitive Psychol-*

ogy, 8, 521-552.

Brinton, B., & Fujiki, M. (1984). Development of topic manipulation skills in discourse. *Journal of Speech and Hearing Research, 27*, 350-358.

Brinton, B., Fujiki, M., Loeb, D., & Winkler, E. (1986). Development of conversational repair strategies in response to requests for clarification. *Journal of Speech and Hearing Research, 29*, 75-81.

Brown, R. (1980). The maintenance of conversation. In. D. R. Olson (Ed.), *The social foundations of language and thought* (pp. 187-210). New York: W. W. Norton.

Carroll, D. W. (1986). *Psychology of language.* Monterey, CA: Brooks/Cole.

Cherry-Wilkinson, L., & Dollaghan, C. (1979). Peer communication in first grade reading groups. *Theory Into Practice, 18*, 267-274.

Craig, H., & Gallagher, T. (1983). Adult-child discourse: The conversational relevance of pauses. *Journal of Pragmatics, 7*, 347-360.

Dale, P. S. (1980). Is early pragmatic development measurable? *Journal of Child Language, 8*, 1-12.

Dore, J. (1975). Holophrases, speech arts, and language universals. *Journal of Child Language, 2*, 24-40.

Dore, J. (1978). Variations in preschool children's conversational performances. In K. Nelson (Ed.), *Children's language* (Vol. 1) (pp. 397-444). NY: Gardner Press.

Dunham, P., Dunham, E., & Curwin, A. (1993). Joint-attentional states and lexical acquisition at 18 months. *Developmental Psychology, 29*, 827-831.

Ervin-Tripp, S. (1977). From conversation to syntax. *Papers and Reports in Child Language Development, 13*, 1-21.

Ervin-Tripp, S. (1979). Children's verbal turn-taking. In E. Ochs & B. B. Schieffelin (Eds.), *Developmental pragmatics* (pp. 391-413). New York: Academic Press.

Ervin-Tripp, S., & Gordon, D. (1986). The development of requests. In R. Schiefelbusch (Ed.), *Language competence: Assessment and intervention.* San Diego, CA: College-Hill Press.

Forster, S. (1986). Learning topic management in the preschool years. *Journal of Child Language, 13*, 231-250.

Gallagher, T. (1977). Revision behaviors in the speech of normal children developing language. *Journal of Speech and Hearing Research, 20*, 303-318.

Gallagher, T. (1981). Contingent query sentences with adult-child discourse. *Journal of Child Language, 8*, 51-62.

Garvey, C. (1975). Requests and responses in children's speech. *Journal of Child Language, 2*, 41-63.

Garvey, C. (1984). *Children's talk.* Cambridge, MA: Harvard University Press.

Geller, E. (1989). The assessment of perspective taking skills. *Seminars in Speech and Language, 10*, 28-41.

Gelman, R., & Shatz, M. (1977). Appropriate speech adjustments: The operation of conversational constraints on talk to 2-year-olds. In M. Lewis & L. Rosenblum (Eds.), *Interaction, conversation, and the development of language.* New York: Academic Press.

Glucksberg, S., & Krauss, R. (1967). What do people say after they have learned how to talk? Studies of the development of referential communication. *Nerrill-Palmer Quarterly, 13*, 309-316.

Grice, H. P. (1975). Logic and conversation. In P. Cole & J. L. Morgan (Eds.), *Syntax and semantics 3: Speech acts* (pp. 41-58). New York: Academic Press.

Grimm, H. (1975). *Analysis of short-term dialogues in 5-7 year olds: Encoding of intentions and modifications of speech acts as a function of negative feedback loops.* Paper presented at the Third International Child Language Symposium.

Halliday, M. A. K. (1975). *Learning how to mean: Explorations in the development of language.* NY: Arnold.

Hoff-Ginsberg, E. (2001). *Language development.* Belmont, CA: Wadsworth/Thomson Learning.

Hulit, L. M., & Howard, M. R. (2006). *Born to talk: An introduction to speech and language development.* Boston, MA: Pearson.

Keenan, E., & Schieffelin, B. (1976). Topic as a discourse notion. In C. Li (Ed.), *Subject and topic.* New York: Academic Press.

Konefal, J., & Fokes, J. (1984). Linguistic analysis of children's conversational repairs. *Journal of Psycholinguistic Research, 13*, 1-11.

Krauss, R. M., & Glucksberg, S. (1977). Social and nonsocial speech. *Scientific American, 236*, 100-105.

Lane, V. W., & Molyneaux, D. (1992). *The dynamics of communicative development.* Englewood, NJ: Prentice-Hall.

Lock, A. (1993). Human language development and object manipulation: their relation in ontogeny and its possible relevance for phylogenetic questions. In K. R. Gibson & T. Ingold (Eds.), *Tools, language and cognition in human evolution* (pp. 279-299). New

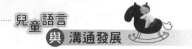

York: Cambridge University Press.

Maratsos, M. (1973). Non-egocentric communication abilities in preschool children. *Child Development, 44*, 696-700.

Menig-Peterson, C. (1975). The modification of communicative behavior in preschool-aged children as a function of the listener's perspective. *Child Development, 46*, 1015-1018.

Mitchell-Kernan, C., & Kernan, K. (1977). Pragmatics of directive choice among children. In C. Mitchell-Kernan & S. Ervin-Tripp (Eds.), *Child discourse* (pp. 189-208). New York: Academic Press.

Owens, R. E. (1996). *Language development: An introduction*. Boston, MA: Allyn & Bacon.

Owens, R. E. (2005). *Language development: An introduction* (6th ed.). Boston, MA: Pearson.

Parner, J., & Leekam, S. (1976). Belief and quantity: Three-year-olds' adaptation to listerner's knowledge. *Journal of Child Language, 13*, 305-315.

Patterson, C., & Kister, M. (1981). The development of listener skills for referential communication. In W. P. Dickson (Ed.), *Children's oral communication skills* (pp. 143-166). New York: Academic Press.

Robinson, E. J. (1981). The child's understanding of inadequate messages and communication failure: A problem of ignorance or egocentrism? In W. P. Dickson (Ed.), *Children's oral communication skills* (pp. 167-188). New York: Academic Press.

Roth, F., & Spekman, N. J. (1984). Assessing the pragmatic abilities of children: Part 1. Organizational framework and assessment parameters. *Journal of Speech and Hearing Disorders, 51*, 8-23.

Schober-Peterson, D., & Johnson, C. J. (1989). Conversational topics of 4-year-olds. *Journal of Speech and Hearing Research, 32*, 857-870.

Searle, J. R. (1969). *Speech acts*. Cambridge, MA: Cambridge University Press.

Shatz, M. (1983). Communication. In P. H. Mussen (Ed.), *Handbook of child psychology* (pp. 841-889). New York: John Wiley & Sons.

Shatz, M. (1987). Bootstrapping operations in child language. In K. Nelson & A. van Kleeck (Eds.), *Children's language* (Vol. 6). Hillsdale, NJ: Lawrence Erlbaum Associates.

Shatz, M., & Gelman, R. (1973). The development of communication skills: Modifications in the speech of young children as a function of the listener. *Monograph of Society for Research in Child Development, 38*.

Shatz, M., Wellman, H., & Silber, F. (1983). The acquisition of mental verbs: A systematic investigation of the first reference to mental state. *Cognition, 14*, 301-321.

Smiley, L. R., & Goldstein, P. A. (1998). *Language delay and disorders*. San Diego, CA: Singular.

Weiss, A. (2004). Why we should consider pragmatics when planning treatment for children who stutter. *Language, Speech, and Hearing Services in Schools, 35*, 34-45.

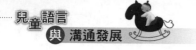

第九章

兒童敘事能力之發展

壹、前言

　　語言是人類生活中不可或缺的溝通工具，舉凡個人需求的滿足、意見與感覺的表達、社會互動關係的建立等，都需要使用語言。為了清楚表達自己，我們必須從已建立的語言知識系統中找到適當的詞彙，進而依據語法規則結合它們，再形成句子說出來。然而，語言的使用不只是在詞彙、句子的層面上運作而已，在很多情境中，說話者必須使用一句以上的話，方能清楚地表達個人的想法或事物的狀態與關係（例如：告訴同學昨天發生什麼事情、電視節目內容，或在教室中表達自己的想法等）。因此，說話者也就必須注意句子與句子之間意義的連結或連貫性，以及整體訊息表達上的組織與序列安排，使得每一句話所傳達出來的概念要與前面那句話有合乎邏輯的關係，而後一句話的意義則是建立在前一句話上面，建構成一前後凝聚的述文（text），而這也就是所謂的口語敘事能力（narration）的運用。

　　從廣義的角度來看，口語敘事能力常被定義為說故事的能力（story telling），大至小說（例如：說書），小至簡單句子的堆積（例如：獅子在籠子裡，兔子在跑），都可以算是口語敘事產品（Applebee, 1978; Labov & Waletzky, 1967）。然而，由比較狹隘的觀點來看，口語敘事乃指，使用口語敘

述過去的經驗或是依時間前後發生的事件（不管是想像的或是真實的）。因此，它是由不同單位〔例如：插曲事件（episodes）或概念〕連結在一起，而形成一完整的述文，其具有某種長度的獨白（monologue），但卻又不是互動式的對話（Klecan-Aker & Kelty, 1990）。

　　雖然，兒童在學前階段即已有很多機會沉浸在口語述說的情境中，但當他們進入小學就讀後，在教室中的教學絕大部分是以陳述、描述說明、解說的言談方式來進行，例如：教師講解課程、大聲讀課文，或是學生摘要上課內容、回答問題、口頭報告等，因此，口語述說能力在學童的學業學習中扮演著非常重要的角色。事實上，在美國很多的研究已證實，口語敘事能力是一般發展正常兒童與學習障礙兒童學業成就最重要的預測因素之一（Cameron, Hunt, & Linton, 1988; Feagans & Applebaum, 1986）。此外，在人際溝通方面，兒童也需要應用敘事能力與同儕互動，發展社會關係（Eder, 1988; Preece, 1987; Stuart, 1992）。也因此，探究兒童敘事能力的發展，可以讓家長、教師從中了解他們的語言能力、對周遭世界所建構的知識表徵、個人經驗、情緒感受、人際／友誼關係，以及學習成效等等。

貳　敘事的理論基礎

　　口語敘事是一種使用語言的高層次認知活動，在其運作過程中需應用很多不同的知識，包括：人際、社會互動的知識、語用前設的了解、事件如何發生（例如：前後順序、因果關係的知識）、不同述說類型結構特徵的知識（例如：課堂上老師講授颱風如何形成、向同儕描述昨天的慶生會、描述電影中的情節、想像的童話故事等）、特定事件的記憶（例如：騎腳踏車跌倒受傷、到迪士尼樂園遊玩），以及語法應用的知識（例如：動詞時態、連接詞的應用、子句的串連）等。述說者必須整合上述之訊息，方能適當地將一

個故事或事件描繪出來（Hudson & Shapiro, 1991），因此敘事的理論基礎可說是植基於社會心理、認知結構、篇章組織的理論上（Liles, 1993）。茲將相關理論說明如下。

一、社會心理

所謂「敘事即心智」（Narrative as mind.）（Sutton-Smith, Botvin, & Mahony, 1976），我們在陳述某個經驗或述說某個故事時，常常都會反映出個人的思考方式、價值取向，以及人格特質。因此，Bruner（1990）即指出，「敘事，事實上是一種思考的表現方式，而其核心即是個體的意圖（intention）」。基於此，敘事最主要的功能，即是引領聽者去了解述說內容所談論的人（who）、事件／物品／行動（what-action/objects）、地點（where），以及提供個人的評價與看法（例如：「他們從此就快樂的住在一起」）（Labov & Waletzky, 1967）。而在引領聽者去了解述說內容時，在本質上其實已是一種社會性互動；另外，在提供個人的評價或看法時，我們也常常會提及事件發生之因，並將個人的情緒反應投注在故事中的角色上面。此外，為了能讓聽者了解述說的內容，個體亦需具備語用（pragmatics）的相關知識，例如：語用的前設（presupposition）之運作，亦即說話者在談論某件事或某個故事時，對聽者背景知識的一種假設，因此會在遣詞用句上，做不同的彈性調整。

二、認知結構

敘事是人類經驗的組織，因此述說內容乃是由個體的表徵系統（或是長期記憶系統中）所提取出來的，而在表徵系統中所建構的結構，包含：事件基模或腳本（scripts）、不同述文文體的組織形式（例如：故事結構等）。茲將研究者所建構的心理腳本理論、故事結構理論與篇章聚合或連貫（coher-

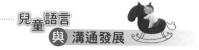

ence）理論說明如下。

（一）心理腳本理論

根據 Schank 與 Abelson（1977）的解釋，心理腳本是個體對不同事件（events）所儲存、表徵的一種方式。這種表徵含括了某個空間／時間情境中一連串有前後順序的行動，而這些行動或行為都是繞著一個目標組織在一起的。因此，動作者（actors）、動作或行為（action）以及支撐的細節（props）等，都是在該特定情境中完成該目的所需之組成要素，例如：一個 4 歲兒童的超市購物之心理腳本，可能是：「進入超市後，媽媽將他放在推車中，媽媽推著他沿著不同的區域選購物品（例如：在生鮮區買魚、肉，在蔬果區買蕃茄），他可能也會自己伸手拿某樣物品。有時候會有某些廠商為促銷商品而有試吃活動，因此媽媽會拿一份給他吃（有時候則沒有試吃活動，因此他的超市購物腳本中的表徵會自動調整），最後，媽媽買完東西之後，會到收銀員所在的櫃檯，將東西一樣一樣拿出來算帳、付錢，找錢之後就回家。」在這個超市購物的心理腳本中，媽媽與這位 4 歲兒童都是動作者，拿取東西、試吃、算帳、付錢都是動作，而支撐的細節則是那些順著次序進行的選購物品行為。

心理腳本與個人的日常生活經驗有非常密切的關係，因此，一個美國兒童可能有上教堂做禮拜的表徵，但非常可能沒有到廟裡上香拜拜的心理腳本，例如：下了車後，到寺廟門口買香火銀紙、貢品，將貢品放在貢桌上，燒香拜拜，燒金紙等事件。

兒童在述說故事中，常常會運用心理腳本所表徵的世界知識（world knowledge）做為其述說內容的依據，例如：在與 3 歲半兒童說故事的互動情境中（故事為「戴斗笠的菩薩」），當提到老公公製做斗笠到鎮上去賣時，該位兒童的重述故事中會改成製做帽子去賣，因為其世界知識中並沒有「斗笠」的概念（註：筆者觀察）。而從發展的觀點來看，當兒童的經驗愈來愈多、

愈來愈豐富時，其表徵的心理腳本在質與量方面也會跟著改變，這些都會反映在他們敘事的內容中，例如：5 歲兒童在述說「龜兔賽跑」的故事時，會自己加進去兔子喜歡吃紅蘿蔔、烏龜會游泳、兔子太笨了或太懶惰……等評語（註：筆者觀察）。

（二）故事結構理論

有些研究者將敘事定義為：「認知基模的表達產品」（Mandler & Johnson, 1977; Stein & Glenn, 1979; Thorndyke, 1977）。他們指出，故事可以用一組能定義故事內在結構的規則述說出來，而這些規則就是故事結構或故事文法（Story Structure / Story Grammars）。因為它與語言中的句子語法一樣，有其結合的規則，而且一樣有衍生的功能（例如：generative grammar），故使用 Grammar 這個用詞。在文獻中，計有四種主要的故事結構理論曾被提出來討論，即 Rumelhart（1975）、Mandler 與 Johnson（1977）、Thorndyke（1977），以及 Stein 與 Glenn（1979）所提出之理論。雖然上述研究者所使用的理論名稱都不一樣，但是在內容與組織的定義與描述都非常類似，包括：故事背景（setting）、引發事件（initiating events）、內在感受／反應（internal responses）、行動計畫（plan）、實際採取的行動〔即為嘗試解決問題或達成某個目標（attempts）〕、採取行動之後的結果（consequences）以及回應（reaction）。

根據 Stein 與 Glenn（1979）的定義，「故事背景」主要是指，介紹敘事內容中的人物、時間、地點，以利讀者或聽者了解接下去故事發展的情境；「引發事件」則指，引起主角會做某些行為、內心變化或自然發生的事情；「內在感受／反應」乃指，主角情意上的反應或認知；「行動計畫」則指，為達成嘗試所擬定之策略；「實際採取的行動」則指，主角為達成某個目標或解決某個問題，所做的一些行為或採取的行動；而「採取行動之後的結果」則指，主角是否已解決問題或達成目標的情形或自然發生的事件；最

後,「回應」則指,主角對「結果」的反應狀況,例如:情感上的反應、認知上的狀態。茲將這些主要的故事結構或故事文法理論概略說明,如表 9-1 所示。另外,本章附錄 1 則以一篇兒童敘說的故事,舉例說明故事結構。

表 9-1　故事結構理論

Rumelhart（1975）	Thorndyke（1977）	Mandler 與 Johnson（1977）	Stein 與 Glenn（1979）
背景	背景	背景	背景
事件	主題	故事開始	引發事件
情節或是狀態的改變、行動或是事件＋事件	事件＋目標		
回應	情節	反應	內心感受、反應
內在反應＋外顯反應	次目標＋嘗試	嘗試	嘗試
	結果	結果	結果
	解決	故事結尾	回應

　　在上述的故事結構中,雖然有不同的術語用詞或是組成成分,但是對敘事內容組織最具關鍵性的則是插曲情節(episode)。根據 Stein 與 Glenn(1979)的建議,一個完整的插曲情節必須包含三個部分:目標、達成目標的嘗試或採取的行動,以及嘗試之後的結果或是問題是否解決的狀況。一個簡單的故事可能只包含一個或兩個插曲情節,再加上背景、引發事件或內在反應;但是在較為複雜的故事中,則可能包含一個背景及很多的插曲情節,或是插曲情節嵌入其他的插曲情節中。而在故事中的情節之間,則可能經由因果、時間順序,或是累進添加(additive)的關係串連在一起,形成一個前後連貫、聚合的述文(Johnston, 1982)。

　　承襲上述故事結構的理論,有的研究者乃更進一步提出因果關係網絡

（causal network）的模式，用以分析個體在述說或理解故事的認知結構（Tra-basso, van den Broek, & Suh, 1989）。基本上，因果關係網絡仍然應用故事結構中的成分，例如：背景、目標、嘗試、結果、內在反應等，但比較強調的是其中的因果關係，例如：動機上的因果關係、時間順序上的因果關係或是心理上的因果關係等。而因果關係的強調，乃更凸顯出插曲情節之間彼此聚合、連貫的重要性。

（三）篇章文本／敘事連貫或聚合性理論

上述插曲情節有一定的階層關係（例如：引發事件、嘗試／採取的行動、目標、結果等），而插曲情節之間常以因果、時間或累進添加的關係，使彼此之間具有連貫（coherence）聚合性，此種插曲情節之間的組織常被視為認知結構。而以上述合乎邏輯的一些關係網絡，連結不同的插曲情節，使得段落之間的意義或主題具有前後一致的連貫性，再加上使用一些語言結構連結不同段落的內容，例如：使用「總而言之」或是使用語法結構連結上下段文章（例如：除了上述……），這些層面常被稱為敘事的整體連貫性或聚合程度（global coherence）。而在局部的連貫性或聚合性方面，研究者則從語言的觀點來討論或分析。

Halliday 與 Hasan（1976, 1989）發展出至目前為止，算是最詳盡的連貫性或聚合性理論。根據他們的理論，連貫性或聚合性可被視為一種語意關係（有別於上述之因果關係）；在述文或篇章中某一部分意義的解釋或理解，只能由參照其他部分而獲得，因此經由語言的使用，可以連結句子之間的意義。而為了達到連貫性或聚合性的功能，述說者或寫作者可以使用一些語法結構或是詞彙，連結句子與句子之間的意義。而一對有連貫性或聚合關係的意義單位則稱為聚合結（cohesive tie）或聚合設計（cohesion devices）。Halliday 與 Hasan 曾詳列了五種聚合結，包括：前後關係照應（reference）、連接詞（conjunction）、詞彙（lexical）、省略（ellipsis）與替代（substitution）。這些聚合結可幫助述說者建構一個前後文連貫、凝聚的述文或篇章，不當的使用或缺乏，則會造成聽者的誤解或不理解。

1. 前後關係照應聚合結（reference cohesion）：字詞重複、重新說一次，或使用代名詞是最常用的連貫性或聚合結（Bennett-Kastor, 1986）。如果述說的內容是圍繞著一個主題進行，則說明該主題的名詞或片語（例如：物品、人物、地方等）會重複地被提到。前後關係照應聚合結包含如下：

    a. 代名詞：例如：「我的媽媽是老師，她常利用暑假去醫院當義工」。

    b. 指示詞：使用「這個」、「那個」或「那裡」；例如：「他拿到那個；他就去那裡」。

    c. 前後比較：可以讓聽者在述文裡的其他地方找到前面描述、提到或說明的人、事、物，例如：「妳穿綠色的裙子，我也一樣」。

2. 連接詞聚合結：緊鄰子句之間的意義關係可以由連接詞串連起來，例如：不但、而且、假如、如果、即使、倘若、固然、免得、只有、只要、不論、不管、不過、除非、與其、所以、因此、因而、雖然、但是、可是、從而、因為、然而、寧可、儘管等。

3. 詞彙聚合結：其包括：使用相同的詞彙（例如：「我買了一部車，這部車的性能很好」）、同義詞（例如：「我的車被偷走了，就是那輛賓士啦」）、同類別詞彙的替代（例如：「我的腳踏車被偷了，我們得另外再找交通工具」）、使用「東西」（things）或「事情」替代（例如：「我買了一支手錶，這個東西很好用」），以及重複某個詞彙或使用一個相關連的詞彙（例如：「她們進了餐廳之後，馬上就開始看菜單」）。

4. 省略聚合結：將多餘、重複的句子、詞彙去除，是聚合結的一種，而被去除的訊息常常是舊的而非新的。述說者並未將事情完全說明清楚，但是可以由前後文得知未詳加說明之訊息，例如：省略某個詞彙

或語句，因為可以在其他地方找到（例如：「姊姊請我去買東西，但
是我不想答應」）。

5. 替代聚合結：當前後指稱之人、事、物並不完全一樣，或是需加入一
些特定的訊息時，可使用「替代」之聚合結，例如：「妹妹想去迪士
尼樂園玩，我也是」。

綜合上述之相關理論，口語敘事能力的發展，需應用到一些與語言、認
知及社會互動有關之知識，這些知識都是儲存在個體的表徵系統中，使其成
為個體述說內容的資料庫，而個體述說的內容，也就會反映出其語言知識、
認知結構以及社會互動之能力。

參 兒童敘事能力之發展

使用口語敘事或說故事，是一種高層次的語言處理及認知運作歷程，需
應用很多相關的技能，包括：(1)使用正確的詞彙；(2)在沒有足夠情境線索的
支撐下，將概念、想法表達出來；(3)使用明顯的連貫性或聚合性，來連結句
子與句子之間所傳達的意義，以及不同段落或插曲情節之間的大單位意義；
(4)理解因果關係；(5)將述說的故事、事件內容或經驗，依據故事結構或合乎
邏輯的架構說出來。由於使用口語敘事與語言技能、認知處理有密切的關係
存在，因此很多語言發展及認知發展的研究者都認為，口語敘事產品是觀察
兒童在不同階段語言發展的一個最好指標。茲就故事結構與敘事連貫或聚合
性能力的發展說明如下。

一、兒童敘事中故事結構的發展

兒童的口語敘事會反映出其概念發展與基模知識的表徵狀況（Westby,

1989），因此過去研究者乃分析不同年齡兒童敘事中故事的結構與內容的組織，以了解其故事敘說或敘事能力的發展。表 9-2 為兒童敘事發展階段的摘要表，根據此表可看出，不同年齡兒童的故事結構表現特徵。

表 9-2　兒童敘事能力發展摘要表

年齡	Applebee（1978）所區分之階段	發展特徵
2 歲	敘事前期：話語累積（Heaps）	1. 兒童談論任何吸引其注意的人、事、物。 2. 述說內容所反映出來的概念是互不相關，而且是以現在式或現在進行式的語法結構表達出來（Applebee, 1978）。 3. 當被問起某些問題時，可以正確地述說過去的經驗（Eisenberg, 1985; Fivush, Gray, & Fromhoff, 1987）。
2 至 3 歲	敘事前期：有基本的序列（sequences）	1. 故事或事件陳述中包括人物、物品及事件，但這些要素只在知覺層面上相互關連著，而不具有邏輯關係（Applebee, 1978）。 2. 故事雖然無組織，也缺乏時間順序的關係，但是都與某個特定主題有關，主要是由名詞並置呈現（Applebee, 1978; Botvin & Sutton-Smith, 1977。 3. 故事內容會以主角、背景和主題去維持簡單的連貫性。
3 至 4 歲	敘事初期：簡單的敘事（primitive narratives）	1. 故事或事件陳述中包括人物、主題或背景，這些要素彼此之間已有合乎邏輯的互補關係，但繞著故事核心的事件之間並未有連結（Applebee, 1978）。 2. 可以說明事件發生的地點，但對事件中相關角色的描述能力仍然不足（Peterson, 1990）。
4 至 4 歲半	無焦點連結期（unfocused chains）	1. 故事中包括合乎邏輯的一系列事件，但是卻沒有前後一致的主題或主角（Applebee, 1978）。 2. 連接詞，例如：「and」、「but」、「because」可能已出現（Applebee, 1978）。

表 9-2　兒童敘事能力發展摘要表（續）

年齡	Applebee （1978） 所區分之階段	發展特徵
		3.故事中順序呈現非特定的事件，但插曲情節不完整（例如：述說引發事件與結果，但卻沒有描述問題解決的過程）（Orsolini, 1990）。 4.故事中主要是描述個別事件或明顯的行動，缺乏目標和角色的內在狀態（Trabasso, Stein, Rodkin, Munger, & Baughn, 1992）。 5.敘事有時會偏離主題。
5 歲	有焦點連結期 （focused chains）	1.故事中已有主角及合乎邏輯的一系列事件，但是聽者常常需要自己詮釋結尾（Applebee, 1978）。 2.故事中已呈現因果關係及問題的解決（Botvin & Sutton-Smith, 1977 Peterson & McCabe, 1983）。 3.已依照事件發生的順序依次清楚地述說（McCabe, 1992）。 4.已可使用主角的目標計畫建構故事（Trabasso & Nickels, 1992）。 5.述說能力開始加速發展（Liles, 1993）。
5 至 7 歲	真正的敘事 （true narrative）	1.真正可以說出完整的故事。 2.敘事中含括的故事結構要素包括：主角、主題、計畫。計畫是來自主角的動機和目標；故事的結局與引發事件是有關連的。
7 至 12 歲	複雜敘事期	1.使用更多的細節描述插曲情節，而且插曲情節皆包括：內在反應、目標、情意、認知及計畫（Stein & Glenn, 1979）。 2.對故事中主角的感覺、情意狀態會表達個人的看法（Bamberg & Damrad-Frye, 1991）。 3.會摘要故事，為故事做一個總結（Peterson & McCabe, 1983）。 4.會主觀的分類故事（例如：很好笑、好可憐）或客觀的分類故事（例如：長的故事、有押韻）（Applebee, 1978）。 5.故事中出現更多的插曲情節，而且亦開始使用多層插曲情節（即將某個插曲情節嵌入另外一個插曲情節中）（Peterson & McCabe, 1983; Stein & Glenn, 1979; Westby, 1992）。

表 9-2　兒童敘事能力發展摘要表（續）

年齡	Applebee（1978）所區分之階段	發展特徵
13 至 15 歲	敘事分析期	1.完整、複雜的嵌入情節繼續增加（Roth & Spekman, 1986）。 2.當他們聽到故事後，會分析與評價該故事，及其組成之內容要素，而且會使用不同的觀點評論故事（Applebee, 1978）。
16 歲至成人階段	成熟地分析故事	1.聽到故事或某事件時，會類化故事意義，以及該如何應用在自己的經驗中。 2.分析故事中所傳達的訊息或主題，並建構抽象的概念。 3.注意自己對故事內容的看法與反應（Applebee, 1978）。

　　由表 9-2 可知，在學前階段的兒童，其敘事是由片斷、零碎地敘說其感興趣、注意的人、事、物開始發展的，在此階段他們所談論的內容常常是缺乏前後關連的。慢慢地，兒童的敘事開始會以某個中心主題為主，只是其提供的相關訊息仍然不足，敘說內容也非常無組織，缺乏事件發生順序的邏輯關係。再者，他們的敘事已能交代主角、時間、地點等背景，然而敘說的事件彼此之間仍然會出現互不相關，缺乏適當因果關係的現象。漸漸地，隨著年齡的增長，當語言能力、認知能力發展得愈來愈好時，他們的敘事也能開始將一些故事結構要素含括進去，例如：引發事件、結果、嘗試／行動；但是仍然缺乏主角的目標或內心反應／計畫等。直到上小學之前的階段，兒童的故事敘事能力會開始加速發展，他們依照事件發生的順序，依次清楚地述說一系列合乎邏輯的事件之能力會變得更好，而且其故事中也能呈現因果關係及問題的解決（Applebee, 1978; Botvin & Sutton-Smith, 1977 McCabe, 1992; Orsolini, 1990; Peterson & McCabe, 1983）。等到兒童進入小學階段開始，他們的故事敘事會出現更多的細節用以描述插曲情節，而且插曲情節皆包括：

內在反應、目標、情意、認知及計畫。此外，他們對故事中主角的感覺、情意狀態也會表達個人的看法（Bamberg & Damrad-Frye, 1991; Peterson & McCabe, 1983; Stein & Glenn, 1979; Westby, 1992）。

二、兒童敘事中故事情節的發展

雖然故事結構的研究也含括情節變化的層面，但國外也有研究者以兒童敘事中情節的變化，來觀看不同年齡階段兒童的發展差異。其中，在故事結構層次（story structure levels）的發展方面，過去研究也已依照不同的層次列出不同的發展年齡（Botvin & Sutton-Smith, 1977; Glenn & Stein, 1980; Hedlberg & Westby, 1993; Hughes, McGillivray, & Schmidek, 1997; Liles, 1987; Peterson & McCabe, 1983; Stein, 1988），茲說明如下，並以表 9-3 摘要說明。

1. 第一階段（學前）——描述順序（descriptive sequence）：兒童的敘事中會描述人物或角色、事件發生的時間、地點以及慣常行動，但未提及因果關係。

2. 第二階段（學前）——行動順序（action sequence）：兒童的敘事中會依序說出行動順序，但未出現因果關係的順序。

3. 第三階段（學前）——反應順序（reactive sequence）：兒童的敘事中包括一連串的行動，每一個行動會引起其他行動，但未提及計畫，且沒有清楚的目標導向行為。

4. 第四階段（約 6 歲）——縮短與簡化情節（abbreviated episode）：兒童的敘事中會說出主角的目標或動機，但未清楚表明達到目標的計畫；計畫必須經由聽者的推論才能得知。

5. 第五階段（約 7 至 8 歲），分成三種發展類型：

  (1) 5a——不完整情節（incomplete episode）：兒童的敘事中會提及嘗試達成某目標的計畫，但三個主要的故事要素（即引發事件、嘗試／行動、結果）中，其中有一個可能會被漏掉。

(2) 5b——完整情節（complete episode）：兒童的敘事中會包含一個主角的目標和計畫；一個角色為達成目標的證據；至少有引發事件、嘗試／行動和結果。

(3) 5c——多重情節（multiple episode）：兒童的敘事中會出現由反應順序，或縮短與簡化情節組成的一個連鎖性描述，或是由完整與不完整情節組合成敘文。

6. 第六階段（約 11 歲）——複雜情節（complex episode）：兒童的敘事中會包含一個精心、詳細敘說的複雜情節，此情節中包括多重計畫、一個情節中的嘗試／行動與結果、為達成目標所遭遇到的阻礙，也可能包括一個詭計。

7. 第七階段，分成二種發展類型：

(1) 7a（約 11 歲）——相嵌情節（embedded episode）：在一個事件裡嵌入另一個完整或有情節變化的情節。

(2) 7b（11 至 12 歲以上）——交互式情節（interactive episode）：由兩種觀點描述一個事件，故事中兩個人物的目標與企圖互相影響對方；故事中的一個主角之反應或結果會成為另一個主角的引發事件。

事實上，根據 McKeough（1987）的研究發現，6 歲開始的兒童已能以問題為焦點來敘說故事，到了 8 歲時，更能說出具有兩難情境或阻礙需被解決的故事，而到了 10 歲時，則能將具有複雜情節的故事敘說清楚。

綜合上述，故事結構層次的發展在 8 歲時，兒童的故事敘說應可達到「完整情節」的階段，到了 11 或 12 歲時，則可敘說具有相嵌或交互式情節的故事。事實上，過去的研究已指出，等到兒童進入小學階段開始，他們的故事敘事能力會出現更多的細節用以描述插曲情節。他們敘說的故事中，會出現更多的插曲情節，而且亦開始使用多層次插曲情節（即將某個插曲情節嵌入另外一個插曲情節中）（Bamberg & Damrad-Frye, 1991; Peterson & McCabe, 1983; Stein & Glenn, 1979; Westby, 1992）。

表 9-3　兒童故事情節發展摘要表

階段／年級	敘事情節發展階段	特徵
第一階段（學前）	描述順序	描述人物或角色、事件發生的時間、地點以及慣常行動，但未提及因果關係。
第二階段（學前）	行動順序	依序說出行動順序，但未出現因果關係的順序。
第三階段（學前）	反應順序	敘事中包括一連串的行動，每一個行動會引起其他行動，但未提及計畫，且沒有清楚的目標導向行為。
第四階段（約 6 歲）	縮短與簡化情節	敘事中會說出主角的目標或動機，但未清楚表明達到目標的計畫；計畫必須經由聽者的推論才能得知。
第五階段（約 7 至 8 歲）（三種發展類型）	不完整情節	敘事中會提及嘗試達成某目標的計畫，但三個主要的故事要素（即引發事件、嘗試／行動、結果）中，其中有一個可能會被漏掉。
	完整情節	敘事中會包含一個主角的目標和計畫；一個角色為達成目標的的證據；至少有引發事件、嘗試／行動和結果。
	多重情節	敘事中會出現由反應順序或縮短與簡化情節組成的一個連鎖性描述，或是由完整與不完整情節組合成敘文。
第六階段（約 11 歲）	複雜情節	敘事中會包含一個精心、詳細敘說的複雜情節，此情節中包括多重計畫；一個情節中的嘗試／行動與結果；為達成目標所遭遇到的阻礙；也可能包括一個詭計。
第七階段（二種發展類型）	相嵌情節（約 11 歲）	在一個事件裡嵌入另一個完整或有情節變化的情節。
	交互式情節（11 至 12 歲以上）	由兩種觀點描述一個事件，故事中兩個人物的目標與企圖互相影響對方；故事中的一個主角之反應或結果會成為另一個主角的引發事件。

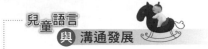

三、不同敘事結構類型的發展

除了使用故事結構與情節發展的分析方式，比較不同年齡兒童的敘事結構發展之外，國外研究者也曾使用最高點（high point）的分析方式，來探究兒童敘事能力的發展（Berko Gleason, 2001）。Peterson 與 McCabe（1983）蒐集了 4 至 9 歲兒童的敘說個人經驗之敘事樣本，並使用最高點分析方式歸類兒童的敘事發展層次。他們依據研究結果，歸納出六種敘事結構類型，包括：

1. 雙事件敘事（two-event narrative）：敘事內容為依序敘說二個事件，通常是會出現在 4 歲以下的兒童身上。

2. 青蛙跳敘事（leap-frog narrative）：這是 4 歲兒童最常出現的敘事結構類型。他們敘說二個以上的事件，但並非依照邏輯或發生的順序呈現，常常是跳來跳去，並會省略重要的訊息，顯得沒有組織。

3. 流水帳敘事（chronological narrative）：這是 4 至 8 歲兒童使用最普遍的敘事結構類型。他們可以按照順序敘說一序列的事件（可能會使用「然後……然後……然後」，或是「and then……and then」），但整個敘事內容可能如流水帳，單調無趣或看不出故事的主題。

4. 結束於高點的敘事（end-at-high-point narrative）：敘事內容包括所有必要的訊息，但單單遺漏結果或問題／衝突解決的部分。此類型的敘事結構通常會出現在 5 歲兒童身上。

5. 典型敘事（classic narrative）：敘事內容包含一個前後連貫故事所需要的所有相關訊息，事件的敘說具有時間順序，闡述內容合乎因果邏輯，且主題明顯。一般而言，6 歲兒童已經發展出此類型的敘事結構（Berko Gleason, 2001; McCabe & Bliss, 2003; McCabe & Rollins, 1991）。

綜合上述，國外兒童敘事發展的研究已顯示，2 歲兒童已可使用句子累積的方式敘述圖片故事或個人經驗，然而其所敘說的內容則可能是屬於雜述（miscellaneous），既簡短又沒條理（Applebee, 1978; McCabe & Rollins,

1991）。到了 3、4 歲時，兒童的敘事過程會變得較為清楚，他們敘說的故事或事件內容可能包括人物、主題或背景，這些要素彼此之間已有合乎邏輯的互補關係，但繞著故事核心的事件之間並未有連結；他們的敘事可能是屬於跳躍式（leapfrog）或流水帳式（chronology）。而到了 5 至 6 歲時，兒童已能敘述較長與完整的故事，且包含引發事件、結果、嘗試／行動等故事結構的要素，但是仍然缺乏主角的目標或內心反應／計畫等；此時他們的敘事可能是屬於有焦點連結（focused chains）。直到上小學開始，兒童的敘事過程會更為完整，含括所有的故事結構的要素，且會敘說更多完整的情節，形成相嵌或交互式的故事情節。

四、兒童敘事連貫性或聚合性之發展

　　為了使說出來的故事成為一前後連貫、聚合的完整敘事，說話者必須使用非常特定的詞彙（例如：連接詞、代名詞），以連結句子與句子之間的意義，或是插曲情節與插曲情節之間的意義；這種顧及述說內容整體性的能力，是隨著年齡的成長而發展得愈來愈好。雖然兒童在 2 歲開始，就能在和大人的交談中述說過去的經驗（Miller & Sperry, 1988），但是他們真正將口語敘事包含在其談話中，則要等到 2 歲半至 3 歲時方會出現（Umiker-Sebeok, 1979）；而他們在此階段所述說的內容，缺乏可讓人理解的前後參照訊息。等到 3 歲以後，因為語意、語法能力發展得更好，使得他們述說內容中的前後參照關係才顯得較為清楚（Botvin & Sutton-Smith, 1977）。

　　在口語敘事內容中，連接詞（例如：但是、而、而且）的使用可以連結句子與句子之間所傳達的訊息。Peterson 與 McCabe（1991）指出，3 歲半的兒童已會使用「而」（and）、「可是」（but）、「所以」（so），以連結簡單句子或不同句子之間的意義，例如：「Pan and Barbara was fighting and Daddy was at work」或「She wanted to hurt him so she hit him」。另外，Silva（1984）

請 4 至 11 歲兒童和成人一起看圖說故事，再分析他們在說出事件時，對同時發生的概念（simultaneity）所使用的聚合設計（coherence device）（例如：when、while、as）。研究結果顯示，兒童最先精熟使用的是「when」，再來是「while」，最後才是「as」。

Bennett-Kastor（1983, 1986）探討 2 至 5 歲兒童自創故事中篇章連貫性的發展狀況，其結果顯示，2 歲兒童在口語敘事中已使用名詞子句當做主題或動作者（agent）；而這些 2 歲的兒童會再使用該名詞子句，或少數的代名詞連結之後的句子。而在 4 至 5 歲之間，兒童使用名詞子句連結前後文的能力發展得更好。然而 Karmiloff-Smith（1980）和 Bamberg（1987）卻發現，在敘說較長的故事時，或是敘說的故事中出現一個以上的角色時，4 至 5 歲的兒童仍然無法有效使用名詞或代名詞連結句子與句子之間的意義。同樣的，Pratt 與 Mackenzie-Keating（1985）亦發現，4 歲兒童比 6 歲兒童出現更多的前後關係照應（reference）之錯誤。Orsolini（1990）的研究進一步證實了 Karmiloff-Smith（1980）和 Bambeg（1987）的研究結果；在其研究中，如果某個角色是立即述說情境中的焦點，則 4 歲兒童可以適當地使用代名詞。但是，如果插曲情節並非目前正在述說中或進行的，4 歲兒童則無法適當地使用維持連貫性的策略，將該插曲情節與正在述說的內容連結在一起。然而，到了 5 歲時，適當使用各種聚合性設計的能力會加速發展。

但是，使用各種聚合性設計以建構前後文一致連貫的能力並非停止於 5 歲時。Haslett（1983）即發現，6 歲兒童和 7 歲兒童在使用前後關係照應（reference）的聚合性設計上仍有一些差異。而在 Ripich 與 Griffith（1988）的研究中則發現，9 至 12 歲兒童的連貫性／聚合性設計的應用會隨著年齡的上升而增加，而錯誤的連貫性／聚合性設計則隨著年齡之上升而降低。另外，Karmiloff-Smith（1981）則指出，5 至 8 歲兒童會以主角為句子開頭的方式，來連貫整個故事，以達成前後敘文的連貫。

最後，在 Pellegrini、Galda 與 Rubin（1984）的研究中則顯示，8 歲的兒

童已能提供清楚、前後文連貫的敘事。但是，更巧妙、更複雜地使用聚合結，則是到了青春期階段仍然繼續發展，包括：不同類型聚合結之使用、正確使用次數的增加、聚合之間距離的拉長等（Bennett-Kastor, 1983; Klecan-Aker & Hedrick, 1985）。

綜合上述，2 至 3 歲幼兒在簡單的口語敘事中，缺乏可讓人理解的前後參照訊息，若有凝聚或相關性的出現，亦須仰賴情境線索的支撐（例如：指物、指圖澄清其所述說的內容）。到了 3 歲以後，他們的述文已因使用一些聚合結（例如：代名詞）而變得更易為聽者了解。到了 5 歲時，他們述說內容中句子與句子之間的聚合、前後文連貫性開始加速地發展。而在學齡或青少年階段，其安排述說內容中篇章連貫的能力仍繼續發展著。

肆 台灣習華語兒童的敘事能力發展

如同前述，國外過去 20、30 年來在敘事理論的建構與闡述、兒童敘事能力發展的資料等，已累積了很多珍貴的資料，而國內在 20 幾年前，即已有研究者開始延用敘事相關的論點、內涵、評量方式進行研究。茲將相關研究結果說明如下，並以表 9-4 摘要說明。

表 9-4　台灣兒童敘事發展研究彙整表

研究者	兒童年齡	敘事資料的蒐集與分析	研究結果
陳淑琦（1984）	162 名中班、大班、一年級兒童。	使用錄音帶、圖片、錄影帶蒐集兒童說故事的語言樣本。	1. 在故事敘事中，以「立即後果」、「引發事件」以及「企圖行動」較高，「內在反應」及「結局」較低。 2. 在故事理解上，回答問題和排圖片的結果顯示，一年級的表現優於大班及中班。

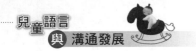

表 9-4　台灣兒童敘事發展研究彙整表（續）

研究者	兒童年齡	敘事資料的蒐集與分析	研究結果
謝富惠（1989）	40 名 3 至 12 歲兒童（每一年齡層各 4 名）。	1.聽完中國寓言故事後，回想並重述故事內容。 2.看完 2 遍一組 21 張無字圖片故事之後，說故事。 3.進行故事結構分析。	兒童在習得故事結構的過程中，可分為四個時期： 1.3 歲期：尚未有故事結構出現，敘說的內容中只有獨立的事件。 2.4 至 6 歲期：基本故事結構的雛型出現在此階段，但此階段的兒童大部分尚未能講述完整的雙插曲故事。 3.7 至 8 歲期：兒童雖已習得雙插曲故事的架構，但他們對於沒有具體結果的結尾部分及評論部分仍有困難。 4.9 至 12 歲期：兒童大致上已習得多插曲故事的結構，且除了評論部分外，在這個階段的兒童所講述的故事結構和成人一樣。
蘇育瑠（1990）	幼兒園大、中、小班幼兒，共 72 人。	將幼兒重述故事及回答問題之內容加以錄音，並記錄排故事圖片之順序。	1.幼兒對故事文法結構各類別之回憶量，以「背景」、「引發事件」及「立即結果」較高，而「內在反應」及「回應」則較低。 2.聽標準結構故事後，幼兒皆能以符合故事文法結構之類別次序重述故事；但聽混亂結構故事後，僅大班幼兒能以符合故事文法結果之類別次序重述故事，而小班幼兒則遺忘故事內容。
莊瓊惠（1994）	幼兒園中班、大班及一年級的男女幼兒各 8 名，共計 48 名。	請幼兒自編一個故事（虛構的故事），同時錄音並轉成手稿。	1.幼兒故事中所選取的角色，包括：真實人物、動物角色及虛構角色。真實人物大多為生活周遭常接觸的人物，尤其是「媽媽」角色出現的頻率最多。動物角色的選取並不限於家畜或家禽，出現次數最多者為「兔子」。虛構人物方面，年齡愈小傾向選擇一般性的虛構角色，例如：「王子」、「公主」；年齡愈大者則傾向選取特殊性的虛構角色。幼兒故事中所出現的地點以「家」是出現率最高的地方。

表 9-4　台灣兒童敘事發展研究彙整表（續）

研究者	兒童年齡	敘事資料的蒐集與分析	研究結果
			2. 故事情節結構並未與年齡達顯著正相關。故事情節結構有兩種：「危難─危難的消失」，「需要─需要的滿足」。大部分的幼兒傾向選擇「危難─危難的消失」，且傾向選取正面的故事情節結構。
蔡清芬（1996）	4 至 9 歲之間的兒童，共計 15 名。	重述故事並全程錄音及轉寫。	1. 學齡前兒童容易使用代名詞（pronoun），去指涉已經被提及的對象；而學齡兒童則較易使用零代詞（zero pronoun），去指涉已經被提及的對象。 2. 學齡前兒童容易使用定指（definite），去指涉第一次被提及的對象；而學齡兒童較易使用不定指（indefinite），去指涉第一次被提及的對象。
陳淑如（1996）	31 位大班幼兒。	使用改編故事錄音帶、圖卡，蒐集重述故事語言樣本。	故事結構回憶大致上以「引發事件」和「結果」的回憶量較多，「內在反應」和「回應」的回憶量較少。
張若雯（2001）	48 位 4 至 7 歲兒童。	蒐集敘述個人經驗的敘事樣本，分析敘事結構及評價類型。	1. 隨著年齡增長，兒童的敘事長度會增加。 2. 隨著年齡的增加，敘事中主要情節或活動（action）的比例會下降。而對於人、事、物的評價（evaluation）則會提高。 3. 兒童在使用評價方法呈現出學習的先後次序。表達情緒（frame of mind）是最晚學會，也是最難學會的一項評價方法。

表 9-4　台灣兒童敘事發展研究彙整表（續）

研究者	兒童年齡	敘事資料的蒐集與分析	研究結果
洪慧娟（2000）	19 名幼兒園中班、大班的幼兒。	1. 以訪談教師、教學觀察、文件蒐集等方式，質性地描述教室的全語言精神，從中蒐集到 103 個幼兒自願說故事的敘事樣本。 2. 使用 Botvin & Sutton-Smith（1977）的情節結構分析法。	1. 在幼兒的故事內容中，角色的選擇以人物類及動物類占大多數。 2. 在幼兒的故事內容中，場景的選擇以家庭類及自然地理類（山、森林）占大多數。 3. 在幼兒的故事內容中，主題的選擇以家庭生活、攻擊競爭（打鬥、爭勝）占大多數。 4. 在幼兒的故事內容中，角色行為可分成「危難—危難的消失」、「缺乏—缺乏的補償」。 5.「危難—危難的消失」以自己解決類、轉機或無生機類占大多數。自己解決類以逃或躲、利用工具或能力出現的頻率最高；轉機或無生機類以無生機類出現的頻率最高。 6.「缺乏—缺乏的補償」以自己解決類占大多數。自己解決類以解決原問題或尋找替代方案出現的頻率最高。 7. 以 Botvin 與 Sutton-Smith 故事情節結構分析，孩子的故事情節結構介於層次 5 與層次 4、3 之間。
黃秀文、沈添鉦（2003）	60 位幼兒園大班和小二、小四、小六兒童。	1. 兒童重述一個喜歡的故事。 2. 看圖說故事，包括一組 16 張連環圖卡故事（吃冰淇淋的主題），以及情緒表徵圖卡。	1. 幼兒園大班的兒童已能說出故事結構完整的敘事。 2. 各年級兒童對於人物感情與想法的描述較不多見。 3. 幼兒園大班兒童的敘事以有焦點串連及流水帳結構的為最多，典型結構最少，但隨著年齡的增長，小四與小六兒童的敘事則以典型結構為最多。

表 9-4　台灣兒童敘事發展研究彙整表（續）

研究者	兒童年齡	敘事資料的蒐集與分析	研究結果
Chang（2004）	16 位幼兒在 3 歲 6 個月、3 歲 9 個月、4歲、4 歲 3 個月時接受實驗。	蒐集個人生活經驗的敘事樣本。	在追蹤觀察的 9 個月期間，幼兒在 4 歲時的敘事結構、評價用語、時間及因果關係用語皆比 3 歲 6 個月、3 歲 9 個月多。
張淑松（2004）	4 名幼兒園大班幼兒（年齡介於 5 至 6 歲之間）。	使用《雪人》與《別忘記我，聖誕老公公》兩本無字圖畫書蒐集兒童的敘事樣本。	1.「背景」：幼兒並不一定會說出故事產生的場景與時間，但會對於人物角色進行描述。 2.「起始事件」：幼兒能依據前後的情節，發展出合理而連貫的故事串連。 3.「內在回應」：幼兒會以對白的方式，讓主角透過對白，將所想要達到的目標說出來。 4.「行動」：幼兒會傾向將描述的重心放在角色的動作狀態上，透過對動作的描述，圖像間的關係能順利的被連結起來。對於動作序列之後所可能引發的直接結果，則並不一定會描述到。 5.「反應」：故事內容中已出現「感覺」或「情緒」的形容。 6.敘事事件連結的橋樑：採用「然後」與「後來」這兩個連接詞來做連貫。
黃麗靜（2004）	中班到大班幼兒。	透過錄音紀錄、團體討論、戲劇活動等，蒐集 103 個故事為研究樣本。	1.幼兒故事類型以「幻想與虛構故事」為主，其中以「冒險類」的幻想虛構故事為主要的類型。 2.幼兒故事基模架構 (1)故事背景： 　a.人物：「人類」出現次數最多，而最常出現於幼兒故事中的是「媽媽」。

表 9-4　台灣兒童敘事發展研究彙整表（續）

研究者	兒童年齡	敘事資料的蒐集與分析	研究結果
			b.地點：幼兒說故事時，大部分會遺漏故事的地點，但隨著年齡的增長，則慢慢可以說出故事的地點。 c.時間：幼兒最常使用的句型是「從前、從前」。故事呈現多以單純的時間點為主。 (2)故事主題：以「與他人互動的主題」為主，其中以「親情」的主題為最多。 (3)故事結局：以「圓滿結局」為多。其形式以「反派人物被消滅」最常出現。 (4)情節結構層次：幼兒故事的「情節結構層次」大部分在層次3。至於幼兒故事的「二元結構類型」明顯地以「危難—危難的消除」為主，且多以二元平衡的狀態出現。
程培儀（2004）	23 位大班幼兒。	1.使用無字圖畫故事書《瘋狂星期二》，蒐集兒童的說故事語料。 2.以質性研究分析幼兒所說的故事。	1.對主角的描述： (1)注意角色的外顯行為，尤其是急速、誇張的動作。 (2)以角色的眼神以及外觀變化來描繪角色。 (3)以擬人化說法描述角色，以想像來敘說角色的感覺。 2.對情節的描述： (1)注意圖畫角色的動線，串連成一件件事件，延續故事情節的發展。 (2)對圖畫的注意、觀察力影響幼兒敘說故事情節內容。 3.對背景的敘說： (1)會注意插畫的明暗度來描述故事時間。 (2)常說「這裡」、「那邊」來替代地點的位置名稱。

表 9-4　台灣兒童敘事發展研究彙整表（續）

研究者	兒童年齡	敘事資料的蒐集與分析	研究結果
			4.敘說故事的歷程： (1) 從有圖畫的地方就開始敘說故事。 (2)幼兒若已學會識字，通常會先看文字來敘說故事。 (3) 會出現肢體動作。
張馥麗（2006）	118 位 2 至 3 歲兩個年齡組（2 歲至 2 歲 6 個月及 2 歲 7 個月到 3 歲）的幼兒。	看圖片說故事及個人生活經驗敘說。	1.2 歲至 2 歲 6 個月組幼兒看圖說故事時，4 張圖片一次敘說的總句數約為 4 句，一張圖片多以一句話敘說，一個句子含 2 至 3 個詞彙，以使用簡單句敘說為多。2 歲 7 個月至 3 歲組幼兒也多以一張圖一句話敘說，一個句子使用 3 至 4 個詞彙，敘說時以使用簡單句和沒有連接詞的複合句為多。第一次看圖說故事時，仍以單圖敘說為主，經問題提示後，第二次的敘說約有四分之一的幼兒能夠說出兩張圖片之間的關係。 2.圖片故事連貫的部分，2 至 3 歲幼兒仍然未使用連貫方式串連。 3.個人生活經驗敘說結構方面，兩個年齡組幼兒均能維持一個敘說主題，依照事件順序敘說經驗，並以簡單的連接詞連貫敘說，但大多沒有主動表達敘說結束。
許明莉（2006）	48 位 3、4、5 歲幼兒（每一年齡層 16 人）。	蒐集生活經驗敘事語料，進行巨結構與微結構分析。	1.在敘事巨結構元素的使用上，3 歲幼兒很少有問題解決。 2.3 歲幼兒的敘事最多落入兩個事件的敘說模式，而 4 歲組最多的是流水帳式敘事，5 歲組的 16 人中，已有 10 人達到典型敘事的標準。 3.幼兒最常出現的連貫性／聚合性策略為指涉和連接成分以及詞彙銜接，替代和省略則很少出現。

一、敘事樣本的蒐集方式

綜合來看，在過去幾年的研究中，敘事或故事語言樣本主要是以圖片／圖卡、故事書、無字圖畫故事書、重述熟悉故事、自創故事、敘述個人經驗等方式蒐集而得。

二、探究敘事發展的年齡層

綜合來看，在過去幾年的研究中，主要是探究幼兒園或托兒所中幼兒的敘事能力發展。在年齡的分布方面，係從 2 歲開始延伸至 12 歲，因此可以觀察到從敘事前期到複雜敘事期的發展特徵。

三、研究主題

綜合來看，過去幾年的研究主題，包括：故事結構發展、插曲情節發展、自編或自創故事的內涵、對故事內容的評價、篇章或文意連貫性等。

四、研究發現

整體而言，台灣過去幾年來的兒童敘事發展研究之結果，大致上與習英語兒童的發展相近。茲說明如下。

（一）敘事發展階段

張馥麗（2006）的研究發現，2 歲至 2 歲半的幼兒在敘說 4 張連環圖卡時，一張圖片多以一句話敘說，一個句子包含 2 至 3 個詞彙，以使用簡單句敘說為多。2 歲 7 個月至 3 歲的幼兒也多以一張圖一句話敘說，一個句子使

用 3 至 4 個詞彙，敘說時以使用簡單句和沒有連接詞的複合句為多。此項結果符合 Applebee（1978）所界定的「敘事前期——詞彙或簡單句子的累積」或「敘事前期——有基本的序列」之階段。而綜合謝富惠（1989）、蘇育瑠（1990）、陳淑如（1996）的研究結果則可發現，台灣習華語兒童在幼兒園中班或大班時，已經到達敘事之有焦點的事件連結期或真正的敘事。在許明莉（2006）的研究中，5 歲的兒童中已有 63%（10/16）達到真正敘事的標準。

（二）故事結構層次（story structure levels）的發展

幼兒園中班與大班幼兒在敘說故事中，較容易遺漏「內在反應」及「回應」的故事要素，但是他們已能將故事中的「背景」、「引發事件」、「嘗試／行動」、「立即結果」交代清楚（陳淑如，1996；陳淑琦，1984；蘇育瑠，1990）。而在故事結構層次的發展階段部分，台灣幼兒園兒童的發展層次是在層次 3 或層次 4 與 3 之間（洪慧娟，2000；黃麗靜，2004；謝富惠，1989）。此項結果也呼應上述第三階段（反應順序），亦即兒童的敘事中包括一連串的行動，每一個行動會引起其他行動，但未提及計畫，且沒有清楚的目標導向行為。然而，到了 9 至 12 歲時，台灣習華語兒童就已達到複雜情節或相嵌情節階段（謝富惠，1989）。黃秀文、沈添鉦（2003）的研究結果即顯示，隨著年齡的增加，兒童的敘事會出現重要的事件，彰顯主題、時間順序和邏輯關係的安排也會愈來愈好。

（三）連貫性或聚合性

台灣習華語 2 至 3 歲的幼兒在敘說故事時，尚未使用連貫方式串連故事情節或內容（張馥麗，2006），5 至 6 歲的兒童會使用「然後」與「後來」兩個連接詞連貫故事情節（張淑松，2004）。另外，學齡前兒童傾向使用代名詞（pronoun），去指涉已經被提及的對象；而學齡兒童較易使用零代詞（zero pronoun，例如：「小香放下蛋糕，從紙袋中的小錢包裡拿出鑰匙給她

姊姊」），去指涉已經被提及的對象（蔡清芬，1996）。再者，3 至 5 歲兒童最常出現的連貫性／聚合性策略，為指涉和連接成分以及詞彙銜接，替代和省略則很少出現（許明莉，2006）。

（四）自創故事或自述經驗的主題

　　台灣習華語幼兒園中班、大班的幼兒在敘說故事時，傾向選擇人物或動物做為故事中的主角，其中「媽媽」最常出現，且常以與親情有關的內容為主；而最常出現的地點則是家。另外，兒童的自創故事中也會出現「危難—危難的消失」，以及「缺乏—缺乏的補償」之情節（洪慧娟，2000；黃麗靜，2004）。

　　綜合上述，國內過去 20 幾年來，已有很多篇研究採用國外對敘事理論、內涵、評量標準的論述與方式，分析台灣習華語兒童的敘事能力發展，也發現不同年齡層的兒童有其不同的敘事表現。從 Applebee（1978）的敘事發展階段來看，台灣 2 至 3 歲幼兒仍然是處於敘事前期階段，而幼兒園大班的兒童已能說出結構較為完整的敘事。另外，從故事結構的分析中也發現，幼兒園中班或大班的兒童敘事中，較不會陳述內在反應、計畫，但已會提及背景、引發事件、嘗試／行動、立即結果。此外，台灣兒童常使用「然後」與「後來」兩個連接詞連貫故事情節。簡而言之，對照台灣兒童敘事發展的研究結果，大致上與國外習英語兒童的發展現象相似。

伍　結語

　　敘事主要是指，對於事件之起始、過程與結果的依序描述，其內容可能是過去的、真實的個人經驗，或是現在及未來的事件，也可能是杜撰想像的事件，以及來自於書本閱讀或他人口述相傳的故事（林麗卿，2000）。兒童

從小就已在社會互動的溝通情境、視聽資訊與親子共讀的經驗中，建立敘事的概念。而他們在人際溝通中，也常需串連多個句子表達自己，或是看故事書／繪本來說故事，這些語言活動都是他們發展敘事能力的機會。簡而言之，兒童從小即已沉浸在很多口語敘事的語言環境中，而且也常常敘說生活層面上的經驗或事件。也因此，探究兒童的敘事發展，提供了一個觀察與了解兒童語言發展的機會。

從開始能夠使用詞彙表達自己，幼兒即會說出立即環境中的人與物，或是環境中正在發生的事情。在 2 歲時，幼兒會以彼此無關連的話語敘說人、事、物，此種像敘事（narrative-like）的話語稱為「累積」，而此階段的最初敘事（protonarratives）常常傳達的訊息，是有關幼兒感到害怕、生氣或驚嚇的事情，例如：「我不喜歡」、「我討厭哥哥」、「我會哭」等（Hulit & Howard, 2006; Owens, 2005）。而在 2 歲至 2 歲半之間，幼兒話語中被歸類為「累積」類型的敘事會愈來愈多，他們也慢慢能獨立敘說事件發生的順序（Miller & Sperry, 1988）。而在 3 至 5 歲之間，兒童的敘事內容已出現開始、中間與結尾，但仍然缺乏可辨認的情節與明確的因果關係（Hulit & Howard, 2006; Kemper & Edwards, 1986）。他們的敘事中會描述人物或角色、事件發生的時間、地點以及慣常行動，也會依序說出行動順序，但仍未提及因果關係，且可能像流水帳一樣，單調無趣或看不出故事的主題。另外，此階段兒幼童的敘事也常常敘說 2 個以上的的事件，但並非依照邏輯或發生的順序呈現，常常是跳來跳去，省略重要的訊息，顯得沒有組織。然而，兒童到了 5、6 歲時，敘事能力就會發展得愈來愈好，且可以敘說較長和較完整的故事。他們的敘事內容會包含前後連貫故事所需要的所有相關訊息，事件的敘說也具有時間順序，闡述內容合乎因果邏輯，且主題明顯。此外，幼兒園中班與大班的幼兒在敘說故事中，較容易遺漏「內在反應」及「回應」的故事要素，但是他們已能將故事中的「背景」、「引發事件」、「嘗試／行動」、「立即結果」等交代清楚。到了小學階段，兒童的敘事能力會變得更完整，

敘說的故事或事件會包括所有的故事結構的要素,且會敘說更多完整的情節,形成相嵌或交互式的故事情節。此外,他們也能以邏輯的方式描述事件的因果關係,暫時跳脫故事情節,說出更清楚的陳述與評價。

綜合而言,在人際溝通或社會互動情境中,敘事是人們最常用的語言形式。而口語敘事能力的發展則與個體的語言、認知能力,生活事件及社會互動經驗有關。也因此,探究兒童敘事的發展除了可以了解其音韻、語意、語法、與語用能力之外,也可一探其認知表徵的概念、知識,或是其個人觀點與價值取向,因他們敘說的話語、內容會反映出其語言知識、認知結構以及社會互動能力。

參考文獻

中文部分

林麗卿（2000）。敘事體在學前幼兒發展中之功能探討。**新竹師院學報，13**，149-186。

洪慧娟（2000）。**幼兒說故事內容及結構之分析研究——以一個全語言幼稚園為例**。國立台灣師範大學家政教育研究所碩士論文，未出版，台北市。

張若雯（2001）。**兒童敘事結構及評價方法之發展**。私立靜宜大學英國語文學系碩士論文，未出版，台中縣。

張淑松（2004）。**幼兒口中的無字圖畫書**。國立台北師範學院幼兒教育學系碩士論文，未出版，台北市。

張馥麗（2006）。**台北縣二到三歲幼兒看圖說故事及個人生活經驗敘說能力之研究**。國立台北教育大學幼兒教育學系碩士論文，未出版，台北市。

莊瓊惠（1994）。**幼兒說故事內容與結構之分析研究**。國立台灣師範大學家政教育學系碩士論文，未出版，台北市。

許明莉（2006）。**三、四、五歲台灣幼兒生活經驗敘事結構之分析**。國立台灣師範大學人類發展與家庭學系碩士論文，未出版，台北市。

陳淑如（1996）。**重述故事對幼兒故事回憶和故事理解之影響**。國立台灣師範大學家政教育研究所碩士論文，未出版，台北市。

陳淑琦（1984）。**故事呈現方式與故事結構對學前及學齡兒童回憶及理解之影響**。私立中國文化大學兒童福利研究所碩士論文，未出版，台北市。

程培儀（2004）。**幼兒敘說無字圖畫故事書之內容分析——以 David Wiesner《瘋狂星期二》為例**。國立嘉義大學幼兒教育學系碩士論文，未出版，嘉義縣。

黃秀文、沈添鉦（2003）。不同年齡及不同語文程度學童的敘事表現之研究。**嘉義大學學報，75**，57-81。

黃麗靜（2004）。**幼兒說故事的類型與故事基模架構之分析研究**。國立台東大學兒童文學研究所碩士論文，未出版，台東市。

蔡清芬（1996）。**兒童說故事名詞指稱用法的研究**。私立靜宜大學外國語文研究所碩士論文，未出版，台中縣。

謝富惠（1989）。**兒童習得故事結構的發展**。私立輔仁大學語言學研究所碩士論

文，未出版，台北縣。

蘇育瑠（1990）。**幼兒故事回憶與理解之研究**。國立台灣師範大學家政教育研究所碩士論文，未出版，台北市。

英文部分

Applebee, A. (1978). *The child's concept of story*. Chicago, IL: University of Chicago Press.

Bamberg, M. (1987). *The acquisition of narratives*. New York: Mouton de Gruyter.

Bamberg, M., & Damrad-Frye, R. (1991). On the ability to provide evaluative comments: Further explorations of children's narrative competencies. *Journal of Child Language, 18*, 689-710.

Bennett-Kastor, T. (1983). Noun phrases and coherence in child narratives. *Journal of Child Language, 10*, 135-149.

Bennett-Kastor, T. (1986). Cohesion and predication in child narrative. *Journal of Child Language, 13*, 353-370.

Berko Gleason, J. (2001). *The development of language*. Needham Heights, MA: Pearson.

Botvin, G., & Sutton-Smith, B. (1977). The development of structural complexity in children's fantasy narratives. *Developmental Psychology, 13*, 377-388.

Bruner, J. (1990). *Acts of meaning*. Cambridge, MA: Harvard University Press.

Cameron, C., Hunt, A., & Linton, M. (1988). Medium effects on children's story retelling. *First Language, 8*, 1-8.

Chang, C. (2004). Telling stories of experiences: Narrative development of young Chinese children. *Applied Psycholinguistics, 25*(1), 83-104.

Eder, D. (1988). Building cohesion through collaborative narration. *Social Psychology Quarterly, 51*(3), 225-235.

Eisenberg, A. (1985). Learning to describe past experiences in conversation. *Discourse processes, 8*, 177-204.

Feagans, L., & Applebaum, M. (1986). Validation of language subtypes in learning disabled children. *Jouranl of Educational Psychology, 78*, 358-364.

Fivush, R., Gray, J. T., & Fromhoff (1987). Two-year-olds talk about the past. *Cognitive Development, 2*, 393-409.

Glenn, C., & Stein, N. (1980). *Syntactic structures and real world themes in stories generated by children*. Urbana, IL: University of Illinois Center for the Study of Reading.

Halliday, M. A. K., & Hasan, R. (1976). *Cohesion in English.* London: Longman.

Halliday, M. A. K., & Hasan, R. (1989). *Language, context, and text: Aspects of language in a social-semiotic perspective.* New York: Oxford University Press.

Haslett, B. (1983). Children's strategies for maintaining cohesion in their written and oral stories. *Communication Education, 32,* 91-105.

Hedlberg, N. L., & Westby, C. E. (1993). *Analyzing story skills: Theory to practice.* Tucson, AZ: Communication Skills Builders.

Hudson, J., & Shapiro, L. (1991). From knowing to telling: The development of children's scripts, stories, and personal narratives. In A. McCabe & C. Peterson (Eds.), *Developing narrative structure* (pp. 89-136). Hillsdale, NJ: Lawrence Erlbaum Associates.

Hughes, D., McGillivray, L., & Schmidek, M., (1997). *Guide to narrative language.* Eau Claire, WI: Thinking Publication.

Hulit, L. M., & Howard, M. R. (2006). *Born to talk: An introduction to speech and language development.* Boston, MA: Allyn & Bacon.

Johnston, J. (1982). Narratives: A new look at communication problems in order language disordered children. *Language, Speech and Hearning Services in the Schools, 13,* 144-145.

Karmiloff-Smith, A. (1980). Psychological processes underlying pronominalization and non-pronominalization in children's connected discourse. In J. Kreiman & A. E. Ojeda (Eds.), *Papers from the parasession on pronouns and anaphora* (pp. 231-250). Chicago, IL: Chicago Linguistic Society.

Karmiloff-Smith, A. (1981). The grammatical marking of thematic structure in the development of language production. In W. Deutsch (Ed.), *The child's construction of language* (pp. 121-147). London: Academic Press.

Kemper, S., & Edwards, L. (1986). Children's expression of causality and their construction of narratives. *Topics in Language Disorders, 7*(1), 11-20.

Klecan-Acker, J. S., & Kelty, K. R. (1990). An investigation of the oral narratives of normal and language-learning disables children. *Journal of Childhood Communication Disorders, 13*(2), 207-216.

Klecan-Aker, J. S., & Hedrick, D. L. (1985). A study of the syntactic language skills of normal middle school children. *Language, Speech, and Hearing Services in Schools, 16,* 2-7.

Labov, W., & Waletzky, J. (1967). Narrative analysis: Oral versions of personal experience. In J. Helm (Ed.), *Essays on the verbal and visual arts* (pp. 251-263). Seattle, WA:

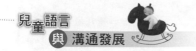

University of Washington Press.

Liles, B. Z. (1987). Episode organization and cohesive conjunctives in narratives of children with and without language disorder. *Journal of Speech and Hearing Research, 30*, 185-196.

Liles, B. Z. (1993). Narrative discourse in children with language disorders and children with normal language: A critical review of the literature. *Journal of Speech and Hearing Research,, 36*, 868-882.

Mandler, J. M., & Johnson, N. S. (1977). Remembrance of things parsed: Story structure and recall. *Cognitive Psychology, 9*, 111-151.

McCabe, A. (1992). *Language games to play with your child: Enhancing communication infancy through late childhood.* New York: Plenum Press.

McCabe, A., & Bliss, L. S. (2003). *Patterns of narrative discourse: A multicultural, life span approach.* Needham Heights, MA: Pearson.

McCabe, A., & Rollins, R. (1991). *Assessment of preschool narrative skills.* (ERIC Document Reproduction Service No. ED 345441)

McKeough, A. (1987). *Stages in story telling: A neo-Piagetian analysis.* (ERIC Document Reproduction Service No. ED 291100)

Miller, P. J., & Sperry, L. L. (1988). Early talk about the past: The origins of conversational stories of personal experience. *Journal of Child Language, 15*, 293-315.

Orsolini, M. (1990). Episodic structure in children's fantasy narratives: "Breakthrough" to decontextualised discourse. *Language and Cognitive Processes, 5*, 53-79.

Owens, R. E. (2005). *Language development: An introduction.* Boston, MA: Allyn & Bacon.

Pellegrini, A. D., Galda, L., & Rubin, D. L. (1984). Context in text: The development of oral and written language in two genres. *Child Development, 33*, 1549-1555.

Peterson, C. (1990). The who, when and where of early narratives. *Journal of Child Language, 17*, 433-455.

Peterson, C., & McCabe, A. (1983). *Developmental psycholinguistics: Three ways of looking a child's narrative.* New York: Plenum Press.

Peterson, C., & McCabe, A. (1991). Linking children's connective use and narrative macrostructure. In A. McCabe & C. Peterson (Eds.), *Developing narrative structure* (pp. 29-53). Hillsdale, NJ: Lawrence Erlbaum Associates.

Pratt, M. W., & Mackenzie-Keating, S. (1985). Organizing stories: Effects of development and task difficulty on referential cohesion in narratives. *Developmental Psychology, .*

21, 350-356.

Preece, A. (1987). The range of narrative forms conversationally produced by young children. *Journal of Child Language, 6*, 91-109.

Ripich, D. N., & Griffith, P. L. (1988). Narrative abilities of children with learning disabilities and nondisabled children: Story structure, cohesion, and propositions. *Journal of learning disabilities, 21*, 165-173.

Roth, F. P., & Spekman, N. J., (1986). Narrative discourse: spontaneously generated stories of learning-disabled and normally achieving student. *Journal of Speech and Hearing Disorders, 51*, 8-23.

Rumelhart, D. (1975). Notes on a schema for stories. In D. Bobrow & A. Collins (Eds.), *Representation and understanding: Studies in cognitive science* (pp. 211-236). New York: Academic Press.

Schank, R. C., & Abelson, R. P (1977). *Scripts, plans, goals and understanding*. Hillsdale, NJ: Lawrence Erlbaum Associates.

Silva, M. N. (1984). Developmental issues in the acquisition of conjunction. *Papers and reports on child language development, 23*, 106-114.

Stein, N. L. (1988). The development of children's storytelling skill. In M. B. Franklin & S. S. Barten (Eds.), *Child language: A reader* (pp. 282-297). New York: Oxford University Press.

Stein, N., & Glenn, C. G. (1979). An analysis of story comprehension in elementary school children. In R. O. Freedle (Ed.), *New directions in discourse processing: Advances in discourse processes* (Vol. 2) (pp. 53-120). Norwood, NJ: Ablex.

Stuart, C. (1992). *A case study description of children who establish peer friendships in a residential treatment program for children with behavioral and emotional handicaps*. Unpublished doctoral dissertation, University of North Carolina at Chapel Hill, NC.

Sutton-Smith, B., Botvin, G., & Mahony, D. (1976). Developmental structure in fantasy narratives. *Human Development, 19*, 1-13.

Thorndyke, P. (1977). Cognitive structures in comprehension and memory. *Cognitive Psychology, 9*, 77-110.

Trabasso, T., & Nickels, M. (1992). The development of goal plans of action in narration of a picture story. *Discourse Processes, 15*, 249-275.

Trabasso, T., Stein, N. L., Rodkin, P. C., Munger, M. P., & Baughn, C. R. (1992). Knowledge of goals and plans in the on-line narration of events. *Cognitive Development, 7*, 133-170.

Trabasso, T., van den Broek, P. W., & Suh, S. (1989). Logical necessity and transitivity of causal relations in stories. *Discourse Process, 12*, 1-25.

Umiker-Sebeok, D. J. (1979). Preschool children's intraconversational narratives. *Journal of Child Language, 6*, 91-109.

Westby, C. (1989). Assessing and remediating text comprehension problems. In A. Kahmi & H. Catts (Eds.), *Reading disabilities: A developmental language perspective* (pp. 341-384). Englewood Cliffs, NJ: Prentice-Hall.

Westby, C. (1992). Narrative analysis: Best practices in school speech-language pathology. *Descriptive/Nonstandardized Language Assessment, 2*, 53-63.

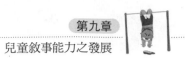

附錄 1 故事結構舉例

故事結構項目	描述	舉例
背景	故事中主角的介紹，故事發生地點／情境的說明，絕對不能是行動、動作。	從前有一隻狐狸在森林裡行走。
故事產生的引發事件	自然產生的事件、行動，因為行動而改變的環境狀態（例如：故事中主角的行為），激發目標的產生。	牠看到有一隻黑色的大烏鴉嘴巴含著一片起司。
動機狀態或內在反應	內心的想法、認知、建構的目標或情緒，進而引起故事中的主角進行某項行動的動機。	牠是隻肚子很餓很餓的狐狸。狐狸就想怎麼樣才能吃到那片起司呢？
計畫	說明主角為達成某項目標所擬定的策略。	牠要把烏鴉的嘴巴打開。
嘗試	主角為達成目標而進行的行動。	牠說：「你可以唱歌嗎？可以唱得很好聽嗎？」
行動順序	一序列行動但未說明因果關係。	烏鴉小姐大聲的說：「可以。」就開始ㄍㄨㄚ ㄍㄨㄚ ㄍㄨㄚ唱歌，起司就掉下來了。
結果	嘗試之後的結果——達成或未達成目標的行動。或是當所有嘗試都無法達成目標之後的狀態。	狐狸拿到起司就把它吃掉。
反應	達成或未達成目標之後的感覺與想法。	牠就覺得肚子好飽，牠好快樂。
評斷	敘說者的評論、對故事內容或是對人物所做出來的行動之看法。	烏鴉很生氣。烏鴉很笨耶。故事就是這樣。

附錄 2　兒童敘事樣本

一、弟弟敘事樣本（楊怡玫提供）

　　性別：男

　　年齡：2 歲 2 個月

1. 媽媽上班，爸爸上班，哥哥上學讀書。

2. 弟弟自己睡，弟弟睡覺，弟弟脫衣服睡覺，奶奶睡這邊。

3. 弟弟媽媽去動物園，看大象、長頸鹿、企鵝、熊熊、鴨子、猴子、蛇、恐龍、烏龜。

4. 奶奶講故事，講大象，講長頸鹿，不要講大野狼，不要講老虎。

二、潘潘敘事樣本（I）

　　性別：男

　　年齡：2 歲 3 個月

1. 從前從前有一隻老鼠，好了。

2. 從前有一隻狼，救命啊救命啊。

3. 從前啊熊弟弟在玩，可是這個有一點漂亮，只有床。

4. 鵝鵝去泰國玩，兩個鵝鵝一隻鵝鵝不會飛，一隻鵝鵝才會飛，飛去台灣的。

三、BB 敘事樣本

　　性別：女

　　年齡：3 歲

　　從前從前有一天，在森林裡，住著三隻小豬，「然後」他們都沒有房子，他們就蓋房子，「然後」大野狼來了，他就從煙窗（註：應為煙囪，但幼兒說錯詞彙）爬上去，「然後」就跳到，掉到水裡去了！然後三隻小豬就過著幸福快樂的日子！

四、潘潘敘事樣本（II）

　　性別：男

　　年齡：3 歲 1 個月

1. 小鳥它飛到樹上了啾啾叫，兩隻小鳥在樹上，小 baby 就生出來，小鳥啊啾啾啾啾叫。

2. 從前從前啊，那部醜車啊，一直一直動動動，我要看電視演的，我要買電視演的，我要那部啊，他一直吵一直吵，吵到晚上了。

五、小小天敘事樣本（故事重述）

　　性別：女

　　年齡：4 歲 2 個月

　　從前從前有一個七隻小羊，牠們在那邊玩耍，媽媽陪牠們在那邊唱歌、跳舞、玩遊戲。咚咚咚……玩丟球的遊戲。這一次媽媽要去買東西的時候，大野狼就躲在牠們家的後牆壁。【然後】，然後【啊！】大野狼就我是媽媽快開門……！你的聲音粗粗的，你是大野狼……。大野狼就說可惡，竟然被七隻小羊騙了，然後大野狼就去買麵粉，牠把手腳都改成白色的，然後【啊】大野狼【就】說給我喝下藥水，我要變成跟【跟】羊媽媽一樣變得粗粗的變得很好聽的東聲音，然後牠就拿巫婆的藥水咕嚕咕嚕咕嚕都喝下去，這一次牠就……說我是媽媽快開門……手也是白色的，聲音也很好聽。牠就哇哇大哭的說媽媽然後啊！她就說別怕！我們【就】趕快去救哥哥和姐姐吧！這一次一定是媽媽……。然後他們一打開門，【一開】大野狼。【然後啊！】牠就一隻一隻把一隻的大隻小羊全都吃掉了。只剩下一隻小的躲在時鐘後面。大野狼一定看不見！牠就吃掉六隻，沒有吃掉最後一隻，最後一隻牠是躲在時鐘的上面。然後啊！羊媽媽回來【的】時，【嗯…】我的羊全都被吃掉了，【牠就，然後】那一個最小的羊跑出來了。【然後牠就那個】牠們就用剪刀，還有針線還有縫線，【還有那個線】。然後，牠們就去搬石頭來，搬【好

多好多】好多好多的石頭，裝完了之後，牠們躲在一棵大樹下，躲好了之後，牠們等大野狼醒來，牠出去喝水【牠就】噗通，掉下去哦！所以，就噗通掉到水井裡面了。然後，媽媽和羊寶寶好開心哦！

六、凡凡敘事樣本（自創故事）

性別：男

年齡：4歲7個月

1. 那隻公牛都很聽主人的話，而且每次他遇到麻煩都會幫主人的忙，而且那隻公牛主人遇到麻煩，十分一秒就到達了，動作非常快。有三個小時，弟弟就把它毀掉，而且每次主人要出去時，主人都會在動物園照顧其他動物。

2. 有人在那邊騎船，結果就掉下去了。啾！海豚就來救他。海豚先生就說：你吵醒我了，你可以不可以把嘴巴閉起來，把拉鍊也關起來。

七、小小敘事樣本（王萍、許孟芸、汪美欣、陳美思提供）

性別：女

年齡：五歲

就是ㄚ那個噴火龍，他【他】就是把那個火消毒然後再舔一舔，然後ㄍㄤ就沒有了。【然後】刷牙的時候，【然後】他的早餐都燒毀，牙刷也燒毀，娃娃都燒毀，燒焦，然後好多人都跑走，【都】把所有的房子、人都燒掉，烤焦了，人家【快快】快變受不了，都快烤焦了，快爆了，整個村都快爆掉了，那是什麼船呀？村呀快爆掉了，然後整個村都爆掉了，【所所】所以呀【那那】那個噴火龍就已經生氣，【他】他就【說】說：「【我】我把那個火消除掉了」，【他他】，結果他把舌頭先用消毒器對不對，把他的火都消掉。

八、4 歲 7 個月凡凡的圖畫故事與敘事

　　這隻蝸牛是彩色蝸牛，它在早上的時候會發出最美的顏色，而且全部人都喜歡把它帶回家養，蝸牛有人幫他養，帶回原來的地方。

～4 歲 7 個月的凡凡

兒童後設語言能力之發展

江家在美國旅遊，經過一處八爪章魚洗車廠時。

江媽媽告訴小郁：「章魚的英文叫 Octopus。」

3 歲的小郁馬上問媽媽：「那不髒的魚叫什麼？」

3 歲半的辰辰對媽媽說：「我都不會畫畫。」

媽媽回應：「不會畫畫沒關係啊！你可以做有把握的事情啊。」

辰辰說：「什麼是把握？」

媽媽問 4 歲的怡怡：「你會不會說英語。」

怡怡回答：「會啊！我會講 ABC。」

星期日下午，凡凡、辰辰的媽媽與阿姨們正在討論暑假到紐約旅遊的計畫。

5 歲的凡凡聽到要去紐約玩，就說：「紐約，紐約，扭屁股。」

4 歲的辰辰不甘示弱馬上也說：「紐約，紐約，喝牛奶。」

小一的辰辰聽到媽媽說：「你打電動玩具怎麼打得這麼激動，那麼用力敲鍵盤，很吵耶！」

辰辰馬上回應說：「因為我屬雞，所以才打得很激動。」

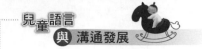

壹 前言

在上述的對話中，無論是 3 歲的幼兒或是 5 歲的兒童，都已經可以知覺其母語中的音韻相似性（例如：章魚與髒魚、紐約與牛奶）、分解音節（例如：「章、魚」、「激、動」），並可任意轉換語言符號（例如：知道中文的詞彙對應英文中的詞彙）。幼兒這種有意識地知覺其母語的結構，並將其應用於溝通中的能力，我們稱之為後設語言（metalinguistic）或語言覺識（language awareness）的能力。

遠在 1929 年，Piaget 就曾經調查兒童的後設語言知覺能力，他問幼童：「假設從現在開始，全世界的人都把月亮叫做『太陽』，太陽叫做『月亮』，我們要做的事就是把它們的名字改過來，你可不可以也這樣做？好，那現在是晚上，你要上床睡覺，你要怎麼叫『掛在天空上的東西呢？』、『天空看起來會暗暗的還是亮亮的？』」（Piaget, 1929, 引自 Bialystock, 1986: 499）。

在這個問題中，「太陽」、「月亮」這兩個詞彙是被當做實際的物品來表徵、思考，而這也正是後設語言或語言覺識的涵義，亦即用語言去思考語言（例如：覺識、比較、分析、操弄語言中的音韻、詞彙、語句等）。

而自 1970 年代開始，閱讀理論強調閱讀的歷程是以語言為基礎（Mattingly, 1972; Perfetti, 1985; Stanovich, 1991; Velluntino, 1979），也促使研究者探索後設語言技能在兒童語文發展（閱讀、寫作）上所扮演的角色。Tunmer 與 Bowey（1984）即認為：詞彙覺識（word awareness）、音韻覺識／聲韻覺識（phonological awareness）、語法覺識（grammatical awareness），以及語用覺識（pragmatic awareness）皆與閱讀有密切之關係。

另外，在教室中聽課、師生對談，或是在社會情境中的交談，也都需要使用後設語言技能，例如：當自我矯正言語或語言錯誤時、視溝通對象的不

同而調整說話之內容、形式時（Van Kleeck, 1984）、不理解溝通的訊息，會注意到並要求澄清時，或是判斷交談時話題的適當性、加入正在討論話題的適當時機等等，這些都與後設語言技能有關連。

由上述可知，後設語言技能是兒童語言發展的過程中，很自然會顯現出來的技能，而當其開始學習閱讀時，此項技能又與其閱讀能力的發展有極密切之關係。兒童後設語言的發展階段為何？各種不同類型後設語言能力的發展狀況與特徵又是為何？以下將從不同的後設語言面向逐一說明。

貳 後設語言的定義

雖然後設語言常用來指稱不同的概念、策略與行為（Paris & Jacobs, 1984），但是其定義總與「有意識地知覺語言的單位及規則」有關（Ellis Weismer, 1992）。有些研究者認為，後設語言是「將語言當作一種思考的物品」（Tunmer & Bowey, 1984），或是「將語言當作物品一樣操弄」（Ehri, 1975）。另外也有研究者認為，後設語言乃指「有意識地思考語言的要素、屬性及特徵」（Van Kleeck & Schuele, 1987）、「認知語言的任意性，並注意語言如何及為何如此運作的方式」（Van Kleeck, 1984）、「有意識地判別自己語言的能力」（Wallach & Miller, 1988），或是「將直覺性（自動化）的語言與個人的語言知識相連配的能力」（Masny & d'Anglejan, 1985）。

簡而言之，後設語言乃是有意識地使用語言來思考語言，把語言當作一個物品（例如：桌子、狗、貓、坐、朋友等）來表徵與思考。因此，後設語言與兩種能力有關，包括：(1)分析語言知識；(2)控制自己注意歷程的能力（例如：選擇、處理特定的語言訊息）（Bialystock & Ryan, 1985）。分析語言知識的能力，包括使用、判別、操作不同層次語言的規則，例如：語音、音節、詞彙、詞組（片語）、句子、篇章；控制自己注意歷程的能力，則需

視個體有意圖地思考，使用的語言是否與閱讀的文章或敘說的話語之語境或溝通之情境有關連。也正因為有自我監控，個體方能注意語言所傳達意義之下的結構（例如：語音或語法）。

參 後設語言發展──為什麼發展及如何發展的觀點

　　兒童的後設語言發展反映出他們慢慢知覺其母語的特徵，以及他們有能力將語言當作分析的物品來操弄（Mohanty & Babu, 1983）。Tunmer 與 Herriman（1984）分析文獻上的記載，歸納出三種後設語言發展的觀點。概述如下。

一、後設語言是與語言平行（同時）發展的

　　此一觀點是由 Clark（1978）和 Clark 與 Anderson（1979）所提出的。這些研究者認為，後設語言是語言習得中，必要及不可缺的一部分，亦即是與語言同時發展的。從語言開始萌芽時，兒童似乎就能知覺語言的形式及功能，而為了能讓語言發展成大人形式（adult form），兒童一定需要知道，其表達出來的語言有哪些地方是不足或錯誤的。在兒童的溝通、語言樣本中，常常出現自我矯正的話語；這些類型包括：音韻、詞彙結構、詞彙意義及語法方面的修正。雖然自發性的言語修正，反映出兒童會監控自己說出來的話語，但是這並不表示他們能有意識地思考其語言。因為這種現象可能是一種自動化、無意識的核對（checking）。另外，自發性的言語修正，也有可能是幼兒有意識地思考語言的基礎。因此後設語言是與語言平行發展的。

二、後設語言是在 5 至 7 歲時發展，而且與訊息處理能力的發展有關連

很多研究者（例如：Hakes, 1980; Tunmer & Grieve, 1984）皆指出，5 至 7 歲（中兒童期）是兒童開始顯現出能夠有意識思考，進而處理語言結構、特徵的時期。茲將支撐此論點的研究結果概述如下：

1. 音韻覺識：研究發現，大部分 5 歲的兒童無法將所聽到的詞彙分解成語音單位（Hakes, 1980; Liberman, Shankweiler, Fischer, & Carter, 1974），例如：他們認得「cat」及「cap」，但卻無法說出這兩個詞彙是由三個語音組成的。

2. 詞彙覺識：Tunmer 與 Herriman（1984）指出，大部分 6 歲的兒童無法將詞組（片語）分解至組成詞組的詞彙單位；其他的研究亦發現，6 歲的兒童無法將詞彙與其所指稱的物品分離（Markman, 1976），例如：當研究者問兒童一個「長長的」詞彙時，兒童會回答「火車」；若問題是一個「短短的」詞彙，兒童則會回答「螞蟻」。

3. 語法判斷：研究發現，6 歲以下的兒童常常無法判別句子語法的正確性與否，他們傾向以句子的意義來決定語法的正確性，例如：當研究者問兒童：「Yesterday Daddy painted the fence」（爸爸昨天漆籬笆）的句子聽起來「對不對」時，小朋友會回答「不對」，因為「爸爸只漆牆不漆籬笆」（Daddies don't paint fences, they paint walls）（Tunmer & Grieve, 1984）。

由於上述的研究中，測試的題目並未小心地控制語言及認知處理歷程的變項，因此很難斷定 5 歲以下的兒童是否就不具備後設語言的技能。事實上，Chaney（1992）在其研究中，將一些可能影響兒童回應後設語言題目所涉及的認知、語言變項控制好，即發現 3 歲的兒童可成功地回答很多後設語言的

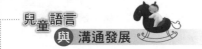

問題。也因此,此種論點有待進一步考驗。

三、後設語言是在兒童開始上小學之後才發展的,是學習閱讀的結果

Donaldson(1978)指出,兒童進入小學正式學習閱讀之後,後設語言的能力逐漸增加,這讓他們可以控制自己的思考歷程。因此後設語言的發展是因為學習閱讀之後才會出現的技能。

綜合上述,後設語言的發展可能與兒童的認知能力、語言能力、閱讀學習有關。兒童早期出現的後設語言能力,大部分是與溝通互動中訊息的表達、理解之核對或澄清有關。而當兒童的訊息處理能力發展得愈來愈好時,他們變得較能監控自己的語言編碼與解碼之過程,因此後設語言的能力也發展得更好。而等到兒童開始學習閱讀時,因為必須建立文字與口語的連配關係,並思考其義,再加上很多學校的作業、考試都涉及後設語言,乃使其後設語言的能力發展得更加優異。

肆 後設語言的處理歷程

雖然兒童在短短的幾年內即可發展其母語,但可能很少出現:有意識地了解或思考自己母語的句法規則(例如:主詞+動詞+受詞)、音韻組合規則或是詞彙系統的組織等現象。事實上,大人們在溝通情境中,對別人話語的理解或是在說話時,也甚少停頓下來思考語法規則是否正確,除非自己說出來的話語或聽到的話語有謬誤或矛盾之處。根據 Hakes(1980)的觀點,個體只有在需要努力嘗試理解別人的話語之後,才有可能會執行話語是否正確或可接受的認知處理歷程,也因此後設語言可說是一種理解歷程之後的心

智運作，例如：當我們聽到某個幼兒說出：「去我們麥當勞，可是漢堡一次吃過」時，我們會在嘗試理解其所欲表達的意義時，才會產生後設語言中的句法判斷或語法覺識；其實這是符合溝通的本質，亦即溝通意圖與訊息才是重點，形式只是其表達的工具而已。據此，在溝通過程中，後設語言是選擇性的而非必然性的，端視溝通情境的需求而定。

語言的理解是一種快速而自動化的處理歷程，在溝通訊息的傳遞過程中，我們幾乎不會有意識地去覺察此種心智運作過程，例如：我們不會在聽到別人所說的每句話語時，都需要自我檢測是否聽懂。相反的，後設語言的認知處理歷程則涉及執行與控制兩個層面，例如：當小學學童被要求去判斷「媽媽在百貨公司買了這件大衣」與「這件大衣是媽媽在百貨公司買的」兩句話是否同義時，他需要先建構兩句話語所傳遞出來的意義表徵，再比較其相似與相異處，進而判斷是否一樣。而前面的認知處理歷程即為執行，後面的則為控制。

Bialystock 與 Ryan（1985）進一步指出，後設語言的認知運作包括兩個部分：(1)語言要素的分析；(2)選擇與處理特定語言訊息的注意力控制。根據此觀點，兒童的語言習得都涉及此兩個認知處理歷程，無論是交談對話、閱讀或寫作都與此兩個層面有關。兒童最初的語言習得（理解與表達）是直覺性的應用語言，他們在不同的溝通情境中，將過去的溝通學習經驗使用出來（例如：看到車子就說「車車」）；等到其所習得的詞彙與句法結構愈來愈多，也愈來愈複雜，當他們在聽到新的詞彙或是語句用法時，會與已建立的語言知識做比較，而這也正是後設語言能力的應用，例如：前述 3 歲半的幼兒聽到媽媽說：「那你有沒有把握」，幼兒會問媽媽：「什麼是把握」；而之後，當兒童開始發展讀寫能力時，則有更多機會讓其需要有意識地去思考書面語言與口語之間的連結關係，或是書面語言本身的特質（例如：知道部首可以有音韻或意義線索）。

伍 兒童後設語言的發展

兒童後設語言能力發展的研究重點，常常是放在以下三項：(1)語言要素中基本單位的概念（例如：找出詞彙的首音、音節數、去音成新詞）；(2)對自己的語言處理歷程的覺識（例如：找出語意矛盾的句子、同音異義詞）；(3)象徵性語言的理解（例如：猜謎語、笑話、比喻理解）。茲將相關的研究結果整理、說明如下。

一、幼兒對語言的覺識

Slobin（1978）認為，在兒童的語言習得過程中，除了習得溝通所使用的符號工具之外，兒童也同時會發展出後設語言的能力，將語言或說話當作具體的物品進行思考與反思。他進一步列出在 2 至 6 歲之間，兒童所表現出來的語言覺識行為或特徵，計有：(1)說話時會自我更正或是重新說出更正確、適宜的話語；(2)對他人的話語表達看法（例如：發音、方言、語意、適當性、風格）；(3)提出與語言或說話有關的問題；(4)對自己所說的話語提出看法；(5)對與語言、說話有關的問題回應（例如：「平平都不會說話只會哭」）。Slobin（1978）觀察其女兒 Heida 的後設語言能力的發展，發現：(1)會使用後設語言詞彙（例如：mean、be called、name、word、say、look like）；(2)要求解釋、定義詞彙之義；(3)自發性地監測大人所說的話語，一聽到不熟悉的詞彙就問其意；(4)自發性地注意自己的話語；(5)放棄已說到一半的話語，再重新說出新的語句；(6)自我更正話語。Clark（1978）的報告一樣發現，1 歲 7 個月的幼兒會嘗試修正自己的發音以說出可辨識的詞彙（例如：/sIs/ →/sus/ ，嘗試說出 shoes）。除上述音韻的自我修正之外，Clark 與

Anderson（1979）亦舉出幼兒在話語中，所表現出來的構詞、詞彙與語法的修補，例如：「She want…She wants to go to sleep」（構詞修正）、「You have to squeak…squesk…scrape it」（詞彙修正）、「The kitty cat is…de-de spider's kissing the kitty cat's back」（語法修正）。此外，研究亦發現，4 歲兒童會依交談對象的不同而調整自己的話語，他們在與 2 歲兒童說話時，會使用較短、較簡單的語句（Shatz & Gelman, 1973）。

　　根據上述實證性的資料顯示，幼兒在開始發展語言時，似乎即已對其所學習的語言形式與功能有所覺識（Clark & Anderson, 1979）。Clark（1978）更進一步指出，後設語言與語言發展之間的關係為：(1)幼兒在使用口語表達時，會自發性地修正自己的話語；(2)矯正別人的話語；(3)解釋與判斷句子是否合理，或是應該如何解釋。Menyuk（1991）也抱持相同的看法，他認為兒童在習得語言結構、內容、形式的知識之後，即會開始顯現出後設語言的能力；當兒童將其所聽到的話語或是自己所說出來的話語，與其已建立的語言知識結構做比較時，後設語言即產生。而後設語言能力的發展也可促使語言的發展，即音韻、語意、語法、語用之習得。

二、兒童音韻覺識的發展

　　由本章開頭所舉的「紐約」、「激動」的例子，即可看出幼兒在語言學習的過程中，會覺察其所學習的語言中音韻的特徵或其相似與相異性，此種能力即是音韻覺識。更特定地來看，音韻覺識係指，對語言的聲音結構之認識與了解，亦即了解語言是由詞彙、音節、押韻與語音所組成。

　　而隨著語言能力發展得愈來愈好，兒童開始能有意識地將音韻當做一種類似具體的物品去思考與操弄，他們對於所說出來話語中的聲音或語音結構，可以思考、回想或操弄。音韻覺識能力的發展，可以促進兒童更敏銳地去組織、儲存與提取其母語中詞彙的音韻表徵。而最近 20 幾年來，在歐美國

家閱讀障礙的研究中，則讓研究者與教育工作者更加重視音韻覺識對閱讀發展的影響作用。誠如 Stanovich（1991）和 Torgesen、Wagner 與 Rashotte（1994）所指出，音韻覺識的能力與閱讀之間的相關，乃在於閱讀拼音文字時，需要將文字解碼成音韻形式以觸接字義；也因此當兒童在建立字母－語音的連配關係時，他們需要在心智表徵系統中操弄音韻結構，而這也正是音韻覺識之依據。

音韻覺識意含著：兒童知道詞彙可以分割成語音單位，也能區辨語音，或是將語音結合形成口語詞彙，例如：當幼兒聽到大人說：「趴趴走」（台語化詞彙），他們會不了解「為什麼要趴著走路」。很多探討兒童音韻覺識的研究，即是請兒童將口語詞彙中的某個語音獨立分割出來、找出不同詞彙中的相同語音，或是說出去掉某個語音、音節所剩下來的音韻部分或詞彙等。

Bruce（1964）使用「snail」這個詞彙，做為刪音再說出的測試材料，他請兒童說出刪除「n」音之後應該怎麼說，結果發現 6 歲以下的兒童無法正確說出「sail」。Liberman 等人（1974）使用打拍子的方式，測試 4 至 6 歲的兒童是否能覺識詞彙中的語音或音節單位，例如：當他們聽到「cat」時要複述此詞彙，並使用小木片打 3 下。研究發現，語音切割作業比音節切割作業難，而 50%的 4 歲與 5 歲兒童，90%的 6 歲兒童則可以正確回應。

Treiman（1985）在實驗情境中告訴受試兒童，他手上拿的小玩偶最喜歡「f」的音，然後再請兒童說出其將要聽到的詞彙，小玩偶會喜歡或不喜歡聽。研究者使用真詞（如：fir）與假詞（如：feir）做為測試材料；研究結果顯示，4 歲兒童已能覺察詞彙中的首音，亦即他們能切割詞彙中的語音。MacLean、Bryant 與 Bradley（1987）複製 Treiman 的研究，進一步發現，其實有很高比例的 3 歲兒童，早已能覺識詞彙中的語音，亦即具有切割詞彙中語音的能力。

Van Kleeck（1990）則指出，習英語兒童的音韻覺識技能是順著下列幾個階段發展而成的：(1)押韻；(2)將詞彙分解成音節；(3)找出相同首音的詞

彙；(4)找出相同尾音的詞彙；(5)可以計算出詞彙中組成的語音數；(6)可以將不同音節類型（例如：CCVC、CVCV 等）分解成語音；(7)可以操弄詞彙中的語音（例如：將 fun 中的 f 去掉，再說出剩下的音節）。

上述零星的研究說明了，研究者如何探討兒童的音韻覺識發展，Silliman 與 James（1997）則進一步整理美國兒童音韻覺識能力研究的結果，歸納出下列幾個發展的階段。

（一）詞彙／音節切割覺識始現階段：幼兒園階段

當幼兒的語言發展至一定程度之後，他們開始顯現出對於話語中的詞彙、語音單位之覺識，他們會注意話語中的組成單位，例如：(1)他們知道正確拿握書本的方向；文字怎麼排成一頁；(2)有些幼兒則知道句子可以被切割成不同的詞彙，詞彙又可以被分割成音節；(3)喜歡玩聲音的遊戲；(4)會注意某些語音並表達看法；(5)對押韻的童謠、兒歌等感到興趣，也喜歡說出這些話語，例如：「柺杖 7、眼鏡 8」，「星期一猴子去看戲，星期二……」等。

（二）語音覺識／同韻注意階段：幼兒園階段

此階段的幼兒對語音的覺識更為敏感，例如：(1)可以指認詞彙中的首音（如：pig 中的 p）；(2)同韻詞彙分類能力發展得愈來愈好（例如：找出不同韻的詞彙──「hen」、「men」、「sun」、「pen」）；(3)判斷詞彙是否同韻的能力也發展得較好（例如：哪一個詞彙與 hill 同韻？是 pill 還是 hike）。

（三）語音覺識／首音注意階段：幼兒園至小一階段

此階段的兒童可以指認或切割詞彙中的第一個語音，例如：(1)在要求下，可以說出以某個語音為首的詞彙（例如：「l」開頭的詞彙──light、land）；(2)可以將有相同首音的詞彙（以圖片代表）放在一起（例如：hat、hen、hand、window 四張圖中，會將 hat、hen、hand 放在一起）。

（四）拼音或語音結合階段：幼兒園後期至小一階段

此階段的兒童會開始發展出更高階的音韻分析能力，而且因受閱讀教學與學習的影響，使其較能知覺詞彙／文字的語音特徵，例如：將「p」與「in」一起說出來。

（五）語音分析階段：小一以上階段

此階段兒童所發展出來的語音分析能力，與其識字能力有極高之相關，例如：如同前述，他們能根據所聽到詞彙中的語音數打出相同的拍子。

（六）複雜的音韻覺識階段：小三至小四

此階段兒童能夠執行複雜的音韻覺識處理，例如：(1)他們可將詞彙中的音節、語音刪除，並正確說出剩下的音節或語音（例如：將「鞋子」的「ㄒ」音去掉，再說出剩下的音節——「椰子」）；(2)可正確比較非詞中的語音與字母的對應（例如：聽到「tiv」，會知道相對應的英文字母 t、i、v）。

綜合而言，兒童音韻覺識的發展有其順序與階段。圖 10-1 係 Schuele 與 Boudreau（2008）依據音韻覺識的複雜程度，所建構的發展序列圖。根據此圖得知，在最基礎與最簡單的階層上，音韻覺識的能力會反映在對語言中聲音層面的注意與判斷，包括：將詞彙切割成音節、指出韻腳或同韻的詞彙，或是找出相同首音的詞彙等，這些音韻覺識的能力被認為是較為表層之知識。相對地，將單一語音獨立出來或加以操弄的能力，則是屬於較為深層與複雜之音韻覺識，此即為語音覺識（phonemic awareness），包括：切割音節中的第一個聲母與之後的尾部（例如：將「fit」切割成「f」與「it」）、切割首音與尾音、將語音組合成詞彙、將詞彙切割至語音單位、刪除與操弄語音等；而也是這些語音覺識的能力被證實是與早期的文字字彙解碼（識字）具有因果關係（Wagner, Torgesen, Laughon, Simmons, & Rashotte, 1993）。

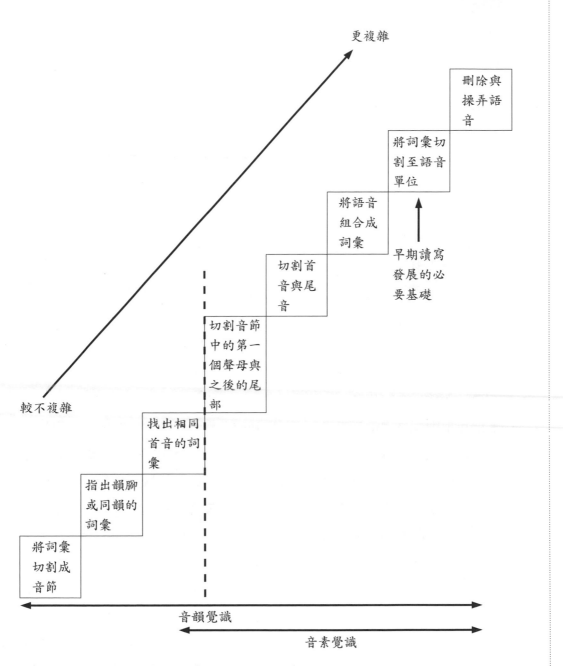

圖 10-1　音韻覺識發展階層圖

三、兒童詞彙覺識的發展

過去研究兒童詞彙覺識的方法為，詢問兒童：「什麼是一個詞彙」，再進而分析其所說出來的解釋（Yaden, 1986）。詞彙覺識所涉及的能力包括：知道「word」這個詞彙的意思是什麼、了解詞彙是語言系統中的單位、知道詞彙是一種任意性的音韻名稱，即聽起來與說出來的聲音是任意性的（Bowey & Tunmer, 1984）。

Papandropoulou 與 Sinclair（1974）所做的詞彙覺識研究，可說是最有名的。在其研究中，研究者詢問 4 歲半至 11 歲兒童：「什麼是一個詞彙」，結果顯示：(1)大部分 5 歲以下的兒童無法清楚地界定什麼是詞彙，只能將詞彙與其指稱物連結在一起，例如：他們會說：「詞彙是椅子、書等」；(2)5 至 7 歲的兒童視詞彙為物品東西的名稱；(3)5 至 7 歲之間的兒童知道實詞（content words，如狗、早餐）是詞彙，但不認為虛詞（function words，如 the、was）是詞彙，例如：分解句子至詞彙單位時，不會將 the、is 分解出來；(4)6 歲半至 8 歲兒童則認為詞彙是單位，是一序列帶有意義話語中的一部分，例如：他們會回答：「一個詞彙是故事中的一小部分」；(5)在 8 至 10 歲之間，因正式語文教育的影響，兒童已能明確定義詞彙，或是知覺詞彙是什麼；他們會說：「詞彙就是某樣東西的意義，是由字母書寫而成」。

Templeton 與 Spivey（1980）的研究，則是讓 4 至 7、8 歲之間的兒童回答下列問題：(1)「blank」是不是一個詞彙？(2)為什麼「blank」是／不是一個詞彙？(3)什麼是「詞彙」？(4)告訴我一個長長的／短短的／容易的／很難的詞彙。研究者將受試兒童分成運思前期（preoperational）、轉換期（transitional）與具體運思期（concrete）等三個認知層次的發展階段，以分析其表現。研究發現：運思前期的兒童尚無法以抽象的概念談論語言本身，常常無法做答；轉換期的兒童則認為，詞彙是與口語有關的東西（例如：詞彙是嘴

巴跑出來的東西）；具體運思期的兒童則認為，詞彙是與印刷品有關的東西（例如：詞彙是我們要讀的東西、詞彙是我們寫的東西）。

雖然上述的研究已提供實證性的資料，說明兒童對「詞彙」的概念，但也有研究者認為，這些發現無法真正反映出兒童對「詞彙」（或語言）本質的理解或概念，因為他們在定義指稱具體物品的詞彙（例如：刀子）都已有很大的困難，更遑論「詞彙」這麼抽象的一個概念（Litowitz, 1977）。

兒童詞彙覺識的研究亦發現一個很有趣的現象：當研究者要求兒童說出一個長長的詞彙時，4 歲與 5 歲的兒童會回答「火車」（Berthoud-Papandropoulou, 1978, 引自 Sinclair, 1982）；這個現象反映出兒童尚無法將詞彙本身與其指稱物（或代表的意義）分離開來。Osherson 與 Markman（1975）的研究即發現，學前兒童認為當「狗」被叫做「貓」時，狗就會喵喵叫；「狗」被稱為「牛」時，就會有角；上述發現與前述 Piaget 的「月亮」與「太陽」互換名稱的研究結果一致。Piaget（1929）發現，5、6 歲的兒童認為詞彙是物品（其指稱物）的必要成分或是一部分，是無法與物品分隔開來的（引自 Bialystock, 1986）。

四、兒童語意覺識（semantic awareness）的發展

詞彙定義能力的發展，是用來觀察兒童語意覺識的一種方式。學前階段的兒童傾向以連結或功能的方式定義詞彙，例如：將時鐘定義為「發出滴滴答答聲音」，將刀子定義為「割東西」；一直要到國小四年級時才能發展出與大人近似的定義方式（Johnson & Anglin, 1995; Kurland & Snow, 1997）。過去的研究發現，當兒童理解的詞彙愈多時，其詞彙定義能力的發展也會愈來愈特定及正確（Carey & Bartlett, 1978; Thorndike, Hagen, & Sattler, 1986; Wehren, DeLisi, & Arnold, 1981）。當提供一個詞彙請兒童定義時，學齡前兒童常使用一個或兩個詞彙或是破碎不完整的相關概念來解釋，但是國小二年

級的學童則可使用整個句子及詳細的細節來解釋，隨著年級的增加，他們慢慢會使用更多的類別概念（categorization）、規則、同義詞、反義詞，來加以解釋、定義（Litowitz, 1977; Wehren et al., 1981）。

五、兒童的語法覺識發展

語法判斷的施測方式為，詢問兒童測試句子是否合乎語法，如果不合乎語法則更正該句話。Brown 與 Bellugi（1964）曾請 2 歲的 Adam（Roger Brown 兒童語言發展研究的觀察對象之一）判斷句子是否正確，例如：「哪句話是對的——『two shoes』或『two shoe』」，Adam 的回應很有趣：「Pop goes the weasel」。Gleitman、Gleitman 與 Shipley（1972）的研究設計，則是請 2 歲兒童的媽媽讀一些語法正確及語法不正確的句子給研究者聽，研究者聽到語法正確的句子之後會說「good」，並複述該句子，但是聽到語法不正確的句子則會說「silly」，並說出更正後合乎語法的句子。2 歲多的幼兒看到媽媽與研究者玩得不亦樂乎的樣子，也想趕快加入，判斷句子是否合乎語法。結果顯示，2 至 3 歲之間的幼兒似乎已顯現出些許的語法覺識能力，但他們在更正句子時主要是依賴語意關係，例如：測試句子為「box the open」，受試幼兒則改為「get in the box」而非「open the box」。

de Villiers 與 de Villiers（1974）修改 Gleitman 等人（1972）的研究程序，改用小玩偶說出正確或不正確的話語，請 8 個 28 至 45 個月大的兒童判斷與更正。測試的句子包括：語意合理或不合理，詞序正確與不正確的命令句，例如：「Throw the stone / Throw the sky」、「Brush your teeth / Teeth your brush」。研究結果顯示：(1)判斷語意不合理的句子是錯誤的比例，遠高於語意合理的句子；(2)語法能力較高的幼兒〔以平均句長（MLU）決定語法能力〕較能覺察詞序錯誤的語句；(3)語法能力較差的幼兒則會以語意為判斷之標準（例如：認為「Teeth your brush」是正確的）。雖然上述研究嘗試了解兒童

的語法覺識能力，但需要注意的是，上述兩個實驗中所使用的「good/silly」、「正確／錯誤」可能會有意義上及道德上的混淆，因此在解釋結果時可能要注意。

Hakes（1980）研究 4 至 8 歲兒童判斷語法正確及語法不正確的句子，結果顯示這些兒童在語法正確句子的表現上，要比語法錯誤的句子好，而隨著年齡的增加，覺察語法錯誤句子的能力會發展得愈來愈好。研究者解釋，這是因為兒童語法能力發展得愈來愈好時，自然更能覺察出語法錯誤的句子。

Blodgett 與 Cooper（1987）分析 4 至 9 歲的兒童在句子改正測驗的得分與錯誤，發現：(1)4 歲兒童在改正音韻錯誤的句子表現最佳；(2)4 歲兒童對詞序錯誤句子的覺察與改正表現最差；(3)發展曲線最明顯的年齡介於 4 至 6 歲之間。

最後，Ferreira 與 Morrison（1994）指出，大部分 5 歲兒童已能指認出句子中的主詞。而正式的學校教育則可讓兒童發展出明確的語法覺識（Gombert, 1992）。

六、兒童後設語用或語用覺識能力的發展

後設語用（meta pragmatics）能力乃指，對語言以及其使用的社會情境之間關係之覺識（Hickmann, 1985）。一般而言，後設語用的研究面向主要包括：指稱說明是否清楚的判定、溝通互動規則（例如：維持禮貌性的社會互動）的描述等。

雖然在人際溝通中，我們也會在說出不適當的話語時，覺察到自己的失態或錯誤；但過去研究卻甚少觸及兒童後設語用的發展（Hulit & Howard, 2006）。國外過去探討語用覺識的研究，常常都是聚焦在兒童對溝通訊息的量與品質的覺察與判斷。

Hughes 與 Grieve（1980）使用了一些奇怪的問題或是訊息含糊的問題詢

問兒童，以了解其是否會覺察訊息的謬誤與含糊，例如：「紅色是不是比黃色重」、「牛奶是不是比水高」等。研究者發現，5 歲的兒童幾乎不會請研究者澄清訊息，而是直接就說出答案。但大部分 7 歲的兒童，則會在其回答中表現出不確定（例如：「牛奶比較高，是不是？不是嗎」），反映出其較能覺識訊息是否清楚陳述。同樣的，Robinson（1981）的研究也發現，在判定訊息是否陳述清楚的實驗中，5 歲以下的兒童較傾向將溝通失敗的責任歸咎於聽者未聽清楚；一直要到 8 歲時，兒童才開始會判定是說者未將訊息指稱說明清楚。

陸 後設語言覺識發展的階段 —— 小結

綜合前述研究發現，以及 Clark（1978）、Harris（1994）、Lane 與 Molyneaux（1992）、Owens（1996）、Van Kleeck（1994），以及 Wallach 與 Miller（1988）等之文獻整理，茲將兒童的後設語言發展階段與特徵說明如下。

一、階段一（1 歲半至 2 歲）

此階段兒童會監控自身的話語，以及發展基本的書面語言概念：

1. 說話時會自發性地更改或修補自己的話語。
2. 會自己練習聲音、語音、詞彙、句子。
3. 會依據不同的溝通對象調整自己的話語。
4. 會分辨印刷品和非印刷品。
5. 對書本有一些基本概念，例如：會翻書、不會將書本拿顛倒。
6. 識得一些書寫符號（例如：麥當勞的 M）。

二、階段二（2 至 6 歲）

此階段兒童會檢核自身說出話語所達成的溝通結果，更刻意地學習語言：

1. 注意溝通對象是否理解，以便再說一遍或修補。

2. 會監控自己所講的話，使其接近大人語言的形式；會先注意音韻部分，然後是詞彙及語意部分。

3. 會對自己或他人所說出的話語表達意見。

4. 會糾正別人的話語。

5. 聽到新的詞彙、語句，會認真地練習，或表達自己對某些話語的不理解。

6. 會假裝不同角色／人物的說話方式，例如：假裝娃娃、小狗、阿公的說話風格。

7. 可辨認所聽到的口語中詞彙之間的界限。

8. 可辨認印刷品中詞彙之間的界限。

9. 玩詞彙替代的遊戲。

10. 玩語音變化的遊戲。

11. 可以將詞彙切割成音節。

12. 認為詞彙是其所指稱物品的一部分。

13. 不知道一個詞彙可以有兩個不同的意義。

三、階段三（國小階段：6 至 12 歲）

此階段為後設語言發展穩定期：

1. 愈來愈能考慮聽者的觀點，而在語言風格上加以配合。

2. 愈來愈能理解笑話、感受幽默、懂得猜謎語。

3. 自創笑話（雖然大人常常覺得沒有「笑」果）。

4. 對某些象徵性語言的理解還是有困難。

5. 能辨認並解決語言中的曖昧成分，例如：同音異義詞彙、模糊的句子等。

6. 能理解詞彙可以有兩個不同的意義，一個是字面上的意義，另一個是慣用語或非字面上的意義。

7. 語法判斷能力發展得愈來愈好。

8. 詞彙定義能力發展得愈來愈好。

9. 可以指認話語中的特定單位，例如：聲音、音節、詞彙、句子等。

10. 10 歲以上對直喻、隱喻、語言類推、打油詩等的理解發展得更好。

11. 能變化不同的言談風格，以適應不同情境及聽者的需求，或是達成自己的溝通目的。

柒 結語

後設語言技能或是語言覺識乃指「有意識地思考語言的本質或特徵」，或是「使用語言分析、研究與理解語言的能力」（Hulit & Howard, 2006; Van Kleeck, 1994）。在兒童語言發展的過程中，音韻、語意、語法、語用的學習，為其後設語言技能奠下發展之基礎。而認知技能的成長，也使得兒童得以注意不同語言層面的本質或特徵，並在必要時思考、操弄其結構與意義，並監控自己的語言處理歷程。另外，在閱讀技能發展方面，後設語言則是不可或缺的一部分。後設語言的發展可以讓習拼音文字的兒童了解字母與語音的對應關係，發展出識字解碼能力；而對於習華語兒童，則是建立文字與口語詞彙之間對應的概念，使其發展出年齡水準的聽、說、讀、寫技能。

後設語言含括的層面包括：音韻覺識、語意覺識、語法覺識與語用覺

識。國外過去研究已發現，當兒童從學前階段步入學齡階段時，是後設語言快速發展的期間。在學前階段，兒童主要是將語言當做溝通工具，較少會主動有意識地去使用語言分析、研究與理解語言。然而當他進入學齡階段之後，慢慢會發展出更多與更適當的後設語言能力，並可將語言從溝通使用中抽離出來，以便分析與思考語言的不同面向（Hulit & Howard, 2006）。

　　雖然語言的發展與使用是始於直覺式語言，但學校中的學科學習卻與後設語言有極密切之關係，因此教師在設計與語言有關的課程與教學活動時，有必要考慮學生後設語言發展的層次（Otto, 2006）。此外，後設語言的概念也可應用在語言遊戲中，以便創造出更有趣的語言學習與教學活動（錡寶香，2006）。

參考文獻

中文部分

錡寶香（2006）。兒童語言障礙——理論、評量與教學。台北市：心理。

英文部分

Berthoud-Papandropoulou, I. (1978). An experimental study of children's ideas about language. In A. Sinclair, R. Jarvella & W. Levelt (Eds.), *The child's conception of language* (pp. 55-64). NY: Springer-Verlag.

Bialystock, E. (1986). Factors in the growth of linguistic awareness. *Child Development, 57*, 498-510.

Bialystock, E., & Ryan, E. B. (1985). A metacognitive framework for the development of first and second language skills. In D. L. Forrest-Pressley, G. E. Mackinnon & T. Gary Waller (Eds.), *Metacognition, cognition, and human performance* (pp. 207-252). New York: Academic Press.

Blodgett, E., & Cooper, E. (1987). *Analysis of the language of learning: The practical test of metalinguistics*. Moline, IL: LinguiSystems.

Bowey, J. A., & Tunmer, W. E. (1984). Word awareness in children. In W. E. Tunmer, C. Pratt & M. L. Herriman (Eds.), *Metalinguistic awareness in children: Theory, research, and implications* (pp. 73-91). New York: Springer-Verlag.

Brown, R., & Bellugi, U. (1964). Three processes in the children's acquisition of syntax. *Harvard Educational Review, 34*, 133-151.

Bruce, D. J. (1964). The analysis of word sounds by young children. *British Journal of Educational Psychology, 34*, 158-159.

Carey, S., & Bartlett, E. (1978). Acquiring a single new word. *Papers and Reports on Child Language Development (Stanford University), 15*, 17-29.

Chaney, C. (1992). Language development, metalinguistic skills, and print awareness in 3-year-old children. *Applied Psycholinguistics, 13*, 485-514.

Clark, E. (1978). Awareness of language: Some evidence from what children say and do. In A. Sinclair, R. Jarvella & W. Levelt (Eds.), *The child's conception of language* (pp.

17-43). New York: Springer-Verlag.

Clark, E. V., & Anderson, E. (1979). Spontaneous repairs: Awareness in the process of acquiring language. *Papers and Reports on Child Language Development, 16*, 1-12.

de Villiers, J. G., & de Villiers, P. A. (1974). Competence and performance in child language: Are children really competent to judge? *Journal of child Language, 1*, 11-22.

Donaldson, M. (1978). *Children's minds*. New York: W. W. Norton.

Ehri, L. C. (1975). Word consciousness in readers and prereaders. *Journal of Educational Psychology, 67*, 204-212.

Ellis Weismer, S. (1992). Aspects of metalinguistic abilities in specific language impairment and dyslexia. In H. Grimm (Ed.), *Linguistic disorders and pathologies, an international handbook*. Berlin, Germany: Walter de Gruyter & Co.

Ferreira, F., & Morrison, F. J. (1994). Children's metalinguistic knowledge of syntactic constituents: Effects of age and schooling. *Developmental Psychology, 30*, 663-678.

Gleitman, L., Gleitman, H., & Shipley, E. F. (1972). The emergence of the child as grammarian. *Cognition, 1*, 137-163.

Gombert, J. E. (1992). *Metalinguistic development*. Chicago, IL: University of Chicago Press.

Hakes, D. (1980). *The development of metalinguistic abilities in children*. New York: Springer-Verlag.

Harris, L. R. (1994). The impact of language on learning. In V. L. Ratner & L. R. Harris (Eds.), *Understanding language disorders: The impact on learning* (pp. 71-103). Eau Claire, WI: Thinking Publications.

Hickmann, M. (1985). Metapragmatics in child language. In E. Mertz & R. J. Parmentier (Eds.), *Semiotic mediation: Sociocultural and psychological perspectives* (pp. 177-201). New York: Academic Press.

Hughes, M., & Grieve, R. (1980). On asking children bizarre questions. *First Language, 1*, 149-160.

Hulit, L. M., & Howard, M. R. (2006). *Born to talk: An introduction to speech and language development*. Upper Saddle River, NJ: Pearson.

Johnson, C. J., & Anglin, J. M. (1995). Qualitative developments in the content and from of children's definitions. *Journal of Speech and Hearing Research, 38*, 612-629.

Kurland, B. F., & Snow, C. E. (1997). Longitudinal measurement of growth in definitional skill. *Journal of Child Language, 24*, 603-625.

Lane, V. W., & Molyneaux, D. (1992). *The dynamics of communicative development*. Eng-

lewood Cliffs, NJ: Prentice-Hall.

Liberman, I. Y., Shankweiler, D., Fischer, F. W., & Carter, B. (1974). Explicit syllable and phoneme segmentation in the young child. *Journal of Experimental Child Psychology, 18*, 201-212.

Litowitz, B. (1977). Learning to make definitions. *Journal of Child Language, 4*, 289-304.

Maclean, M., Bryant, P. E., & Bradley, L. (1987). Rhymes, nursery rhymes and reading in early childhood. *Merrill-Palmer Quarterly, 33*, 255-282.

Markman, E. M. (1976). Children's difficulty with word-referent differentiation. *Child Development, 47*, 7452-749.

Masny, D., & d'Anglejan, A. (1985). Language, cognition, and second language grammaticality judgments. *Journal of Psycholinguistic Research, 14*(2), 175-197.

Mattingly, I. G. (1972). Reading, the linguistic process, and linguistic awareness. In. J. F. Kavanaugh & I. G. Mattingly (Eds.), *Language by ear and by eye: The relationships between speech and reading* (pp. 133-148). Cambridge, MA: The MIT Press.

Menyuk, P. (1991). Metalinguistic abilities and language disorder. In J. Miller (Ed.), *Research on child language disorder: A decade of progress* (pp. 387-397). Austin, TX: Pro-ed.

Mohanty, A. K., & Babu, N. (1983). Bilingualism and metalinguistic ability among Kond tribals in Orissa, India. *The Journal of Social Psychology, 212*, 15-22.

Osherson, D., & Markman, E. (1975). Language and the ability to evaluate contradictions and tautologies. *Cognition, 2*, 213-226.

Otto, B. (2006). *Language development in early childhood* (2nd ed.). Upper Saddle River, NJ: Pearson.

Owens, R. (1996). *Language development: An introduction* (4th ed.). Boston, MA: Allyn & Bacon.

Papandropoulou, I., & Sinclair, H. (1974). "What is a word ?" : Experimental study of children's ideas on grammar. *Human Development, 17*, 241-258.

Paris, S. G., & Jacobs, J. E. (1984). The benefits of informed instruction for children's reading awareness and comprehension skills. *Child Development, 55*, 2083-2093.

Perfetti, C. (1985). *Reading ability*. New York: Oxford University Press.

Piaget, J. (1929). *The language and thought of child*. London: Kegan Paul.

Robinson, E. J. (1981). The child's understanding of inadequate messages and communication failures: A problem of ignorance or egocentrism? In W. P. Dickson (Ed.), *Children's oral communication skills* (pp. 167-188). New York: Academic Press.

Schuele, C. M., & Boudreau, D. (2008). Phonological awareness intervention: Beyond the basics. *Language, Speech & Hearing Services in Schools, 39*(1), 3-20.

Shatz, M., & Gelman, R. (1973). The development of communication skills: Modifications in the speech of young children as a function of listener. *Monographs of the Society for Research in Child Development, 38* (5, serial No. 152), 1-37.

Silliman, E. R., & James, S. (1997). Assessing children with language disorders. In D. K. Bernstein & E. Tiegerman-Farber (Eds.), *Language and communication disorders in children* (pp. 197-271). Needham Heights, MA: Allyn & Bacon.

Sinclair, A. (1982). Some recent trends in the study of language development. *International Journal of Behavioral Development, 5*, 413-431.

Slobin, D. I. (1978). A vase study of early language awareness. In A. Sinclair, R. J. Jarvella & W. J. Levelt (Eds.), *The child's conception of language* (pp. 45-64). New York: Springer-Verlag.

Stanovich (1991). Changing models of reading and reading acquisition. In L. Rieben & C. A. Perfetti (Eds.), *Learning to read: Basic research and its implications* (pp. 19-32). Hillsdale, NJ: Lawrence Erlbaum Associates.

Templeton, S., & Spivey, E. (1980). The concept of word in young children as a function of level of cognitive development. *Research in the Teaching of English, 14*, 265-278.

Thorndike, R., Hagen, E., & Sattler, J. (1986). *Stanford-Binet Intelligence Scale* (4th ed.). Chicago, IL: Riverside.

Torgesen, J. K., Wagner, R. K., & Rashotte, C. A. (1994). Longitudinal studies of phonological processing and reading. *Journal of Learning Disabilities, 27*, 276-286.

Treiman, R. (1985). Onsets and rimes as units of spoken syllables: Evidence from children. *Journal of Experimental Child Psychology, 39*, 181-191.

Tunmer, W. E., & Bowey, J. A. (1984). Metalinguistic awareness and reading acquisition. In W. E. Tunmer, C. Pratt & M. L. Hreeiman (Eds.), *Metalinguistic awareness in children, theory, research, and implications* (pp. 144-168). New York: Springer-Verlag.

Tunmer, W. E., & Grieve, R. (1984). Syntactic awareness in children. In W. E. Tunmer, C. Pratt & M. L. Herriman (Eds.), *Metalinguistic awareness in children, theory, research, and implications* (pp. 92-104). New York: Springer-Verlag.

Tunmer, W. E., & Herriman, M. L. (1984). The development of metalinguistic awareness: a conceptual overview. In W. E. Tunmer, C. Pratt & M. L. Herriman (Eds.), *Metalinguistic awareness in children, theory, research, and implications* (pp. 2-35). New York: Springer-Verlag.

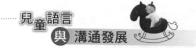

Van Kleeck, A. (1984). Metalinguistic skills: Cutting across spoken and written language and problem-solving abilities. In G. P. Wallach & K. G. Butler (Eds.), *Language learning disabilities in school-age children* (pp. 128-153). Baltimore, MD: Williams & Wilkins.

Van Kleeck, A. (1990). Emergent literacy: Learning about print before learning to read. *Topics in Language Disorders, 10*, 25-45.

Van Kleeck, A. (1994). Metalinguistic development. In G. P. Wallach & K. G. Butler (Eds.), *Language learning disabilities in school-age children and adolescents* (pp. 53-98). New York: Macmillan.

Van Kleeck, A., & Schuele, M. (1987). Precursors to literacy: Normal development. *Topics in Language Disorders, 7*(2), 13-31.

Vellutino, F. (1979). *Dyslexia: Theory and research*. Cambridge, MA: The MIT Press.

Wagner, R., Torgesen, J., Laughon, P., Simmons, K., & Rashotte, C. (1993). Development of young readers' phonological processing abilities. *Journal of Educational Psychology, 85*, 83-103.

Wallach, G. P., & Miller, L. (1988). *Language intervention and academic success*. Austin, TX: Pro-ed.

Wehren, A., DeLisi, R., & Arnold, M. (1981). The development of noun definition. *Journal of Child Language, 8*, 165-175.

Yaden, D. B. (1986). Reading research in meatlinguistic awareness: A classifies. In D. B. Yaden & S. Templeton (Eds.), *Metalinguistic awareness and beginning literacy* (pp. 41-62). Portsmouth, NH: Heinemann.

第十一章

兒童讀寫能力之發展

壹

前言

讀寫（literacy）主要是指，使用書面語溝通（McLaughlin, 1998）或是使用某種語言閱讀、書寫表達的能力，以及對於在日常生活中使用閱讀與書寫的想法或心態（Indrisano & Chall, 1995）。也因此，讀寫涉及與印刷物之間積極與自動的互動，並強調個體在接收、詮釋訊息時，其建構意義的重要性（Indrisano & Chall, 1995）。

讀寫能力的發展，為兒童打開了一個通往世界的大門，他們可以經由閱讀一本書而增加知識，認識新的人、事、物，建構更複雜更有系統的概念，或遨遊在想像的世界，擴展視野。事實上，讀寫能力可說是學習的基礎。兒童在學校是否能完整地發展自己，並在離開學校後能對社會有積極的貢獻，端視其閱讀與書寫表達能力的發展程度而定（IRA & NAEYC, 1998）。

雖然讀寫能力是人類重要的基本生活技能之一，個體的生活、學習、教育、生涯發展、人際社會等層面的發展，都與其有密切之關係，然而其發展卻不是件簡單的事情。讀寫不是只有識字與寫字，它涉及很多複雜的語文處理歷程或基本的閱讀技巧，以及書寫表達的認知處理歷程。此外，讀寫能力並非與生俱來、固定不變，而是會隨著年齡、教育、學習、環境、文化與語

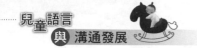

言，或家庭參與程度的不同而順序發展。也因此，教師與家長必須了解兒童讀寫能力的發展，才能提供適當的支持，以促進其發展，成為快樂的閱讀者，並從閱讀中學習，獲得知識與智慧。

貳 讀寫的認知運作處理歷程

人類語言能力的發展乃是依循聽、說、讀、寫的順序發展而成的，因此讀寫的處理歷程也就與個體的聽覺語言有密切的關係。圖 11-1 為林寶貴、錡寶香（2000a）根據研究者（例如：Catts & Kamhi, 1986）的理論模式修改而成的讀寫處理歷程架構圖。

為能更清晰呈現、說明此架構圖，茲將相關的要素或概念說明如下。

一、聽覺刺激的分析與輸入

在兒童的語言發展過程中，口語是其最早接觸及精熟的語言形式。從出生開始，嬰幼兒即可在不同的情境中聽取、接收語言刺激，而敏銳的聽覺能力，使其在嬰幼兒時期即能區辨母語中的不同語音，並在語言認知表徵系統中，儲存這些不同音韻的表徵形式；聽覺刺激的分析，也就成為兒童口語學習與理解的最基本技能。也因此，先天性聽覺障礙兒童乃會因聽覺感官的缺陷，而造成語言學習上的困難。此外，語言意義的習得，除了必須具備最基本的口語語音區辨、分析能力之外，尚需依賴高層次的認知處理，亦即兒童需由語境及情境中去抽取、推論、連結語彙的意義，並將其儲存在語言—認知系統中，或是心理詞彙庫中（mental lexicon）。而儲存於詞彙庫中的音韻形式語言，即成為個體口語表達中詞彙提取的資源庫。

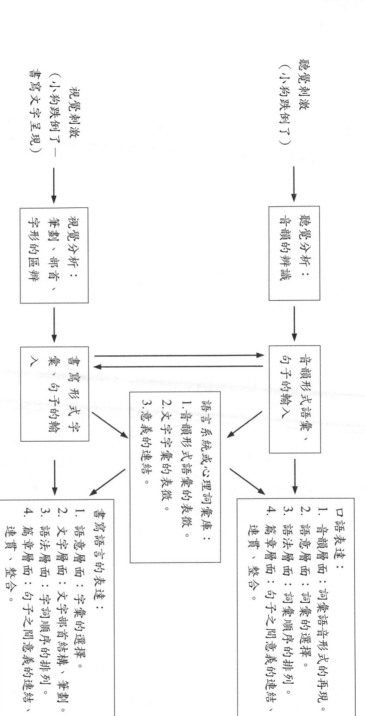

圖 11-1 書寫語言處理歷程架構圖

聽覺刺激
（小狗跌倒了）

視覺刺激
（小狗跌倒了──
書寫文字呈現）

聽覺分析：
音韻的辨識

視覺分析：
筆劃、部首、
字形的區辨

音韻形式語彙、
句子的輸入

書寫形式字
彙、句子的輸
入

語言系統或心理詞彙庫：
1. 音韻形式語彙的表徵。
2. 文字字彙的表徵。
3. 意義的連結。

口語表達：
1. 音韻層面：詞彙語音形式的再現。
2. 語意層面：詞彙的選擇。
3. 語法層面：詞彙順序的排列。
4. 篇章層面：句子之間意義的連結、
　　　　　　連貫、整合。

書寫語言的表達：
1. 語意層面：字彙的選擇。
2. 文字層面：文字部首結構、筆劃。
3. 語法層面：字詞順序的排列。
4. 篇章層面：句子之間意義的連結、
　　　　　　連貫、整合。

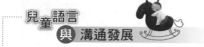

二、視覺刺激的分析與輸入

兒童讀寫能力的發展是始於閱讀，他們必須先識得文字並儲存於語言—認知系統中，方能據此以動作協調的方式將其書寫表達出來。如同口語的接收或理解一樣，閱讀或書寫皆涉及知覺刺激（即文字）的分析與辨認，個體需認明不同的字母（例如：英語系語言）或筆劃線條（例如：華語漢字），而在多次的接收或學習之後，將其與該字彙的語音形式加以連結，以觸接（access）其義。也因此，個體所習得的字彙之義，常常需經由音韻形式的管道激發（activated）。據此，個體的心理詞彙庫中的結構與內容，乃包括詞彙的音韻與視覺（或書寫線條）形式。然而，隨著接觸文字頻率的增加，個體在閱讀的歷程中，也有可能自動化地只使用視覺表徵或文字表徵，而不需經由音韻表徵的觸接，此即為直接法或整字法（whole-word approach）的識字歷程（Kamhi & Catts, 1989）。然而，當我們使用書面語言表達己意、傳遞訊息時，卻需經過音韻表徵這個管道去觸接字彙的視覺形式，亦即「我寫我口說」。當我們想寫下一句話時，在心中會先以口語語言（音韻）形式唸讀該句話所表徵的概念，再尋取相對應的文字，以機械式的書寫動作將表徵該概念的相對文字寫出來。

三、書寫表達

當個體要將認知系統中，所形成的意念或構思的內容以文字表達出來時，除了必須由心理詞彙庫中選出可表達其意的字彙形式（即整個字形、筆劃、部首）之外，尚需考慮字詞順序的排列要合乎語言結構規範。除此之外，在寫作一句話以上的產品時，個體尚需思考句子與句子之間意義的連貫性與一致性。

參 華語文字的處理歷程與學習

　　華語文字的單音節和方塊字，是世界上最具特色且又絕無僅有的一種文字（何三本，1994），它是由記事圖畫發展象形表意字，而且也是意音體系的文字，因此，每一個漢字都是形、音、義的統一體（施仲謀，1994）。此外，部件（部首）是漢字的基礎和樞紐，每個漢字的字形都需憑藉著構字部件和組合形式與其他漢字區別（許學仁，1994）。有別於西方的拼音文字，漢字具備了下面幾項特點：(1)「音節一字連配」的單純化；(2)常用字集中；(3)同音異義字多；(4)意音結構的形聲字多（郭可敬，1989，引自馬文駒，1994：111）。而且，其在認知歷程中，除了可以以「語音轉錄」（即：形—音—義）的方式觸接字義之外，尚能以「形—義」的直接連繫方式提取其義（李愛麗等，1987，引自馬文駒，1994：111）。

　　根據上述華語文字的特徵，鄭昭明、陳學志（1991）曾指出，習華語兒童在文字的讀寫歷程中，可能會執行下列三種心智運作。

一、字形的學習與區辨

　　文字的接觸經驗與讀寫練習，使得兒童可區辨字與字之間相同與相異的地方，他們慢慢會覺識不同字的筆劃特徵，而隨著讀寫能力的發展，他們也愈來愈能區辨字與字之間細微不同的地方。

二、心理詞彙庫系統的建立

　　經過不斷地練習與學習，兒童會在認知系統中建立華語文字的心理詞彙

（mental lexicon）庫，包含字形、字音、字義及文字組合、應用規則的知識，例如：

1. 華語文字組字的規則：此乃指每個字的筆劃、部件結構在字裡所占的空間位置，及其較常出現的固定位置，例如：「手」總是放在字的左邊，從來沒有出現在右邊。

2. 部首表義的知識：此乃指華語文字裡，每個字的部首常是該字之義的線索，例如：有著「石」部首的字常與「石頭或礦石」有關。

3. 聲旁表音的知識：此乃指聲旁與該字的發音有所關聯，而這也是俗稱「有邊讀邊，沒邊讀中間」之意，例如：「棲」、「淒」、「郪」皆讀「ㄑㄧ」。

三、文字的辨識

此乃指，兒童會以「儲存或表徵在心理詞彙庫中的相關知識去詮釋其所讀到的文字符號」，例如：當我們看到「譏誚」這個字詞時，即可使用對華語文字結構的相關後設語言覺識能力及字詞語境線索，去假設「誚」可能與說話或譏笑、挖苦之意有關。

另外，由於華語的書寫單位是字，但其詞彙結構常需結合 2 個以上的字形成字彙，因此在閱讀的過程中，個體會去辨識文章中的字（Just, Carpenter, & Wu, 引自胡志偉，1995：63），但是對一些高頻詞而言，個體對詞的辨識可能就不一定要經過字彙辨識的階段（胡志偉，1989）。而在台灣的國小階段中，語文科之教學，教師常常是以「詞」為單位，從詞中教字（黃秀霜，1998），因此，學童讀寫能力的發展過程中，可能也會將一些組成高頻詞的字表徵在較緊鄰之位置，或是其連結激發的速度會較高級、更自動化。

綜合上述，華語文字的表徵或處理歷程，涉及字形結構各組成部分和形、音、義三個基本要素之間的統一連繫，而且在字義觸接的歷程中，有時

候並不需要經過「形—音—義」的語言轉錄方式，而是可直接以「形—義」的直接連繫方式提取其義。此外，由於有些詞出現的頻率相當高，因此其提取或辨識的歷程，所激發的單位可能是詞，而非字。

肆

兒童閱讀能力的發展

閱讀是一種非常複雜、動態的心智活動，包含幾個相互關連、交互運作的認知歷程，即知覺、語言、認知及動作協調；而且會受自動化、注意力、記憶力以及文章的語法結構、語意關連度或清晰度所影響（Dickinson, Wolf, & Stotsky, 1989）。以英文的閱讀來說，就包括：辨識字母、了解發音、運用發音規則、將字拆解、以上下文推敲字義、利用字首／字尾／字根推敲字義、辨認句型、提出字面的問題、提出推論性問題等技能（Marzano & Paynter, 2003）。而以華語的閱讀來說，則包括一些閱讀理解所需要的能力和知識，即字形辨認、字義抽取、語句整合、後設認知等能力，以及組字知識、字彙知識、世界知識、文體知識等（柯華葳，1999）。雖然過去的研究已提出由下而上的模式（bottom-up model）、由上而下的模式（top-down model）、交互模式（interactive model），或是循環模式（recycling model）、電腦模擬模式（computer simulation model）來解釋人類的閱讀歷程（林清山，1998；柯華葳，1993；Anderson, 1983; Just & Carpenter, 1992; Kintsch, 1988; Scharkey, 1990; Waltz & Pollack, 1985），然而，近年來已有愈來愈多的研究者與教育工作者，都傾向採用 Gough 與 Tunmer（1986）所提出之簡單閱讀觀點模式（simple view of reading），探究兒童的閱讀能力或問題（Catts, Hogan, & Adlof, 2005）。根據此理論，閱讀理解是識字與語言理解等兩個基本成分的產物。書面語言意的建構，需植基於口語所建立的語言系統之運作。也因此，本文將從這兩個基本成分來說明閱讀的處理歷程，並進而介紹其發展。另

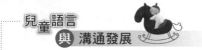
外，過去幾十年來讀寫萌發的論點，也是說明兒童讀寫能力發展很重要的部分，因此下文也將說明幼兒讀寫萌發之發展。

一、幼兒讀寫萌發之發展

讀寫萌發（emergent literacy）的論點是由 Clay（1967）首創。根據 Clay 的觀察，幼兒在接受正式讀寫教育之前，即已從生活環境中獲得大量閱讀與書寫的知識和技巧，並實際參與讀寫活動，應用其已建構的知識和技巧。幼兒在讀寫萌發的過程中，是將讀和寫視為一體，而此種能力的發展就如同他們在學習說話一樣，是一個主動的參與者和建構者（黃瑞琴，1993）。

在日常生活中，幼兒會有很多機會接觸環境中的文字與印刷物，例如：電視節目中的字幕、電視節目的名稱、商店招牌、商品外袋上的名稱、馬路上的路標或交通號誌等；而且也常有機會使用筆與紙塗鴉書寫或畫畫。此外，在親子互動的過程中，父母也常會與幼兒一起唸讀故事書、說明廣告傳單內容、為幼兒讀出路上的商店招牌或道路標誌、說明玩具與食品上面的標籤等，經由這些接觸印刷物的經驗，幼兒會覺知文字就像口說語言一樣，也有其意義。之後，他們會在更多的讀寫活動中，慢慢學會以讀與寫的方式溝通訊息、表達自己的想法，並建立文字的概念和形式。

簡而言之，讀寫萌發乃指，讀寫技能的發展和口語習得一樣，是一個自然進展的過程，幼兒會在日常生活中接觸印刷品，在塗塗寫寫的經驗裡主動假設、驗證、發明和建構有關讀寫方面的知識，而逐漸萌發與展現讀寫的能力（黃瑞琴，1997）。

國際閱讀協會（International Reading Association, IRA）與美國幼兒教育協會（National Association for the Education of Young Children, NAEYC）在1998 年曾經列出五個兒童讀寫能力發展的階段。表 11-1 為本研究根據其論述所整理之摘要表。

表 11-1　兒童讀寫發展摘要表

發展順序	讀寫發展重點	年齡	發展內涵與讀寫行為
第一階段	覺知與探索	0至5歲	兒童探索其生活的環境，並建立讀寫學習的基礎。他們展現出下列的技能： 1. 樂於聽別人說故事，並一起討論故事。 2. 了解印刷物或文字可以傳達訊息。 3. 常表現出讀寫的動機。 4. 在環境中指認標籤、符號標誌。 5. 參與押韻的話語遊戲。 6. 指認一些字母，且會將一些字母與語音連配在一起。 7. 使用一些已知道的字母或近似字母的線條代表書面語，例如：自己的名字、媽媽的名字、「I love you」等。
第二階段	實驗性的讀與寫	5至6歲（即美國的幼兒園階段）	兒童發展出基本的文字、印刷物概念，並開始致力於進行讀與寫的試驗。他們展現出下列的技能： 1. 樂於聽別人唸讀故事，並喜歡重述簡單的敘事故事或描述事件。 2. 使用描述性語言去解釋與探索。 3. 識認字母，以及字母—語音的對應連配。 4. 熟悉押韻與詞首音。 5. 理解文字／印刷物從左到右、由上到下的方向之概念。 6. 將口語詞彙與書面語字彙連配在一起。 7. 開始會書寫字母表中的字母，以及一些高頻字。
第三階段	早期閱讀與書寫	小學一年級	兒童開始會閱讀簡單的故事，且能書寫表達對他們有意義的主題。他們展現出下列的技能： 1. 閱讀及重述熟悉的故事。 2. 閱讀時若出現理解中斷現象，會使用重讀、預測、提問、應用文本線索等策略幫助理解。 3. 主動使用讀寫技能達成不同的目的。 4. 以合理的流暢度朗讀。 5. 使用字母—語音連配、字彙結構與語境等策略或線索指認新的字彙。

表 11-1　兒童讀寫發展摘要表（續）

發展順序	讀寫發展重點	年齡	發展內涵與讀寫行為
			6. 指認與認識的字彙愈來愈多。 7. 拼字時會唸出，並將每個細微的語音都唸出來。 8. 書寫有關對個人有意義的主題。 9. 嘗試使用一些標點符號或大小寫。
第四階段	過度期的讀與寫	小學二年級	兒童的閱讀愈來愈流暢，且會使用簡單與複雜的句子書寫不同文體的文章。他們展現出下列的技能： 1. 閱讀流暢性變得更好。 2. 閱讀時若出現理解中斷現象，會更有效率地使用策略（重讀、預測、提問、應用文本線索等）幫助理解。 3. 更熟練地使用字彙指認策略，解碼不認識的字彙。 4. 指認更多書面語字彙。 5. 可以依不同讀者的特徵，書寫不同主題的文章。 6. 書寫簡單句時，標點符號應用正確。 7. 可以校對自己的書寫作品。 8. 每天會花時間閱讀，且會應用閱讀探究某些感興趣的主題。
第五階段	獨立有產能的讀與寫	小學三年級	兒童繼續擴展與琢磨其讀寫能力，以適應不同目標與讀者之需求。他們展現出下列的技能： 1. 流暢地閱讀並樂在閱讀中。 2. 使用不同的策略，以了解文本意義。 3. 碰到不認識的字時，會適當地與自動地使用字彙識認策略。 4. 識認與討論不同文體結構的內容要素。 5. 閱讀時會在文本間做出關鍵連結。 6. 會書寫表達不同形式的文章，例如：故事、詩、報告。 7. 會依文本形式適當地使用豐富、多樣的詞彙與句子。 8. 寫作當下與完稿之後，會修改與編輯文章。 9. 完稿的拼字正確。

資料來源：整理自 IRA & NAEYC (1998)

　　根據此表可知，在幼兒接受正規讀寫教學之前，他們已從觀察周遭環境中的讀寫活動，學習到一些有關讀寫的知識。當他們在聽、唸故事時，會了解書本是用來閱讀，同時也學會如何拿書與翻開每一頁。另外，他們也從中了解在書中每一頁上有文字，故事就在書中。此外，他們也由觀察大人的閱讀行為，而理解文字與印刷物的置放方向係從左到右、由上到下（Snow & Ninio, 1986）。

　　綜合而言，幼兒讀的萌發行為包括：(1)知道書本是什麼；(2)以正確的方式拿書；(3)知道書的封面和背面；(4)會從書的前面開始翻頁翻到後面；(5)看著書中的圖畫唸說故事；(6)可以由記憶中提取故事內容並說出來；(7)背誦兒歌童謠；(8)可以由故事中的插畫與標題預測故事內容；(9)知道口說的詞彙可以用文字寫下來；(10)可以說出一些字母名稱（Brenda, 1996）。

　　而在寫的萌發部分，幼兒的發展是始於塗鴉、繪畫、遊戲，以及生活環境中的印刷物或文字，等到其認知與生理成熟後，便能成為真正文字的書寫者。根據Brenda（1996）所歸納之寫的萌發行為，包括：(1)使用塗鴉與圖畫表達想法；(2)在畫圖或書寫時，會使用手勢動作或角色扮演來補強訊息的傳遞；(3)自我探索、實驗由左到右或由右到左的書寫方向；(4)對什麼是字彙的覺知會持續發展；(5)會模仿大人製作號誌與表單；(6)會假裝讀自己的塗鴉或字母；(7)畫圖並加上文字／文本的描述。

　　另外，如同前述，口語是書面語讀與寫的基礎，兒童從出生開始甚至出生前，即已開始發展口語的聽說能力，而這些能力則會成為其開始發展識字能力時，建構文字—語音／音韻連結之資源庫。而對於習英語的幼兒來說，他們會慢慢學習認識一些字母，且會將一些字母與語音連配在一起。此外，他們也會塗寫一些已認識的字母或近似字母的線條，來寫出自己的名字或常用的短語等。慢慢地，他們也會將書面文字與口語詞彙連配在一起。

　　為驗證台灣習華語的幼兒是否也同西方兒童一樣，會出現類似的讀寫萌發行為，吳敏而（1993a）曾使用書本、報紙、月曆、便條紙、折扣卷等測試

材料，探究 193 名 4 至 6 歲兒童的文字或印刷品覺知能力，她發現相對於國外的研究發現，台灣幼兒園中班、大班及一年級的兒童對文字用途的了解，似乎比國外的同齡兒童少；但這些年齡層兒童的文字覺知還是一樣會隨著年齡的增長而增加。吳敏而（1993b）進一步探究幼兒園小班、大班與小一兒童對文字功能／用途、閱讀規則與華語文字特徵的知識，結果顯示：(1)大部分兒童無法了解文字的用途；(2)4 歲的兒童已知道物品上的字與該物品是有關連的；(3)4 歲的兒童已知道華語文字的閱讀順序規則，也已建立每個字都相對一個音節（一字一音）的概念。李連珠（1995）研究 3 至 6 歲未接受正式識字與寫字教學幼兒的讀寫萌發發展，發現這群幼兒對環境中的文字已有極高的知覺。另外，李連珠（1992）的研究也顯示，大部分 4 至 6 歲幼兒已知道文字與音節一對一對應的概念；他們在進入小學就讀之前，已知華語中每個方塊字的字型是獨立存在的。

綜上所述，讀寫萌發的主要論點為：(1)讀寫能力的發展與口語學習有密切與雙向關係，兩者的發展可說是同時與交互影響的；(2)幼兒是學習讀寫的主動者；(3)幼兒讀寫能力的發展與其生活、社會、文化有密切關係；(4)幼兒是在真實的生活經驗中，自然地發展讀寫技能。而在此階段的發展主要是文字或印刷物覺知，以及藉由塗鴉、畫畫、寫出字母等活動，了解書寫的功能和形式，並發展書寫表達的基礎技能。

二、兒童識字能力的發展

根據Catts與Kamhi（1986）的建議，閱讀時會應用到三種層次的訊息處理歷程：(1)知覺分析，包括：字形、筆劃的分析；(2)認字，包括：文字表徵及字義的觸發、搜尋；(3)高層次的處理，包括：句子及篇章意義的處理；而在這三種層次的訊息處理歷程中，知覺分析與認字都是兒童識字發展所必須具備的技能。另外，識字的精熟、高自動化的運作處理也需依賴視覺字型訊

息。也因此，很多探討兒童識字發展的論述，都會從兒童如何接收、處理、分析書面字彙／文字的方向加以探討之。茲將習英語與習華語兒童的識字發展說明如下。

（一）習英語兒童識字能力的發展

Frith（1986）曾提出三個兒童識字發展的階段，分別為字形階段（Logographic phase）、字母階段（Alphabetic phase）、拼字階段（orthographic phase）。茲將這三個階段說明如下。

1. 字形階段──認識印刷字

兒童在進入字形階段之前，應該會有很多機會在生活的環境中接觸到印刷品，也會知道印刷品是什麼，例如：他們會分辨字與圖是不一樣的。然而，要等到兒童能指出某個印刷字或文字有特定的意義（例如：「停」的交通號誌、食品包裝上的字）時，他們才真正算是開始發展讀寫的能力（Goldsworthy, 1996; Sawyer, 1992）。

在字形階段時期的發展方面，兒童開始知道每個字是獨立的，也是一種視覺的形象。文字上凸出的圖像特徵，例如：字的長度、英文字上的第一個字母或最後一個字母的形式等，都會激發字的辨識（Goldsworthy, 1996）。事實上，國外研究者常以中文方塊字的辨識來比喻這時期的識字發展（Goldsworthy, 1996）。而這也符合筆者的觀察，例如：有位兒童學會「國家」的「國」這個字，也會唸出該字；有一天他在房屋建案的廣告看板上看到「家園」這個字彙，就告訴媽媽他有看到「國」這個字，顯示此階段的兒童識字發展是較依賴文字本身的圖像形狀，也因此才會將形狀相似的「國」與「園」當成相同的字。另外，一位 80 幾歲的文盲老太太所認識的字非常少，但是因為常看電視，因此對一些政治人物的名字有所認知，另外她也固定購買台達電的股票，所以對「台達」也認識。有一次她就指著台達電的股票問她女

兒：「你說這是台達，啊！怎麼上面會有連戰的連呢」（註：筆者觀察）。此例說明了在識字量不多或開始發展識字能力時，對文字的認知是會受文字本身的圖像形狀所影響。另外，以美國幼兒來看，他們對「McDonald」這個字的認識是以大大的金黃色「M」字圖形為主，所以即使是寫成「McMania」、「McDnolads」或「McdOnaLDs」，但同時出現大大的金黃色「M」字圖形，他們也同樣會說這是「McDonald」（Coltheart, 1986）。

　　另外，根據 Gough 與 Juel（1991）的論點，幼兒在剛開始發展識字能力時，是以配對—連結的方式學習。他們選擇性地將文字的某些特徵或線索與口語詞彙相連結，例如：他們可能是將文字中的某個字母、字的長度、字型、字體等，與其已習得的口語詞彙連結在一起。而從實際觀察中發現，幼兒將書面語的文字與口語詞彙的連結，也符合 Gough 與 Juel 的論點，例如：有一位幼兒每次看到「cartoon network」卡通台黑白的標誌（CN），就會脫口而出「cartoon network」的英文口語詞彙，但實際上她根本尚未學會英文的字母或拼字（註：筆者觀察）。

　　另外，在華語文字的學習中，其實是更符合 Gough 與 Juel 的論點。幼兒在識字的過程中必須常常接觸方塊字，並將其與口語中的音節或詞彙連結。

2. 字母階段──學習話語如何由書面拼字代表

　　對習英語的兒童而言，在閱讀發展中的一項重要與核心技能，即是建立「字形－音素對應規則」（grapheme-phoneme correspondence rules, GPCs）或是字母原則（alphabetic principle）。他們必須發展出將某個語音與某個相對應的字母連配起來的能力，而這也常被稱為破解書面語與口語間的密碼之解碼歷程。

　　根據 Stanovich（1991）的論點，兒童首先必須建立拼字與聲音（語音）對應的通則概念，之後經由習得足夠的拼字對應聲音（語音）的例子，方可成為有效能的文字解碼者。而為了能適當地使用字母原則，兒童必須要分析

口語詞彙與書面語的字彙，亦即他們必須能夠逐一分析與對比字母連配之語音。

　　從發展的角度來看，3 歲半至 4 歲的兒童會以塗鴉的方式來表徵他們對字母的概念。Goldsworthy（1996）即曾指出，經由書寫表達，兒童開始學習字母原則；他們會將字母隨意組合形成虛構的拼字，且會以口語說出其意義，例如：Temple、Nathan、Temple 與 Burris（1993）即曾舉了一個 4 歲小女孩的例子說明，這位幼兒寫出「YUTS A LADE YET GEHEG AD HE KOT FLEPR」，並大聲唸出「Once a lady went fishing and she caught flipper」。

　　另外，由於兒童在最初識字階段需要覺察字彙之間的界線、發展字母—語音對應的規則，並覺知文字的音韻形式與意義之間的關係，而這些認知歷程常被認為是音韻覺識，此乃是學習閱讀的必要基礎（Larrivee & Catts, 1999; Lyon, 1999; Snowling & Stackhouse, 1996）。因此，探究兒童的識字發展不可避免地也會涉及音韻覺識的發展（Frith, 1986）。根據第十章「兒童後設語言能力之發展」所述，兒童的音韻覺識發展順序依序為：音節切割、押韻、音節混合、音素混合、音素切割（Stackhouse, 1997）。而其中與英文文字識讀較為有關的是音素切割能力，其發展年齡約為 6 歲。

3. 完整拼字／正字階段——學習有關字彙中的較大單位

　　當兒童開始進入完整拼字／正字階段時，他們的識字會變得更快速與更自動化，可以立即識認字彙中的詞素或組成部分，包括：前綴、字尾、字彙內的音節等。他們不再像前兩個階段需要大量依賴視覺辨識，或是將每個字母連配到相對應的語音，而是將注意力放在整個字彙中的音節或詞素單位，例如：他們會將「tion」視為一個獨立完整的單位，並嵌入更大的單位中（例如：position）。另外，他們也會將常出現在字彙的某些音節形式視為單獨的單位，可以被合成在字彙中，例如：「be」嵌入「believe」、「because」、「between」等字彙中（Goldsworthy, 1996; Sawyer, 1992）。

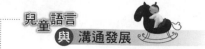

（二）台灣習華語兒童的識字發展

上述三個識字階段主要是針對習英語兒童的發展之闡述解釋。在華語方面，柯華葳（1999）指出，華語文字的辨識涉及字形辨認與組字知識。在字形辨認方面，兒童需要辨認整個字的輪廓以及字的內部；在組字知識方面，則以部首的認識為主。

吳敏而（1993b）研究幼兒園小班、大班與小一兒童（各 60 名）對華語方塊字特徵的知識發現，4 歲幼兒已出現辨別字形和部首的能力。柯華葳（1986）發現，小一兒童在識字時最常出現的錯誤為形相似而被誤認之字，在所有會錯意字中占 67%。李祈雯（1992）研究幼兒園、小一、小三、小五的兒童對字之聯想發現，幼兒園與國小兒童在認字發展上主要是依賴字形線索。另外，黃秀霜（2000）所進行的認字能力縱貫研究也發現，小三與小六學生認字錯誤的組型，以「字形混淆」占最多。

此外，柯華葳（1999）則指出，大約在小學二年級時，大多數的學生都會建立「有邊讀邊」的規則來唸讀不認識的字。而到了三年級時，學生則會更為清楚部首可以表義。

最後，在識字量方面的研究，李俊仁（1997）請小二至小五學生造詞、造句或寫出字意，並根據其得分正確率，推估各年級學生可能的識字數量，結果顯示，小二學生的識字量為 1,506 字，小三學生的識字量為 1,964 字，小五學生的識字量為 2,474 字（引自柯華葳，1999）。

三、兒童閱讀理解能力的發展

閱讀理解主要是指閱讀時，文章或本文內容與讀者的心智活動、記憶之間積極互動所產生的結果。而為了能深入了解文章中的內涵與意義，讀者必須由認知記憶系統中，提取相關知識來解釋文本內容，並將解釋之後所獲得

的意義與已儲存在記憶系統中的相關訊息做比較，方能建構前後連貫完整的篇章表徵，深入了解文本的訊息。而正如 Gagné、Yekovich 與 Yekovich（1993）所建議，此歷程涉及統整（integration）、摘要（summarization）與再深入整合（elaboration）等三部分。統整乃指，能覺察句子之間所傳達的概念之相關性，並將兩個以上的概念整合在一起，形成一個較複雜的概念；摘要則指，在閱讀完幾句話或一小段文章之後，能找出該段文章的重點、大意或是大架構；而再深入整合則是指，使用先前的知識或一般知識（world knowledge）解釋文本意義，並將新閱讀的訊息與已建立的知識加以整合，並賦與閱讀的內容更為寬廣、更豐富意義的歷程。據此，個體在閱讀時所進行的推論、摘取文章大意／重點，或是文章結構等，都可能影響其閱讀理解。茲將相關發展說明如下。

（一）文章大意的理解

　　大部分有組織的文章都會順著一個主題，將人物、事件、事實、概念、原則、問題或特徵等呈現出來，因此文章大意可說是文章中概括性或總括性的篇章重點，其功能乃在將不同的意義單位或概念串聯，整合形成一前後連貫、聚合（coherent）的篇章。

　　一般而言，文章或故事主題的呈現方式有二種：(1)直接的陳述：此乃說明整篇文章或短文將討論或解釋哪個主題，例如：在篇名標題上宣示，或是由第一句話開宗明義的闡明，或是以一個問題起頭，然後呈現不同的相關訊息回答該問題；(2)隱含的主題：亦即不直接陳述主題；此種方式最常在故事類的文本中出現，讀者需要自己組織閱讀的內容，再綜合文章中的各項訊息，方能確認文本主題。

　　研究發現，當文章中的主題是直接陳述出來時，閱讀能力較佳與閱讀能力較差的讀者，都能有較好的閱讀理解表現（Moes et al., 1984）；而明確陳述、說明的主題，亦較能幫助讀者預測文章後面部分的內容。而且，在教學

之前先說明主題，常常能提升兒童閱讀的理解能力，並增加其對閱讀內容的記憶（Risko & Alverez, 1986）。最後，研究亦指出，兒童對文章大意的充分理解，可能要到國小三年級時才開始慢慢發展出來（吳敏而，1993a）。他們由文章中抽取重點或找出主要意思的能力，會隨著年齡的增加而發展得愈來愈好（Lehr, 1988）。事實上，Brown 與 Smiley（1977）即發現，國小低年級的兒童尚無法有效地找出故事中重要的事項，而且直到 12 歲時，這項能力仍然不是發展得很好。另外，Englert 與 Hiebert（1984）也一樣發現，國小中年級的兒童在抽取說明文之文章大意的能力，仍然不是發展得很好；而且這種能力至六年級時也並未完全發展出來，他們對比較／對照類型的說明文文體仍有極大的困難。然而，研究亦發現，隨著年級的上升，兒童會開始使用刪除、選擇、連結等更有效的策略，去抽取文章中的大意（Brown & Day, 1983; Vauras, Kinnunen & Kuusela, 1994）。而在台灣，林寶貴、錡寶香（2000b）在建立中文閱讀理解測驗常模時，亦曾比較小二至小六兒童在閱讀時抽取文章大意的能力，也是發現小二、小三與小四兒童的表現還是較差，但是隨著年級上升至小五與小六時，兒童的表現就較為優異。整體而言，兒童抽取重點大意的能力，在三年級以下與小五、小六階段的差異極為明顯。

　　綜合上述，由文章或故事中找出主要意思或主題，是閱讀理解過程中重要的一部分，因為它能幫助讀者組織、理解、記憶文本訊息。雖然，理解文本的主要意思，是閱讀時建構意義的核心，但是至目前為止，我們仍然不甚清楚國小兒童是如何由閱讀文章中抽取重點或大意，以及其發展狀況為何。因此，有必要再進一步探討此項議題。

（二）推論與閱讀理解

　　在閱讀理解的認知運作歷程中，推論常常是必要的一部分，因為很多文章並非將每個訊息或每個細節都詳詳細細地呈現出來，因此讀者常常需要根據語境、文章脈絡，以及一般知識、過去的經驗等，自行加上缺失的訊息，

以建構完整的意義，理解其所閱讀的文本，而這也是所謂的「推論」（Allen, 1983; Rickheit, Schnotz, & Strohner, 1985; Trabasso, 1980）。

有關兒童在閱讀理解歷程中所做的推論研究已發現，國小兒童的推論能力會隨年級的上升而發展得愈來愈好（Bell & Torrance, 1986），而且其所表現出來的推論類型也與大人極為類似（Casteel, 1989; Casteel & Simpson, 1991）。此外，閱讀能力高的兒童比閱讀能力一般的兒童以及低閱讀能力的兒童，會做更多的推論（Carr, 1983）。吳敏而（1993b）探討國小二至六年級兒童的字面推論、行間推論以及批判推論能力的發展之結果亦顯示，年齡較高的兒童可做出更多上述三種類型的推論。另外，林寶貴、錡寶香（2000b）分析常模樣本在「中文閱讀理解測驗」的表現也發現，小學兒童的推論能力，會隨著年級上升而表現得愈來愈好。

綜合上述，推論是閱讀理解的認知歷程中一項高層次的技能，為能完全了解文章內容，讀者必須依狀況做出適當的推論。而發展性的研究則顯示，這方面的能力是隨著年齡的上升而增強的。

（三）文章結構與閱讀理解

過去的研究已發現，文章結構是影響閱讀理解的一項重要因素之一（Gunning, 1996），例如：Kintsch（1977）和 Thorndyke（1977）即發現，當故事的內容是依據故事結構或故事文法的組織呈現時，讀者較容易記住故事內容；又如：Grasser、Golding 與 Long（1991）的研究即發現，故事類的文章比說明文類的文章，例如：科學方面的文章或是歷史事件的描述、事物如何進行、操作的描述等等更容易閱讀。

Meyer 與 Rice（1984）即指出，讀者在閱讀說明文時會較依賴使用「由下到上」的方式，來處理其所閱讀的內容；而在閱讀故事類的文章時，則因有故事結構／故事文法大架構（macrostructure）的輔助，其處理方式就會以「由上到下」的方式進行之。另外，在閱讀說明文時，由於需顧及每個事實

或概念彼此之間的關連，因此在處理的歷程上，其記憶負荷會比閱讀故事類文章更重，因為讀者需將剛讀過的訊息放在短期記憶中，與已經建立的表徵或是上下文一起處理（Britton, Glynn, & Smith, 1985）。由於故事類文章與說明文類文章，在認知處理的歷程及負荷的不同，使得兒童在閱讀這兩類文章的表現也有所不同。Freedle 與 Hale（1979）、Graesser 與 Goodman（1985），以及 Haberlandt 與 Graesser（1985）的研究即發現，兒童在閱讀故事類文章時，比其在閱讀說明文時，更能了解內容、吸收得也更好，而且閱讀的速度亦較快；此外，他們在回憶或複述內容時也做得比較好。另外，研究亦指出，國小兒童可能要到三年級時才開始對說明文結構較有概念（Gillis & Olson, 1987; Rasool & Royer, 1986），也因此國小兒童在閱讀說明文時，比較會碰到困難（Hall, Ribovich, & Ramig, 1979; Spiro & Taylor, 1987; Taylor & Beach, 1984）。而在不同類型的說明文理解方面，Pearson 與 Camperell（1994）則指出，兒童對因果類型或是比較／對照類型文章的理解能力，遠比列舉描述類型的文章還優異。

綜合上述，故事類文章與說明文文章所傳達的概念，或是概念之間的連結方式是不一樣的，因此其所需要的相關知識或是表徵處理的方式也有所不同。故事類的文章常常是以事件、反應、結果等順序呈現，而說明文的文章則常常是以結果、特徵、支撐事實、關連性來連結每個小概念（Black, 1985）。因此，了解故事類文章需有一些人類行為、動機、問題解決、人際互動等方面的知識或基模；而了解說明文則較偏重對邏輯關係的了解（Black, 1985）。最後，由於故事類文章與說明文文章在很多方面都不盡相同，因此在閱讀理解的研究中，若將不同文體的文章放進去，應可增加我們對兒童閱讀理解能力發展的了解，也可進一步了解文本架構（text structure）對兒童閱讀理解的影響。

四、兒童閱讀能力的發展 —— 小結

閱讀是一種持續發展的能力，幼兒的口語互動經驗及接觸印刷品的經驗，是其閱讀能力發展的始現期，而隨著其真正開始識字、接受正規教育之後，閱讀熟練度也跟著快速成長。新的經驗、累積的一般知識、不斷增加的新字彙，以及不同文章的閱讀經驗等，都是兒童閱讀能力迅速發展的重要助因。根據 Gunning（1996）綜合多位研究者（例如：Ames, Ilg, & Baker, 1988; Chall, 1983; Cook, 1986; Huck, Helper, & Hickman, 1993; Sulzby & Teale, 1991）的發現，提出下列五個閱讀能力發展的階段。

（一）階段一：閱讀萌芽期（0 至 5 歲）

幼兒在此階段快速發展聽覺語言能力，為閱讀打下基礎。此外，他們亦開始接觸各種不同的印刷品，瞥識文字與非文字的區別，慢慢學會辨識英文中的字母或是華語裡的常用字，以及與自身有密切關係的文字（例如：自己的姓名）。而他們與書籍的互動經驗，則是來自與家人一起唸讀童話、繪本、故事書等活動；這些活動使得幼兒可慢慢累積一些與閱讀有關的知識。

（二）階段二：開始閱讀期（幼兒園至國小一年級）

習拼音文字的兒童在此階段（約為 5 歲半至 6 歲半）會開始了解字母—語音之間的連結對應關係，並應用這種知識解碼識字。由於這種能力尚未自動化，因此兒童常常需將認知資源用在識字上，使得其閱讀速度會變得非常緩慢，一個字一個字的指、唸。另外，在此階段的讀物內容皆較簡單、句子較短，字彙亦以常出現的為主，而且常常穿插很多圖片、插圖等。而台灣習華語的兒童，則會開始認識更多常出現的高頻字，但因為識字量尚不足，因此也與習英語的兒童一樣，閱讀速度會非常緩慢，一個字一個字的指、唸。

另外，台灣習華語的兒童會在此階段開始學習注音符號，並依賴注音符號中的拼音連結至口語詞彙，幫助閱讀理解。注音符號的學習與英文中的字母—語音對應之心理處理歷程相似，兒童也是需要建構單一的注音符號與語音之連結，並學習拼音，將注音符號中代表聲母的符號與代表韻母、複韻母、結合韻母的符號拼讀在一起。而因為適合此階段的閱讀素材或教材，都會在國字旁邊加上注音符號，因此可以讓兒童將不認識的字唸讀出來，以觸接其義。

（三）階段三：閱讀能力獨立、進步期（國小二至三年級）

當兒童升至國小二、三年級時，他們閱讀的流暢性、速度、文章意義的理解能力都大大的提升。由於解碼識字的能力已變得更快速、更自動化，因此他們可以將認知資源放在文章意義的了解上面，閱讀理解能力乃大為增加。這個階段也正是 Chall（1983）所說的：「強化、流暢，不再膠著在文字本身的閱讀時期」（confirmation, fluency and ungluing from print）。

此外，在這個階段之兒童亦開始閱讀一些有不同章節的易讀書籍，對一些可提供不同訊息的書籍也展現高度的興趣。大約在三年級下學期左右，他們由閱讀材料中已讀過幾千個不同的字彙，而當這些字彙以口語的形式出現時，他們也都能了解其意涵。

（四）階段四：由閱讀中學習（reading for learning）
（國小四至六年級）

當兒童升上國小四年級之後，課程內容開始出現很多複雜的訊息以及抽象的概念（例如：自然科、社會科），而用以說明這些訊息、概念的文字或句子，也愈來愈難、愈來愈長、愈來愈複雜，因此他們需要認識更多生字的意義、理解課程內容，並在認知系統中建構、組織概念。在此階段，他們由閱讀中習得很多新訊息，並習得更多新字彙（Anglin, 1993; Nippold, 1995），

也因此被稱之為透過閱讀活動而學習的階段。

事實上，研究已發現，在此階段兒童的閱讀理解能力與詞彙能力的相關，會隨著年級的增加而增高，但是與識字能力的相關則會隨著年級的增加而降低（Aarnoutse Van Leeuwe, 1988, 引自 Van der Leij, 1990）。究其原因，兒童的識字能力約在國小三年級時就已自動化，此後其在閱讀時的認知處理資源，會以片語、句子或段落篇章的層次為主，也因此詞彙能力較佳的兒童其閱讀理解能力亦會相對的較高，因為他們有較強的語言基礎用來了解複雜、抽象的概念。這也是為什麼在美國有極高比例（約 50%）的閱讀障礙兒童具有語言問題（Catts, 1993），而很多學童在此階段才開始出現閱讀的問題。

（五）階段五：抽象閱讀（國中一年級以上）

在此階段，青少年一樣由閱讀習得新的概念與知識，他們不再只依賴背誦、記憶的方式吸收知識（例如：記憶動物的類別），他們開始由閱讀的內容中，理解事、物的組織原則與系統。此外，他們在閱讀時，亦可建構不同層面的假設、考慮不同的觀點，以及仔細思考各種合理的解釋、理由或替代方案。然而，在閱讀量方面卻大大地減少，究其原因主要是因同儕活動、電視節目、電影等課外活動漸漸占去很多時間。

雖然閱讀能力的發展可約略分割成幾個不同的階段，但是每個階段之間並非是界線截然分明的，例如：在抽象閱讀階段，兒童一樣可由閱讀活動中學習。因此區分不同階段的閱讀能力發展，主要是為了讓我們了解閱讀的發展過程，並據此為不同能力的兒童安排不同的教材與課程內容，以及閱讀策略的訓練。

伍 兒童書寫表達能力的發展

書寫表達能力的發展，是兒童整體發展上的一個重要里程碑（Vygotsky, 1978），而且也是其教育中最重要的一部分。它除了是兒童用以表達自己、傳達訊息的利器之外，還是兒童藉以擴充思想，提升認知能力的必要工具。然而，書寫語言能力的發展卻不是一蹴即至，必須經過幾個不同的階段方能精熟。茲將兒童的寫字與書寫表達發展整理如表 11-2，並說明如下，且以本章附錄 1「兒童書寫萌發與書寫表達作品」加以說明。

一、書寫表達形式的發展

根據國外多位研究者（Bissex, 1980; Clay, 1975; Sulzby, 1985）的觀察，兒童書寫表達形式的發展，可分為圖畫、潦草塗寫（scribble）、書寫類似字母的形式、字母的隨機組合或字母串、發明的拼字、拼字正確等形式。茲說明如下。

表 11-2　兒童書寫發展摘要表

書寫表達發展階段	習拼音語言兒童之發展內涵或行為特徵	習華語兒童之發展內涵或行為特徵
識字前階段——圖畫	1.以圖畫代表書寫文字之意義。 2.認為圖畫與書寫都可以表達有目的性之訊息。 3.讀自己畫的圖，好像上面是有書寫作品。	發展與習拼音語言兒童一樣。
識字前階段——潦草塗寫	1.將塗鴉當做是在寫字書寫表達。 2.塗鴉的東西類似寫字。	1.寫出一些像電報的符號，並說自己在寫字（例如：寫奶奶、爺爺、爸爸）。

表 11-2　兒童書寫發展摘要表（續）

書寫表達發展階段	習拼音語言兒童之發展內涵或行為特徵	習華語兒童之發展內涵或行為特徵
	3.像大人一樣握筆與使用筆。	2.寫出小圓點的符號代表國字。 3.寫出彎曲封閉的線條表達想法（例如：生日快樂）。 4.繪畫作品中出現正式與非正式的文字和符號，用以表達自己的意思或畫中故事。
早期萌發——書寫類似字母的形式	1.寫出來的東西之形狀很像字母，但又不是真正的字母。 2.書寫作品很像寫不好的字母。	1.會寫出類似國字的符號，例如：類似ㄒㄨ⊕⊕等符號。 2.會寫出直線加上曲線代表國字。 3.畫出 X 表示是錯誤。 4.會寫出→代表火車行走的方向。
早期萌發——字母的隨機組合或字母串	1.可能會從自己的名字學會連續寫出一串字母。 2.同一個字母寫出來的的形式都不一樣。 3.會寫長長的一串字母，但其順序是隨機串連。 4.開始組織字母並排列成一直線。	1.會寫出一些像國字形狀或部首的符號，例如：類似十、丁、上、一、I、丫、ㄧㄧ、∩、ㄓ等符號，並將其組合在一起。 2.會寫一些英文字母。 3.會寫出一些直線加上曲線代表筆劃。 4.會使用一些簡單的中文字或部首的特徵，反覆組合並寫出類似中文字的產品，例如：「十」、「木」、「口」、「牛」、「辶」。
過度期——使用自己發明的拼字書寫	1.尚未知道正確／約定俗成的拼字時，會自創或發明自己的拼字。 2.一個字母代表整個音節。 3.字母與字母之間或字彙與字彙之間的空隙不適當。	1.寫出自己才懂的字。 2.寫出的字串有時候會有顛倒的現象，例如：「10 月日5」。 3.看著範例可以寫出自己的名字，但筆順不正確。

表 11-2　兒童書寫發展摘要表（續）

書寫表達發展階段	習拼音語言兒童之發展內涵或行為特徵	習華語兒童之發展內涵或行為特徵
	4. 當書寫能力愈來愈好時，可以寫出正確拼字的字彙。 5. 在書寫字彙時，有時候也會出現漏掉某個字母的錯誤。 6. 可以寫出大部分的字母和數字，但有的時候會出現倒反現象。 7. 可以寫出一些大寫或小寫的字彙。 8. 可以用連續的筆劃寫字，但字彙中的字母大小仍然無法一致，且會偏大。 9. 可以使用不同的書寫工具，例如：鉛筆、蠟筆、粉筆等。	4. 會寫出一些簡單的國字，或是自己姓名的國字，例如：林、小、大、王等。 5. 會自創國字，寫出的國字會寫出其中的某個部件，另外的部件則自創，例如：「陽」，可以寫出左邊的部分，但右邊的部件則自創。 6. 有些字只會寫上半部、左邊或右邊，例如：「金」只寫上半部。 7. 寫出的字會左右顛倒。 8. 寫出一串國字時會加上某些符號，例如：「林心怡」會寫成「林♥怡」。 9. 寫出的國字有些筆劃不正確，例如：「右」寫成「石」。 10. 會寫出一些阿拉伯數字。 11. 會仿寫自己的名字，及一些感興趣的物品、動物名稱之國字。
書寫流暢期——拼字正確	書寫已與大人近似。	1. 有的幼兒園中班的幼兒因為學校提供注音符號教學，開始會書寫注音符號並拼音。 2. 寫出的國字已有漢字的特徵與形式，也愈來愈正確可辨認。
文字圖像表徵階段（國小一至二年級）	1. 愈來愈擅於書寫字母。 2. 專注在自己書寫的文字之型樣。 3. 如果自己寫出來的字較班上其他同學醜會很在意。 4. 字母順序或數字順序的安排變得更好。	1. 了解漢字或國字傳統的筆劃與標準。 2. 對於筆劃的掌握仍不是很純熟，筆劃的順序也是錯誤居多。

表 11-2　兒童書寫發展摘要表（續）

書寫表達發展階段	習拼音語言兒童之發展內涵或行為特徵	習華語兒童之發展內涵或行為特徵
	5. 可以用大小寫的字母寫出單字和句子。 6. 寫出來的字有時候還是會隨意亂拼。	
逐步整合（國小二年級後期至四年級）	1. 在書寫表達時，會適當安排字彙、句子或段落之間的空隙。 2. 書寫速度變得更快。 3. 漸漸整合標準的大寫、標點符號、語法／句法。 4. 寫作之前很少會事先計畫。 5. 較常將寫作與經驗連結，而不是用來解決問題。 6. 開始寫草寫的字母。 7. 開始會修改校訂自己的寫作產品。	
自動化（國小四至七年級）	1. 自動化將文法、拼字、標點符號的規則應用在寫作上。 2. 書寫表達的水準與口語相當。 3. 會使用大綱與多份草稿分段寫作。 4. 會開始自評書寫表達的效能。	
整合（七至九年級）	1. 書寫表達自己觀點的能力愈來愈強。 2. 會開始使用寫作方式去進行思考、解決問題或幫助記憶儲存。 3. 會將不同的想法或資訊整合在一起。 4. 書寫表達水準超越口語表達能力。 5. 寫作內容的連貫性愈來愈好。	

表 11-2　兒童書寫發展摘要表（續）

書寫表達 發展階段	習拼音語言兒童之發展內涵 或行為特徵	習華語兒童之發展內涵 或行為特徵
個人化—— 多樣化（九 年級以上）	1. 書寫風格會視讀者而定。 2. 書寫表達變得更具創意。 3. 使用不同長度與複雜度的句子 　寫作。 4. 使用精緻或不落於俗套的詞彙 　寫作。 5. 發展個人的書寫表達風格。	

資料來源：整理自宋慶珍（2004）；林文韵（2003）；陳怡伶（2007）；Bissex
　　　　　(1980); Levine & Reed (1998); Sulzby (1985: 127-200); Sutaria (1985)

（一）圖畫

　　圖畫是一種視覺表現方式，具有表徵的功能。幼兒在寫的萌發發展過程中，會使用圖畫代表書寫，去溝通特定目的之訊息，或是表達其想法或想像之內容。當兒童的動作、知覺、語言與認知能力發展得愈來愈好時，他們會開始畫出可辨認的圖像，並談論其所畫出來的東西。他們會用圖畫的方式來表達其記憶或認知系統中所表徵的內涵，因此其書寫已具有符號表徵、媒介提取之功能，例如：當他們在說「很黑很黑」時，會重複塗上好幾層顏色（King & Rentel, 1979; Klein, 1985）。

（二）潦草塗寫 —— 未分化階段

　　潦草塗寫主要是指，寫出無意義的記號、渦卷形或直線線條。塗寫或塗鴉涉及抓握筆、適當用力，以及將紙壓住避免移動之動作協調能力；一般而言，18 個月大的幼兒就能用手握筆在紙上胡亂塗寫。在兒童寫的萌發發展過程中，會拿書寫工具胡亂塗鴉，而其最常畫的是直線、Z 形、旋轉形線條；他們會移動著筆，從左塗寫到右。而根據 Luria（1977/1978）的論點，兒童

在開始出現胡亂塗寫時，是屬於未分化階段（undifferentiated），亦即在此階段，幼兒會拿書寫工具胡亂塗鴉，然而他們尚未知覺到文字是一種語言工具，是與其所說的話互有關連的（引自 King & Rentel, 1979; Klein, 1985）。

（三）潦草塗寫 —— 表徵階段

當兒童在環境中觀察他人進行書寫活動時，他們慢慢地也會以一些潦草的塗寫來代表寫字，包括：寫出一些像電報的符號、小圓點、彎曲封閉的線條、鋸齒線等，並說自己在寫字，例如：一個 2 歲的幼兒用右手寫出從右到左的鋸齒線，說：「我寫好了，這是我的名字」（謝孟岑、吳亞恆、江燕鳳譯，2005）。

（四）書寫類似字母的形式

習英語的兒童在寫字或書寫表達的過程中，他們會出現書寫出類似字母的書寫產品，這些類字母的字形看起來很像真正的字母，但並未有真正字母的組成特徵，而較像寫不好的字母。而習華語的兒童則是會寫出類似國字的符號，例如：類似ㄒㄨΘ⊕等符號（陳怡伶，2007），詳如本章附錄 2 所示。

（五）字母的隨機組合或字母串

習英語的幼兒在環境中常常接觸不同的單字，也有很多機會看到自己的名字，因此他們會從這些經驗中建立字母串連形成字彙的概念。也因此，他們會將所認得或已經會寫的字母排列組合寫出來。而在習華語的幼兒部分，他們會寫出一些像國字形狀或部首的符號，例如：類似＋、ㄒ、ㅗ、一、I、Ｙ、川、∩、ㅛ等符號，並將其組合在一起；或是使用一些簡單的中文字或部首的特徵，反覆組合並寫出類似中文字的產品，例如：「十」、「木」、「口」、「牛」、「辶」等（宋慶珍，2004；陳怡伶，2007）。

（六）發明的拼字

習英語的幼兒在還未建立拼音規則或規範時，會發明自己的拼字。他們可能會寫出幾個字母代表一個字，例如：寫出「vknl」代表「volcano」。在此階段，他們實驗字母的不同組合方式，以便創造出字彙。而當幼兒對字母或書寫概念愈趨成熟時，發明的拼字書寫方式會更接近約定俗成的的拼字。在他們所寫出的字彙中，可能只有一個字母是自己發明的，或是只漏掉一個字母。雖說如此，他們應該是已進入表意文字階段（ideographic）。雖然華語的方塊字迥異於西方的拼音文字，但台灣習華語的兒童似乎也會經歷相同的階段；他們寫出的國字可能只會寫出其中的某個部件，另外的部件則自創，例如：「陽」，可以寫出左邊的部分，但右邊的部件則自創。有些字他們只會寫上半部、左邊或右邊，例如：「金」只寫上半部；另外，他們寫出的字也有可能會左右顛倒。此外，他們在寫出一連串國字時會加上某些符號，例如：「林心怡」會寫成「林♥怡」（宋慶珍，2004；陳怡伶，2007）。

（七）書寫流暢期 —— 書寫正確拼字或字形

此階段兒童所寫的文字已經和大人或約定俗成的形式一樣，例如：他們可能會寫出自己的姓名、一些簡單或常見的字彙等。而在台灣，有的幼兒園中班的兒童因為學校提供注音符號教學，因此會開始書寫注音符號並拼音。

（八）文字圖像表徵階段

在小一與小二階段，兒童已經接受 2 或 3 年的正式讀寫教學，也因此他們會愈來愈專注與擅於書寫文字，而且會在意自己所寫出來的字是否美觀，但錯誤拼字或是錯誤筆劃或部件的情形還是會出現。

綜合而言，兒童書寫表達形式的發展是以一種系統化的方式前進。在最開始的發展階段，幼兒會拿書寫工具胡亂塗鴉，他們最常畫的是直線、Z形、

旋轉形線條。然而他們尚未知覺到文字是一種語言工具，是與其所說的話互有關連的。慢慢地，兒童已能覺識書寫表達與口語之間的關係，他們會邊畫圖或塗鴉、邊唸唸有詞，並說出一個語彙、一個短句，意圖將語言與其所塗寫的內涵連結在一起。而且，他們也會畫較長的線或更多的塗鴉。此外，幼兒在讀寫萌發階段時，也能用圖畫方式來表達其記憶或認知系統中所表徵的內涵，因此書寫已具有符號表徵、媒介提取之功能。之後，兒童會愈來愈精熟於應用語言的符號功能，他們會畫、寫近似文字的形體（例如：字母或華語漢字的國字筆劃），結合字母形成文字，或是寫出形體不對稱、遺漏筆畫的國字，而他們也常能模仿簡單的國字、自創國字，或書寫自己的名字等（引自 King & Rentel, 1979; Klein, 1985；筆者觀察）。

二、寫作表達的發展

　　寫作表達是一種藉由文字的媒介，將思想、概念、知識、情意、感受等適切表達出來的認知活動，以及將個人在寫作情境中所形成的意念或構思的內容轉化為具體產品的一種歷程。此種認知處理歷程與個體的文字書寫能力、語言能力、先備知識、文體結構知識、動機等因素皆有相關（林寶貴、錡寶香，2000a）。也因此其發展常由寫字、語言，及文本品質等角度來探討。

　　一般而言，寫作的理論模式都會將寫作歷程分成三個階段：(1)寫作前階段，包含：計畫與組織兩部分；(2)正式寫作階段，此階段則是將概念或意念轉譯為文字、句子、段落；(3)寫作後階段，此階段則是回顧、檢視已完成之作品，並做必要之修訂、更正、重寫或編輯（Blake & Spennato, 1980; Flowers & Hayes, 1981; Graves, 1975; Hayes & Flowers, 1986; Isaacson, 1987; Pearson & Tierney, 1984; Polloway, Patton, & Cohen, 1983; Smith, Polloway, & Beirne-Smith, 1995）。

　　在寫作前階段所涉及的主要成分為：「思考要寫什麼」。寫作者在正式

下筆為文之前，會思考應如何組織整篇文章及構思內容，因此過去的生活經驗、閱讀的文章與讀物、聽講的內容，或是由傳媒所接收的訊息等，都會成為寫作者思考的依據。在正式下筆寫作之階段則包含：書寫動作的機械性技能，亦即將字彙依其筆劃正確寫出來，以及書寫語言的處理與應用，例如：字彙、句子結構、短文形式的覺知、概念呈現的順序以及相關性等。而在寫作後階段，則著重於修訂文章的組織與結構、精簡文章的內容、澄清或強化文章中所欲傳遞的訊息或意義、找出並更正錯誤的字、標點符號及錯誤的語法等，因此校對及文章的編輯乃是此階段為改善、提升寫作產品的必要要素。

　　從小學階段開始，學校中的語文教育即強調提高學生的書寫表達能力，台灣的國民中小學九年一貫課程綱要中，即將書寫表達列為重要的能力指標之一。而經由正規讀寫教育的加持以及書寫經驗的累積，兒童寫作表達能力在小學階段乃快速地發展。

　　大部分兒童在進入小學階段時，都已會寫自己的名字、幾個阿拉伯數字，或是字體較簡單的字（例如：大、小、一、人）等；此外，他們亦已建立語音—字母之間，或是國字—口語形式間的連配關係。而到了三年級時，他們所寫的字會變得更為工整，標點符號或是英文中大小寫的掌控亦沒什麼大問題。另外，他們也知道在寫作時需要分段，亦能結合 3 至 4 個句子表達完整的概念或思緒；但最重要的則是，他們已能了解及掌控「書寫是表達概念與想法的行為」之含意。而到了國小中、高年級時，他們除了能將上述能力發展得更好之外，也能依讀者的特徵或是寫作的目的，而在風格、遣詞用句上做適當的變化。最後，他們寫出來的句子會隨著年級的上升而愈來愈長；文章的長度也會隨著年級的上升而增加（Calkins, 1986; King & Rentel, 1979; Klein, 1985）。

　　此外，在寫作歷程的發展方面，在國小中、低年級時，他們在寫作之前很少會事先計畫，但會開始修改校對自己的寫作產品。而到了國小中、高年級時，他們則較會使用大綱與多份草稿分段寫作，且會開始自評書寫表達的

效能。而隨著年級的上升，他們寫作內容的連貫性也會愈來愈好。

陸 結語

　　書面語言的讀與寫是人際之間溝通的方式之一，也是學習的利器。身處於訊息傳遞快速、知識爆炸的現代，為能跟上時代的腳步，個體必須隨時使用讀寫能力接收訊息、轉化成知識，並適當表達自己的情意、感受與想法。也因此，閱讀與書寫表達能力不可避免地會成為現代人重要的基本生活技能之一。個體的生活、學習、教育、生涯發展、人際社會等層面的發展，都與其有密切之關係。

　　兒童讀寫發展是一個漸進的過程，從萌發開始，幼兒就會從生活經驗中接觸到讀寫事件，並從人際社會互動中，覺察讀寫的功能與形式，且藉著重要他人的引導、協助與分享，進而建構書面語言讀與寫的知識、概念，及其與口語的連結。而在識字與寫字發展方面，兒童會先發展出基本的文字、印刷物概念，並開始致力於進行讀與寫的試驗。習拼音語言的兒童在字形階段時，他們會將文字中的某個顯著形狀特徵與口語中的相對應詞彙加以連結。之後，當他們發展至拼字或字母階段時，會開始使用字母─語音連結的規則、解碼拼音文字，發展識字技能。而習華語的兒童同樣會經歷字形階段，先辨認整個字的輪廓，再注意與分析字的內部。接下去則可慢慢建立部首辨識的能力，並發展出「有邊讀邊」的規則來唸讀不認識的字。而在寫字發展方面，兒童的發展係從線條塗鴉、畫圖、字母或方塊字塗寫等，寫出類似英文字母或華語方塊字的筆劃、串連字母或組合常見部首與筆劃，發明或錯誤拼字／錯誤筆劃、部首，發展至寫出正確拼字或正確筆劃的文字。

　　最後，當兒童開始接受正規讀寫教育後，他們便可以閱讀簡單的故事書或讀物，慢慢地其閱讀愈來愈流暢，且會使用簡單與複雜句子書寫不同文體

的文章。隨著年級增加，他們摘取文章重點大意、推論閱讀內容的能力，也會變得愈來愈好。閱讀已成為他們學習、獲得知識，與思考／解決問題的利器。而在寫作方面，兒童寫出來的句子會隨著年級的上升而愈來愈長；文章的長度也會隨著年級的上升而增加。此外，他們在寫作之前也會先擬定如何下筆之計畫，並開始學會修改自己的寫作產品。而隨著年級的上升，他們寫作內容的連貫性也會愈來愈好。

參考文獻

中文部分

何三本（1994）。兩岸小學語文課程識字、寫字教學比較研究。載於**海峽兩岸小學語文教學研討會論文集**（頁89-107）。台北市：國立台北師範學院。

吳敏而（1993a）。幼兒對文字用途的認識。載於**國民小學國語科教材教法研究第三輯**（頁35-44）。台北縣：台灣省國民教師研習會。

吳敏而（1993b）。文字書本概念與閱讀能力的關係。載於**國民小學國語科教材教法研究第三輯**（頁45-56）。台北縣：台灣省國民教師研習會。

宋慶珍（2004）。**幼兒讀寫萌發之個案研究**。國立台北師範學院幼兒教育學系碩士論文，未出版，台北市。

李祈雯（1992）。**中國兒童認字策略之發展**。私立輔仁大學語言學研究所碩士論文，未出版，台北縣。

李連珠（1992）。早期閱讀發展釋疑之一——兼談家庭閱讀活動。**幼兒教育年刊，5**，109-126。

李連珠（1995）。台灣幼兒之讀寫概念發展。**幼教天地，11**，37-68。

林文韵（2003）。兒童語言發展——糖糖和甜甜的故事。**國教學報，15**，89-130。

林清山（1998）。**教育心理學**。台北市：遠流。

林寶貴、錡寶香（2000a）。國小學童書寫語言測驗之編製。**特殊教育與復健學報，8**，53-74。

林寶貴、錡寶香（2000b）。中文閱讀理解測驗編製。**特殊教育研究學刊，19**，79-104。

施仲謀（1994）。識字教學初探。載於**海峽兩岸小學語文教學研討會論文集**（頁127-132）。台北市：國立台北師範學院。

柯華葳（1986）。由兒童會錯意的字分析探討兒童認字方法。**華文世界，39**，23-32。

柯華葳（1993）。語文科的閱讀教學。輯於李咏吟（主編），**學習輔導**（頁307-349）。台北市：心理。

柯華葳（1999）。閱讀能力發展。輯於曾進興（主編），**語言病理學基礎**（第三卷）（頁83-119）。台北市：心理。

胡志偉（1989）。經常與不常從事活動的記憶表徵。**中華心理學刊，31**，91-105。

胡志偉（1995）。中文字的心理歷程。載於曾進興（主編），**語言病理學基礎**（第一卷）（頁29-76）。台北市：心理。

馬文駒（1994）。大陸識字教學新進展。載於海峽兩岸小學語文教學研討會論文集（頁109-125）。台北市：國立台北師範學院。

許學仁（1994）。從文字課程看文字教學。載於海峽兩岸小學語文教學研討會論文集（頁133-146）。台北市：國立台北師範學院。

陳怡伶（2007）。**幼兒家庭讀寫發展之個案研究**。國立屏東教育大學幼兒教育學系碩士論文，未出版，屏東市。

黃秀霜（1998）。**不同教學方式對學習障礙兒童國字學習效率之研究**。國家科學委員會專題研究計畫成果報告（報告編號：NSC86-2413-H-024-008-F5）。

黃秀霜（2000）。中文年級認字能力之評量與診斷分析。**台南師院學報，33**，49-67。

黃瑞琴（1993）。**幼兒的語文經驗**。台北市：五南。

黃瑞琴（1997）。**幼兒讀寫萌發課程**。台北市：五南。

鄭昭明、陳學志（1991）。漢字的簡化對文字讀寫的影響。**華文世界，62**，86-104。

謝孟岑、吳亞恆、江燕鳳（譯）（2005）。L. M. McGee & D. J. Richgels 著。**幼兒語文讀寫發展**（Literacy's beginnings: Supporting young readers and writers）。台北市：華騰。

英文部分

Allen, J. (1983). *Inference: A research review*. (ERIC: ED 240512)

Ames, L. B., Ilg, F. L., & Baker, S. M. (1988). *Your ten- to fourteen-year-old*. New York: Delacorte.

Anderson, J. R. (1983). *The architecture of cognition*. Cambridge, MA: Harvard University Press.

Anglin, J. M. (1993). Vocabulary development: A morphological analysis. *Monographs of the Society for Research in Child Development, 58*(10). (Serial No. 238)

Bell, B., & Torrance, N. (1986, April). *Learning to make and recognize inferences in the early grades*. Paper presented at the meeting of the American Educational Research Association, San Francisco, CA.

Bissex, G. L. (1980). *CNYS AT WRK: A child learns to write and read*. Cambridge, MA:

Harvard University Press.

Black, J. (1985). An exposition on understanding expository text. In B. Britton & J. Black (Eds.), *Understanding expository text*. Hillsdale, NJ: Lawrence Erlbaum Associates.

Blake, H., & Spennato, N. A. (1980). The directed writing activity: A process with structure. *Language Arts, 57*, 317-318.

Brenda, S. (1996). *An interesting overview of emergent literacy and an attempt to answer the question "What is the best way to teach literacy to young children?": A review of the research and literature on emergent literacy*. (ERIC: ED397959)

Britton, B., Glynn, S., & Smith, J. (1985). Cognitive demands of processing expository text: A cognitive workbench model. In B. Britton & J. Black (Eds.), *Understanding expository text*. Hillsdale, NJ: Lawrence Erlbaum Associates.

Brown, A. L., & Smiley, S. S. (1977). Rating the importance of structural units of prose passages: A problem of metacognitive development. *Child Development, 48*, 1-8.

Brown, A. L., & Day, J . D. (1983). Macrorules for summarizing texts: The development of expertise. *Journal of Verbal Learning and Verbal Behavior, 22*, 1-14.

Calkins, L. M. (1986). *The art of teaching writing*. Portsmouth, NH: Heinemann.

Carr, K. S. (1983). The importance of inference skills in the primary grades. *The Reading Teachers, 36*, 518-522.

Casteel, M. A. (1989, April). *The effects of reading goal and textual support on the loci of children's inferential generation*. Paper presented at the biennial meeting of the Society for Research in Child Development, Kansas City, Mo.

Casteel, M. A., & Simpson, G. B. (1991). Textual coherence and the development of inferential generation skills. *Journal of Research in Reading, 14*, 116-129.

Catts, H., & Kamhi, A. (1986). The linguistic basis of reading disorders: Implications for the speech-language pathologist. *Language, Speech, and Hearing Services in Schools, 17*, 329-341.

Catts, H. W. (1993). The relationship between speech-language impairments and reading disabilities. *Journal of Speech and Hearing Research, 36*, 948-958.

Catts, H. W., Hogan, T. P., & Adlof, S. M. (2005). Developmental changes in reading and reading disabilities. In H. W. Catts & A. G. Kahmi (Eds.), *The connections between language and reading disabilities* (pp. 25-40). Mahwah, NJ: Lawrence Erlbaum Associates.

Chall, J. S. (1983). *Stages of reading development*. NY: McGraw-Hill.

Clay, M. M. (1967). *Emergent reading behavior*. Unpublished doctoral dissertation, Uni-

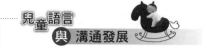

versity of Auckland, New Zealand.

Clay, M. M. (1975). *What did I write?* Auckland, New Zealand: Heinemann.

Coltheart, M. (1986). Graphemics and visual word recognition. In G. August (Ed.), *New treands in graphemics and orthography*. Berlin: deGruyter.

Cook, D. M. (1986). *A guide to curriculum planning in reading*. Madison, WI: Wisconsin Department of Public Instruction.

Dickinson, D., Wolf, M., & Stotsky, S. (1989). Words move: The interwoven development of oral and written language. In J. Berko Gleason (Ed.), *The development of language* (pp. 225-273). New York: Macmillan.

Englert, C. S., & Hiebert, D. H. (1984). Children's developing awareness of text structures in expository materials. *Journal of Educational Psychology, 76*, 65-74.

Flowers, L., & Hayes, J. R. (1981). A cognitive process theory of writing. *College Composition and Communication, 32*, 365-387.

Freedle, R., & Hale, G. (1979). Acquisition of new comprehension schemata for expository prose by transfer of a narrative schema. In R. Freedle (Ed.), *New directions in discourse processing*. Norwood, NJ: Ablex.

Frith, U. (1986). A developmental framework for developmental dyslexia. *Annals of Dyslexia, 36*, 69-81.

Gagné, E. D., Yekovich, C. W., & Yekovich, F. R. (1993). *The cognitive psychology of school learning* (2nd ed.). New York: Harper Collins College Publishers.

Gillis, M. K., & Olson, M. W. (1987). Elementary IRIs: Do they reflect what we know about text type structure and comprehension? *Reading Research and Instruction, 27*, 36-44.

Goldsworthy, C. (1996). *Developmental reading disabilities: A language based treatment approach*. San Diego, CA: Singular.

Gough, P. B., & Juel, C. (1991). The first stages of word recognition. In L. Rieben & C. A. Perfetti (Eds.), *Learning to read: Basic research and its implications* (pp. 47-56). Hillsdale, NJ: Lawrence Erlbaum Associates.

Gough, P., & Tunmer, W. (1986). Decoding, reading, and reading disability. *Remedial and Special Education, 7*, 6-10.

Graesser, A., & Goodman, S. (1985). Implicit knowledge, question answering and there-presentation of expository text. In B. Britton & J. Black (Eds.), *Understanding expository text*. Hillsdale, NJ: Lawrence Erlbaum Associates.

Grasser, A., Golding, J. M., & Long, D. L. (1991). Narrative representation and comprehension. In R. Barr, M. L. Kamil, P. Mosenthal & P. D. Pearson (Eds.), *Handbook of reading research* (Vol. II) (pp. 171-205). New York: Longman.

Graves, D. H. (1975). An examination of the writing processes of seven-year-old children. *Research in the Teaching of English, 9*, 227-241.

Gunning, T. G. (1996). *Creating reading instruction for all children*. Boston, MA: Allyn & Bacon.

Haberlandt, K., & Graesser, A. C. (1985). Component processes in text comprehension and some of their interactions. *Journal of Experimental Psychology: General, 114*, 357-364.

Hall, M., Ribovich, J., & Ramig, C. (1979). *Reading and the elementary school child*. New York: Van Nostrand.

Hayes, J. R., & Flowers, L. S. (1986). Writing research and the writer. *American Psychologist, 41*, 1106-1113.

Huck, C. S., Helper, S., & Hickman, J. (1993). *Children's literature in the elementary school* (5th ed.). New York: Holt, Rinehart & Winston.

Indrisano, R., & Chall, J. (1995). Literacy development. *Journal of Education, 177*(1), 63-83.

International Reading Association (IRA) & National Association for the Education of Young Children (NAEYC) (1998). Learning to read and write: Developmentally appropriate practices for young children. *The Reading Teacher, 52*, 193-216.

Isaacson, S. L. (1987). Effective instruction in written language. *Focus on Exceptional Children, 19*(6), 1-12.

Just, M. A., & Carpenter, P. A. (1992). A capacity theory of comprehension: Individual difference in working memory. *Psychological Review, 99*(1), 122-149.

Kamhi, A. G., & Catts, H. W. (1989). Language and reading: Convergences, divergences, and development. In A. G. Kamhi & H. W. Catts (Eds.), *Reading disabilities: A developmental language perspective* (pp. 1-34). Boston, MA: College-Hill.

King, M., & Rentel, V. (1979). Toward a theory of early writing development. *Research in the Teaching of English, 13*, 243-253.

Kintsch, W. (1977). On comprehending stories. In M. Just & P. Carpenter (Eds.), *Cognitive processes in comprehension*. Hillsdale, NJ: Lawrence Erlbaum Associates.

Kintsch, W. (1988). The role of knowledge in discourse comprehension: A construction-integration model. *Psychological Review, 95*(2), 163-182.

Klein, M. L. (1985). *The development of writing in children: Pre-k through grade 8*. Englewood Cliffs, NJ: Prentice-Hall.

Larrivee, L., & Catts, H. (1999). Early reading achievement in children with expressive phonological disorders. *American Journal of Speech-Language Pathology, 8,* 118-128.

Lehr, S. (1988). The child's developing sense of theme. *Reading Research Quarterly, 23* (3), 337-357.

Levine, M. D., & Reed, M. (1998). *Developmental variation and learning disorders.* Cambridge, MA: Educators Publishing Services.

Luria, A. R. (1977/1978). The development of writing in children. *Soviet Psychology, 16* (2), 65-114.

Lyon, R. (1999). Reading development, reading disorders, and reading instruction. *Language, Learning, and Education Newsletter, 6*(1), 8-17.

Marzano, R. J., & Paynter, D. (2003). *Literacy plus workbook B.* NY: Pearson.

McLaughlin, S. (1998). *Introduction to language development.* San Diego, CA: Singular.

Meyer, B., & Rice, G. (1984). The structure of text. In P. Pearson (Ed.), *Handbook of reading research.* New York: Longman.

Moes, M., Foertsch, D., Stewart, J., Dunning, D., Rogres, T., Seda-Santana, I., Benjamin, L., & Pearson, P. D. (1984). Effects of text structure on children's comprehension of expository material. In J. Niles & L. Harris (Eds.), *Changing perspectives on research in reading/language processing and instruction.* Rochester, NY: The National Reading Conference.

Nippold, M. A. (1995). School-age children and adolescents: norms for word definitions. *Language, Speech, and Hearing Services in Schools, 26,* 320-325.

Pearson, P. D., & Camperell, K. (1994). Comprehension of text structures. In B. B. Ruddell, M. R. Ruddells & H. Singer (Eds.), *Theoretical models and processes of reading* (4th ed.) (pp. 448-568). Newark, DE: International Reading Association.

Pearson, P. D., & Tierney, R. J. (1984). On becoming a thoughtful reader: Learning to read like a writer. In A. C. Purves & O. Niles (Eds.), *Becoming readers in a complex society: Eighty-third yearbook of the National Society of the Study of Education* (pp. 144-173). Chicago, IL: University of Chicago Press.

Polloway, E. A., Patton, J. R., & Cohen, S. B. (1983). Written language for mildly handicapped students. In E. L. Meyen, G. A. Vergason & R. J. Whelan (Eds.), *Promising practices for exceptional children: Curriculum implications* (pp. 285-320). Denver, CO: Love.

Rasool, J. M., & Royer, J. M. (1986). Assessment of reading comprehension using the sentence verification technique: Evidence from narrative and descriptive texts. *Journal of Educational Research, 79*, 180-184.

Rickheit, G., Schnotz, W., & Strohner, H. (1985). The concept of inference in discourse comprehension. In G. Richeit & H. Strohner (Eds.), *Inferences in text processing*. Amsterdam, PA: Elsevier Science Publishers.

Risko, V., & Alverez, M. (1986). An investigation of poor readers' use of a thematic strategy to comprehend text. *Reading Research Quarterly, 21*(3), 298-316.

Sawyer, D. J. (1992). Language abilities, reading acquisition, and developmental dyslexia: A discussion of hypothetical and observed relationships. *Journal of Learning Disabilities, 25*, 82-95.

Scharkey, N. E. (1990). A connectionist model of text comprehension. In D. A. Batota, G. B. F. Flores d'Arcais & K. Rayner (Eds.), *Comprehension processes in reading* (pp. 487-514). Hillsdale, NJ: Lawrence Erlbaum Associates.

Smith, T. E. C., Polloway, E. A., & Beirne-Smith, M. (1995). *Written language instruction for students with disabilities*. Denver, CO: Love.

Snow, C. E., & Ninio, A. (1986). The contracts of literacy: What children learn from learning to read books. In W. H. Teale & E. Sulzby (Eds.), *Emergent literacy: Writing and reading* (pp. 116-138). Norwood, NJ: Ablex.

Snowling, M., & Stackhouse, J. (1996). *Dyslexia, speech, and language: A practitioner's handbook*. London: Whurr.

Spiro, R., & Taylor, B. (1987). On investigating children's transition from narrative to expository discourse: The multidimensional nature of psychological text classification. In R. Tierney, P. Anders & J. Michell (Eds.), *Understanding readers' understanding*. Hillsdale, NJ: Lawrence Erlbaum Associates.

Stackhouse, J. (1997). Phonological awareness: Connecting speech and literacy problems. In B. W. Hodson & M. L. Edwards (Eds.), *Perspectives in applied phonology* (pp. 157-196). Gaithersburg, MD: Aspen.

Stanovich, K. E. (1991). Changing models of reading and reading acquisition. In L. Rieben & C. A. Perfetti (Eds.), *Learning to read: Basic research and its implications* (pp. 19-32). Hillsdale, NJ: Lawrence Erlbaum Associates.

Sulzby, E. (1985). Children's emergent reading favorite storybooks: A developmental study. *Reading Research Quarterly, 20*, 458-481.

Sulzby, E., & Teale, W. (1991). Emergent literacy. In J. Barr, M. Kamil, P. Mosenthal & D.

Pearson (Eds.), *The handbook of reading research* (Vol. 2) (pp. 725-757). London: Longman.

Sutaria, S. D. (1985). *Specific learning disabilities: Nature and needs*. Spingfield, IL: Charles C Thomas.

Taylor, B. M., & Beach, R. W. (1984). The effects of text structure instruction on middle-grade students' comprehension and production of expository text. *Reading Research Quarterly, 19*(2), 134-146.

Temple, C., Nathan, R., Temple, F., & Burris, N. A. (1993). *The beginnings of writing*. Boston, MA: Allyn & Bacon.

Thorndyke, P. (1977). Cognitive structures in comprehension and memory. *Cognitive Psychology, 9*, 1-13.

Trabasso, T. (1980). On the making of inferences during reading and their comprehesion. In J. Cuthrie (Ed.), *Comprehension and teaching: Research reviews*. Newark, DE: International reading Association.

Van der Leij, A. (1990). Comprehension failures. In D. A. Balota, G. B. Flores d'Arcais & K. Rayner (Eds.), *Comprehension processes in reading* (pp. 621-629). Hillsdale, NJ: Lawrence Erlbaum Associates.

Vauras, M., Kinnunen, R., & Kuusela, L. (1994). Development of text-processing skills in high-, average, and low-achieving primary school children. *Journal of Reading Behavior, 26*, 361-389.

Vygotsky, L. S. (1978). *Mind in society. The development of higher psychological processes* (Michael Cole, Trans.). Cambridge, MA: Harvard University Press.

Waltz, D. L., & Pollack, J. B. (1985). Massively parallel parsing: A strongly interactive model of natural language interpretation. *Cognitive Science, 9*, 51-74.

附錄 1　兒童書寫萌發與書寫表達作品

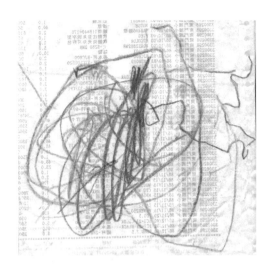

1 歲 8 個月幼兒的潦草塗寫（未分化階段）

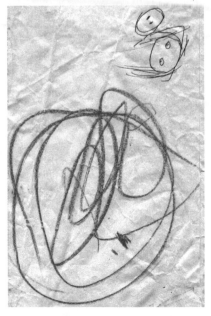

2 歲 6 個月幼兒的塗鴉

3 歲半兒童畫的 March 汽車

5 歲兒童的圖畫

6 歲兒童畫的海盜船（搭配圖畫所說的故事如下文）

海盜船的故事：

　　海盜船有很多金寶石，而且超過天上還把他吹走時，金幣就往下沉到海裡。

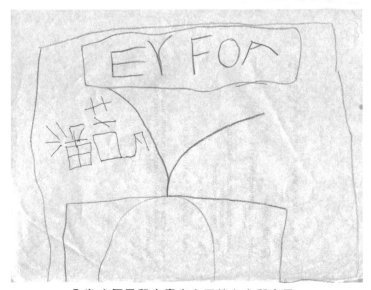

5 歲 4 個月兒童書寫自己的名字與字母

小一與小二兒童書寫表達樣本

附錄 2　幼兒書寫類似國字、數字作品

3 歲 10 個月幼兒書寫類似國字符號

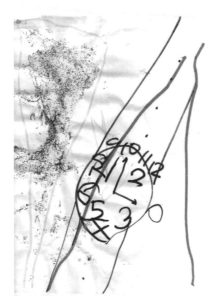

3 歲 10 個月幼兒書寫類似國字部首與阿拉伯數字

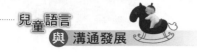

4 歲幼兒書寫類似國字部首與阿拉伯數字

筆記欄

筆記欄

國家圖書館出版品預行編目（CIP）資料

兒童語言與溝通發展／錡寶香著. -- 初版. --
臺北市：心理，2009. 10
面；　公分.--（溝通障礙系列；65021）
參考書目；　面
ISBN 978-986-191-307-0（平裝）

1. 兒童語言發展　2. 溝通

523.16   98016600

溝通障礙系列 65021

兒童語言與溝通發展

作　　　者：錡寶香
責 任 編 輯：郭佳玲
總　編　輯：林敬堯
發 行 人：洪有義
出　版　者：心理出版社股份有限公司
地　　　址：231026 新北市新店區光明街 288 號 7 樓
電　　　話：(02) 29150566
傳　　　真：(02) 29152928
郵 撥 帳 號：19293172 心理出版社股份有限公司
網　　　址：https://www.psy.com.tw
電 子 信 箱：psychoco@ms15.hinet.net
排　版　者：辰皓國際出版製作有限公司
印　刷　者：東縉彩色印刷有限公司
初 版 一 刷：2009 年 10 月
初版十八刷：2021 年 12 月
I　S　B　N：978-986-191-307-0
定　　　價：新台幣 400 元